KB261702

촘스키,
고뇌의 땅
레바논에 서다

촘스키, 고뇌의 땅 레바논에 서다

지은이 | 노엄 촘스키 외
엮은이 | 아사프 크푸리
옮긴이 | 강주헌 · 유자화
펴낸이 | 김성실
편집기획 | 최인수 · 여미숙 · 이정남
마케팅 | 곽홍규 · 김남숙 · 이유진
편집디자인 | 하람 커뮤니케이션(02-322-5405)
지도 일러스트 | 김민주
인쇄 · 제작 | 한영문화사

초판 1쇄 | 2012년 1월 9일 펴냄

펴낸곳 | 시대의창
출판등록 | 제10-1756호(1999. 5. 11.)
주소 | 121-816 서울시 마포구 동교동 연희로 19-1 (4층)
전화 | 편집부 (02) 335-6125, 영업부 (02) 335-6121
팩스 | (02) 325-5607
이메일 | sidaebooks@daum.net

ISBN 978-89-5940-230-4 (03300)

Inside Lebanon by Assaf Kfoury et al

책값은 뒤표지에 있습니다.
잘못된 책은 바꾸어드립니다.

노엄 촘스키 외 지음 | **강주헌 · 유자화** 옮김

시대의창

| 일러두기

— 이 책에서 본문과 같은 글자 크기로 쓴 괄호 안의 내용은 원 저
작에서 저자가 서술한 내용이며, 본문보다 작은 글자로 쓴 괄호
안의 내용은 옮긴이와 편집자가 더한 해설입니다.

— 본문에서 '[ ]'안의 내용은 독자의 이해를 돕고자 옮긴이가 덧
붙인 해석입니다.

— 본문에서 '조지 부시'나 '부시'는 미국 43대 대통령(재임 2001
~2009년)인 조지 워커 부시를 지칭합니다. 아버지인 조지 허
버트 워커 부시 미국 41대 대통령(재임 1989~1993년)은 '조지
H. W. 부시'로 표기하였습니다.

중동

투르크메니스탄
카스피 해
터키
키프로스
지중해
레바논
시리아
이라크
이란
이스라엘
요르단
쿠웨이트
이집트
걸프
카타르
아랍에미리트
사우디아라비아
오만
수단
예멘
인도양
에티오피아

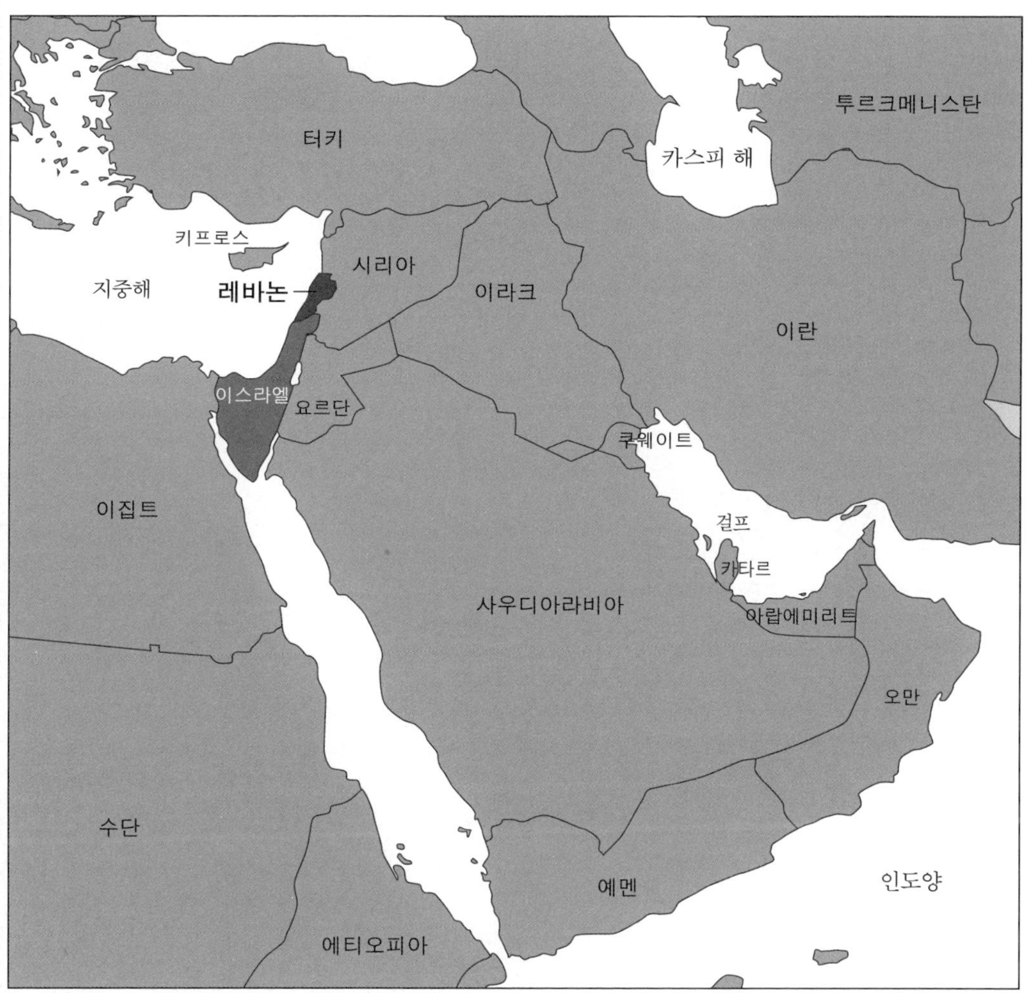

레바논

0 10 20 30km
지중해
트리폴리
헤르멜
체카
바트룬
지베일
바알베크
베이루트
자흘레
다무르
리타니 강
시리아
사이다(시돈)
다마스쿠스
안사르 나바티예
마르자윤
키암
티레 카나
빈트
지베일
나쿠라
1949 휴전선
이스라엘

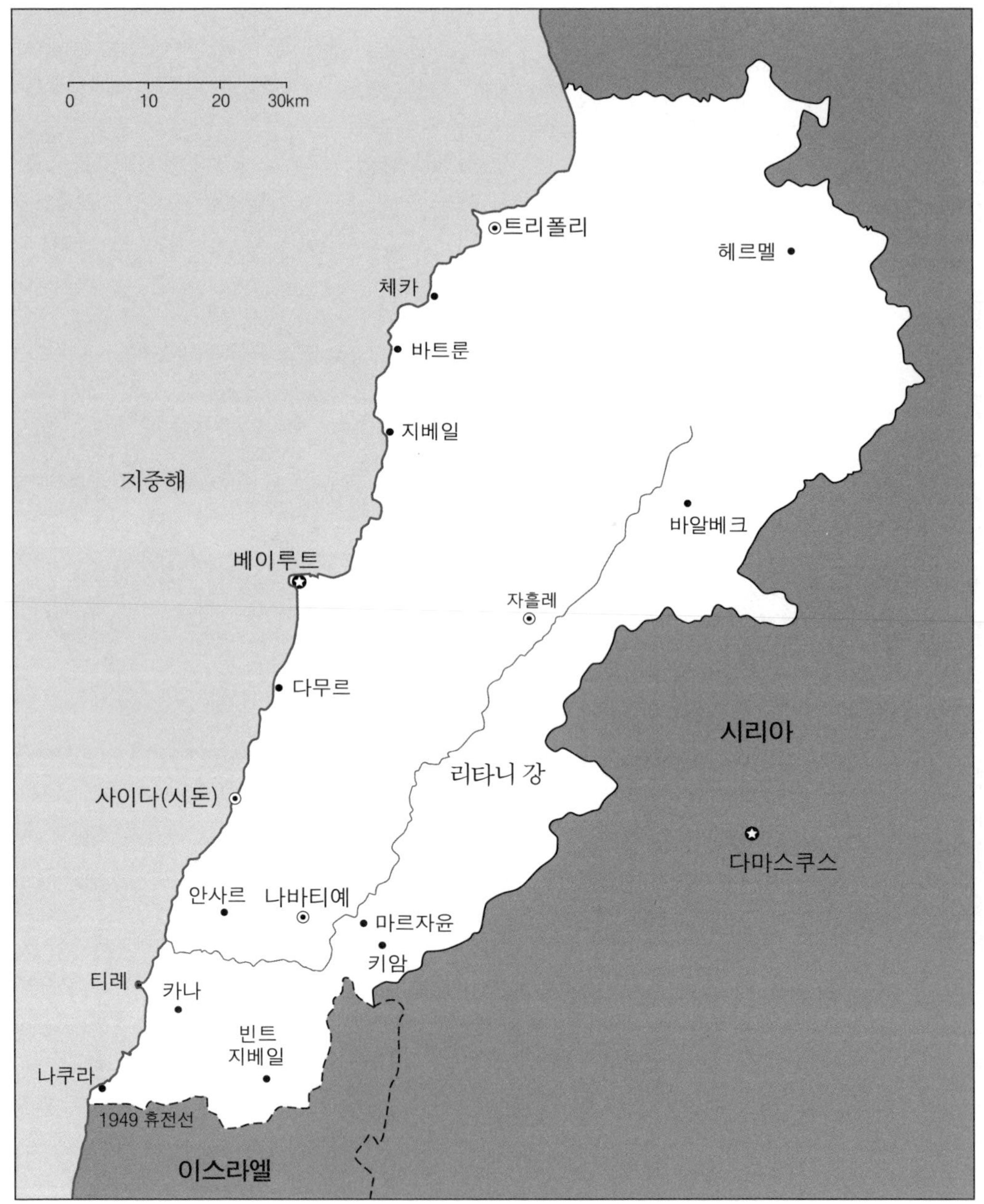

이스라엘

0 10 20 30 40 50 60km
레바논
티레
골란 고원
시리아
하이파
나자레스
지중해
서안
(웨스트뱅크)
텔아비브
암만
아쉬켈론
예루살렘
가자
가자 지구
칸유니스
알아리쉬
라파
베르셰바
요르단
이집트

아이린 겐지어

아사프 크푸리

파와즈 트라불시

처음 이 책을 기획한 의도는 노엄 촘스키와 부인 캐롤이 2006년 5월에 8일 동안 레바논을 방문한 기록을 책으로 엮어내자는 것이었다. 우리는 촘스키의 강의록과 인터뷰 자료를 모으고, 캐롤이 찍은 사진과 함께 여행 내내 동행했던 아이린 겐지어, 아사프 크푸리, 파와즈 트라불시의 글도 넣기로 했다.

2006년 5월과 6월 사이에 책을 구성하게 될 내용들을 수집하고 쓰기 시작했다. 날카로운 내분이 일고는 있었지만 이삼 주 동안 레바논은 비교적 조용하게 중동의 한 귀퉁이를 지키고 있었다. 하지만 들끓거나 억눌려 있는 아랍 분쟁 지역의 일부라는 현실을 레바논이 벗어날 수는 없었다. 이라크에서의 살육은 극심했고, 팔레스타인 지역에서 벌어지는 전쟁은 그 어느 때보다 격렬했으며, 서방과 이란 사이의 교착 상태가 이 지역 전체에 먹구름을 드리우고 있었다. 이스라엘은 2006년 6월 28일에 가자 지구Gaza Strip 공격을 재개했고, 7월 12일에는 레바논에 침공을 감행해 34일간이나 공격을 멈추지 않았다.

2006년 7월 말과 8월, 레바논판 '충격과 공포' 작전은 날이면 날마다 신문 1면을 장식했지만, 이 기사들의 상당수는 이 전쟁을 그 근방에서 일고 있는 분쟁과는 아무런 관련도 없는 일인 양 다루었다. 서방 언론들은 중동 분쟁과, 그 분쟁이 레바논에 미치는 영향을 무시하자고 서로 약속이나 한 듯했다. 헤즈볼라(레바논의 이슬람 시아파 교전단체이자 정당조직)만이 '무분별한 도발'의 주범으로 비난받았고, 이스라엘의 잔혹한 공격은 적절하지 못한 경우조차도 계속해서 정당하다고 평가되었다. 레바논과 팔레스타인의 관계, 이라크와의 관계, 그리고 아랍 지역과 나머지 세계의 관계를 다루는 기사는 거의 찾아볼 수 없었다. 이 작전은 결국 이스라엘군이 미국 정부의 지원과 허가를 받아 무력으로 레바논을 압제하에 몰아넣으려 한 것이었지만, 이런 일에 이의를 제기하는 목소리도 거의 없었다.

레바논에서 벌어지는 일들을 보면서, 이 책에 대한 우리의 기획 의도도 바뀌었다. 노엄 촘스키의 강의, 인터뷰, 그리고 에세이는 중동 분쟁에 대한 국제적 관점과 그 근본적인 원인을 조명했다.

마지막 장에 실은 파와즈 트라불시의 글은 서방세계가 중동을 바라보는 시각이 어떻게 변해왔는지를 추적하여, 변화의 목적은 국제적인 억압 관계를 흐리려는 데 있음을 밝혔다. 이 글은 중동지역 전반에 걸쳐 일고 있는 분쟁을 총체적으로 이해할 수 있는 근거를 제공하며, 레바논은 그 분쟁의 일부에 불과하다는 사실을 깨닫게 한다.

아사프 크푸리는 노엄 촘스키와 캐롤 촘스키의 레바논 여정을 기록으로 옮겼고, 헤즈볼라 최고지도자 사이드 하산 나스랄라와의 만남도 글로 옮겼다. 아이린 겐지어는 1982년 대학살의 현장이었던 난민 캠프와 키암 수용소를 방문한 소감과 함께 키암 지역을 비롯해 레바논의 역사를 돌아보았다. 캐롤 촘스키의 사진은 이스라엘의 침공으로 폐허가 되기 바로 몇 달 전의 레바논 모습을 담고 있어 전쟁일기 편에 실린 폐허 현장 사진들과 대조되는 장면들을 보여준다.

2006년 여름에 자행된 폭격과 파괴를 직접 경험한 사람들의 개인적인 이야기도 넣었다. 하나디 살만, 라샤 살티, 모나 엘 파라, 라일라 엘 하다드가 쓴 전쟁일기다. 하나디 살만과 라샤 살티는 2006년 7월에서 8월까지, 34일 내내 베이루트(레바논의 수도)에 남아 있었다. 모나 엘 파라와 라일라 엘 하다드는 2006년 여름에 레바논과 가자에서 동시에 일어난 전쟁으로 팔레스타인 사람들이 얼마나 큰 고통을 겪었는지 들려주었다.

제니퍼 뢰벤슈타인의 글은 전쟁이 끝나 남부 레바논 사람들이 폐허로 변한 집을 재건하는 동안에도 팔레스타인인의 목을 죄던 이스라엘의 군사작전은 조금도 누그러지지 않고 계속되었다는 사실을 상기하게 한다.

이 책이 세상에 나올 수 있도록 도와준 사람들에게 감사한다. 미르나 므네임네흐는 LBC 텔레비전 마르셀 가넴의 노엄 촘스키 인터뷰를 글로 옮겼고, 뉴욕 구겐하임 재단의 베른하르트 게이에르가 그 원고를 번역했다. 제니퍼 뢰벤슈타인은 인터뷰 원고의 편집을 도왔고, 하나디 살만의 일기를 발췌해 편집했다. 아사프 크푸리는 모나 엘 파라와 라일라 엘 하다드의 일기를 발췌해 편집했으며 파와즈 트라불시의 아랍어 원문을 번역했다. 브렛 클락과 먼슬리 리뷰 출판사 편집부는 이 책의 전체적인 구성을 총괄적으로 감독했다.

우리 세 사람은 캐롤 촘스키의 사진(2006년 5월)과 하나디 살만의 사진(2006년 7~8월) 중에 책에 실을 사진을 선정하고, 중동사 연표를 만들었다.

2007년 2월

차 례

촘스키 부부의 베이루트 방문

아사프 크푸리

■ **아사프 크푸리**Assaf Kfoury

수학자, 컴퓨터공학자, 그리고 정치운동가다. 베이루트와 카이
로에서 성장한 아랍계 미국인으로 중동을 자주 방문한다. 현
재 보스턴 대학의 컴퓨터공학 교수다.

이 글의 초안은 〈노엄 촘스키의 베이루트 방문Noam Chomsky in Beirut〉이라는 제
목으로 2006년 7월 12일 '지넷Znet' 웹사이트(www.zcommunications.org)에 게시되
었다.

✖

2006년 5월 8일, 노엄 촘스키와 부인 캐롤이 8일간 머무를 예정으로 베이루트에 도착했다. 촘스키의 여러 레바논 친구들은 그의 레바논 방문을 오랫동안 학수고대하고 있었다. 노엄 촘스키는 거의 40년이나 팔레스타인인과 중동지역 사람들에게 큰 관심을 가져왔고, 그들에 관한 글을 쓰고 그들을 옹호하는 일을 공개적으로 해왔으며, 그의 말에 따르면 "앞으로도 움직일 수 있는 한"은 지금과 같은 활동을 계속할 것이다.[1] 베이루트 시민들은 노엄 촘스키를 열광적으로 환영했다.

촘스키의 베이루트 방문은 베이루트 아메리칸 대학교American University in Beirut: AUB의 초청으로 이루어졌다. 촘스키는 5월 9일과 10일, 이틀 동안 연이어 베이루트 아메리칸 대학교에서 강의했고, 8일간의 일정 중 나머지는 사람들을 만나고 이곳저곳을 방문하는 데 바쳤다.[2] 작가이자 정치운동가이며 촘스키의 오랜 친구인 파와즈 트라불시가 나와 함께 베이루트 아메리칸 대학교 강의를 제외한 모든 일정을 계획했다.

촘스키가 베이루트를 방문한 시기는 레바논에서 긴장이 고조되고 팔레스타인 지역과 이라크에서 다시 폭력이 일던 때였다. 근래 서방 언론이 다뤘던 레바논 관련 기사 중에서 가장 기억에 남는 사건은 2005년 2월 14일, 레바논 전前 총리 라피크 하리리가 암살된 일일 것이다. 그 사건 이후로 2005년 봄에 베이루트에서는 대규모 시위가 끊이지 않았고, 그로 인해 2005년 4월 말에 시리아군이 레바논에서 완전히 철수하는 결과에 이르렀다. 1976년 레바논 내전을 빌미로 시리아군이 이 땅에 발을 들여놓은 지 29년 만의 일이었다. 하리리 총리 암살 사건은 아직도 유엔UN 조사위원회에서 조사 중이다. 하리리는 에밀 라후드 레바논 대통령이 자신의 임기를 2007년 11월까지 3년 더 연장하려는 움직임에 강하게 반대했다. 시리아 정부는 라후드 대통령의 임기를 연장하기 위해 레바논 국회의원을 협박하고 미리 심어놓은 친시리아계 의원을 동원하여 헌법까지 개정했다. 그에 대한 반발로 하리리 총리는 2004년 10월 총리직에서 물러나 점점 더 투쟁적이 되어가던 반反시리아 진영에 합류했다. 당시 반시리아 진영의 수장은 왈리드 줌블라트였다.

2005년 봄에 일어난 대규모 시위는 고압적인 시리아의 간섭에 오랫동안 참아온 레바논인들이 분노를 터뜨린 것이었다. 게다가 거의 400억 달러에 달하는 국가 부채를 짊어지고 장기적인 경기 침체에 빠져 허우적거리던 레바논 경제상황도 한몫 거들었다. 이 부채 규모는 레바논 국내총생산GDP의 180퍼센트를 웃도는 수치로, 세계 최고 수준의 부채율이었다. 레바논 국민들이 시위를 통해 강력하게 요구했던 것은 변화였다. 총인구가 400만 명도 안 되는 나라에서 시민 50만 명(2005년 3월 8일)과 군인 75만 명(2005년 3월 14일)이 시위에 나섰다는 것은 국민이 변화를 얼마나 간절히 원했는가를 보여준 일이었다.

그러나 정치 엘리트들은 분열되었다. 레바논의 외부 위협 요인이 무엇이냐를 놓고 서로 시각을 달리했기 때문이었다. 헤즈볼라가 앞장선 3월 8일 시위의 주도자들은 주요 위협 요인이 이스라엘의 침략과 더불어 중동의 정치적 지도를 다시 그리려는 고삐 풀린 미국의 중동재편정책이라고 했다. 하지만 3월 14일 시위를 주도했던 왈리드 줌블라트와 라피크 하리리 동맹 세력은 이스라엘의 위협을 비롯한 다른 문제를 해결하기에 앞서 우선 레바논 내부 문제를 해결해야 한다고 주장했다. 말하자면 계속되는 시리아의 내정간섭에서 벗어나야 한다는 것이었다. 시리아는 친시리아계 정치인들과 첩보기관을 동원하고, 29년 동안이나 레바논에 군대를 주둔시키면서 레바논을 마음대로 주물러왔다.

2005년 봄 이후로 정치적 동맹 판세도 급속히 변모했다. 하지만 동맹관계가 다소 변했어도, 두 연대는 여전히 주요 양대 진영으로 정치권 내에서 대립각을 세우고 있었다. 가장 뚜렷한 변화는 전 군사령관 미셸 아운이 이끄는 자유애국운동이 3·14 연대에서 3·8 연대로 노선을 바꾼 것이다. 공산당과 몇몇 다른 동맹 집단으로 이루어진 초당적 좌파는 압도적이었던 양 진영의 시위로 그늘에 가려지는 듯도 했지만, 이후 더욱 강경한 자세를 취하면서 헤즈볼라와 3·8 연대에 가세했다. 하지만 이 연대로 완전히 흡수되지는 않았고, 그 중 일부는 아예 이탈하여 3·14 연대로 들어갔다.

노엄 촘스키와 부인 캐롤이 레바논을 방문한 때는 이런 정치적 상황이 전개된 직후였다. 파와즈 트라불시는 베이루트 아메리칸 대학교 강연과 더불어 여러 일정을 준비했다. 촘스키 부부는 베이루트 외곽에 있는 사브라 샤틸라 난민 캠프를 방문하고, 레바논과 이스라엘 접경지역을 둘러보았으며, 레바논 남부 키암 마을에 있는 전前 이스라엘 감옥이자 고문장을 찾았다. 헤즈볼라 지도자(3·8 연대), 국회의원 왈리드 줌블라트와 변호사 치블리 말라트(3·14 연대), 그리고 공산당 지도자와 만나 긴 대화도 나누었다. 레바논 아메리칸 대학교에서는 파와즈 트라불시의 사회로 '1948년 팔레스타인'이라는 주제로 세미나를 열었고, '이스라엘과 팔레스타인 간 무력 충돌의 역사와 시오니즘Zionism'이라는 주제로 학생들과 토론을 벌이기도 했다. 레바논 국내외 신문과 방송 인터뷰에도 10여 차례 응했다.

촘스키는 운집한 청중들과 함께한 두 번의 베이루트 아메리칸 대학교 강연 후에, 베이루트에 있는 대형 극장 마스라알마디나에서의 세 번째 강연도 성황리에 마쳤다. 진보 성향의 문화협회 '알 리카('조우'라는 의미)'가 주관한 이 강연은 가산 이사 회장의 소개로 시작되었고, 파와즈 트라불시가 사회를 맡았다. 촘스키는 '임박한 위기, 위협과 기회Imminent Crises: Threats and Opportunities'라는 주제로 이야기를 나누면서 미국이 중동문제에 너무 깊이 개입하여 현재 이런 위기상황들이 초래되었다고 했다.

이런 계획된 일정 못지않게 뜻깊었던 일은 촘스키를 따뜻하게 환영해주었던 수많은 레바논 사람들과의 만남이었다. 거리나 호텔

로비에서, 강연장으로 가는 도중이나 강연이 끝난 후에 마주친 사람들과의 만남도 소중했고, 강연장 안으로 들어가고 싶어 애쓰는 사람들을 보다 못해 자리를 더 늘린 회합도 뜻깊었다. 그 누구 하나 소중하지 않은 이는 없었다. 사브라 샤틸라에서는 간이건물에서 일하는 팔레스타인인 약사를 만났고, 팔레스타인 노동운동 지도자와 전 레바논 각료도 만났다. 어떤 남자는 막 구입한 듯 깨끗한 《촘스키, 실패한 국가, 미국을 말하다*Failed States*》를 들고 나와 사인을 받기도 했다. 그 외에도 많은 만남이 이어졌다.

인상 깊었던 순간들

5월 8일에서 16일까지, 촘스키 부부의 여정에는 파와즈 트라불시, 아이린 겐지어와 더불어 나도 동행했다. 기자들과 다큐멘터리 취재 팀도 각자 사정대로 우리를 따랐다. 아래는 우리의 방문 기록에서 기억에 남는 부분을 모은 것이다.

5월 11일, 사브라 샤틸라 난민 캠프

팔레스타인 난민구호기구 나즈데^{Najdeh}가 운영하는 직업훈련센터에는 대졸 자원봉사자가 둘 있었다. 영국인 젊은이와 팔레스타인인 젊은이로, 10대 청소년들에게 컴퓨터와 인터넷 이용법을 가르쳤다. 영국인 젊은이는 이곳에서 1년간의 자원봉사를 마쳐서 곧 영국으로 돌아갈 예정이었다. 팔레스타인인 봉사자는 레바논에 있는 대학에서 컴퓨터공학을 전공했지만 아직 일자리를 구하지 못했다. 촘스키와 그 팔레스타인인 젊은이 사이에 대화가 오고갔다. 촘스키는 그의 대학 학비를 누가 냈느냐고 물었다.

젊은이는 대답했다.

"유엔 팔레스타인 난민구제사업기구UN Relief and Works Agency for Palestine Refugees in the Near East: UNRWA에서 냈습니다."

"난민 캠프 밖에서 직업을 찾아보았나요?"

"찾아보았지만, 구하지 못했습니다."

"왜 일자리를 주지 않는 거죠?"

"레바논인을 더 선호하기 때문이죠."

"일자리를 찾지 못하면 어떻게 할 건가요?"

"레바논을 떠나고 싶습니다."

엷은 미소를 띠며 젊은이가 덧붙였다.

"에드워드 사이드(1935~2003, 팔레스타인 출신의 세계적 석학으로, 미국 콜롬비아 대학교수로 재직. 이스라엘인과 팔레스타인인이 통합된 민주주의 국가에서 함께 살기 원했으며, 재외국 팔레스타인의회 의원으로도 활동) 같은 사람이 될 수도 있지 않을까요?"

난민 캠프에는 커다란 철문이 달리고 벽으로 둘러싸인 600평 남짓한 빈 땅이 있었다. 1982년, 이스라엘군이 팔랑헤 민병대(친이스라엘 성향의 기독교도 민병대)를 침투시켜 캠프를 포위한 후 잔혹한 학살을 자행했을 때 희생된 이들이 묻힌 장소였다.[3] 잔디로 덮인 평평한 땅에는 군데군데 두세 개씩 봉긋이 올라온 작은 흙무더기가 보였다. 우리는 대문에 위아래로 길게 난 쇠창살 사이로 묘지를 들여다

샤브라 샤틸라 캠프 - 1982년 9월 대학살로 목숨을 잃은
미크다드 가족의 포스터 (캐롤 촘스키 찍음)

보았다. 바깥벽에는 색 바랜 커다란 포스터 사진들이 붙어 있었다.
희생된 이들의 사진이었다. 이가 절반밖에 남지 않은 팔레스타인
노인 문지기가 문 근처 나무 그늘에 앉아 꽃을 팔고 있었다. 우리는
묘지로 들어갈 수 있게 문을 열어달라고 부탁했다. 노인은 미국 사
람이면 문을 열어줄 수 없다고 대꾸했다. 내가 나서서 이 사람들은
미국인이 맞지만 좋은 사람들이라고 설명했다. 그리고 몇 발자국
떨어져 서 있던 촘스키를 가리키며, 특히 이 사람은 미국에서 팔레
스타인인의 권리를 가장 열심히 옹호하는 사람이라고 일러주었다.
노인은 내 말이 맞는지 틀린지 확인이라도 하듯 잠시 나를 노려보
더니 일어서서 문을 열어주었다.

5월 11일, 베이루트 헤즈볼라 본부

우리는 삼엄하게 요새화된 헤즈볼라 본부에서 헤즈볼라 지도자

사이드 하산 나스랄라를 만났다. 헤즈볼라는 대중으로부터 폭넓은 지지를 얻고 있고 레바논 국회와 평의회에 의석을 갖고 있다. 1990년대 레바논 남부를 점령하고 있던 이스라엘에 대한 저항활동으로 얻은 성과였다. 그렇지만 콘돌리자 라이스, 데이비드 웰치, 엘리엇 아브람스, 제프리 펠트만 등 미국 정부 관료들은 다른 레바논 정치가와 고위인사들을 방문하면서도 나스랄라만은 제외했고, 여전히 헤즈볼라를 테러 단체로 취급했다. 촘스키와 헤즈볼라 지도자의 만남은 저명한 미국인이자 가장 유명한 반체제 인사인 촘스키가 레바논과 중동지역에서 헤즈볼라의 역할을 공개적으로 인정했다는 데 큰 의미가 있다. 더불어 나스랄라와 함께 나눈 이야기도 그만큼이나 의미가 컸다. 나스랄라는 미국 정부의 엠바고(보도금지 정책)를 깨기 위한 노력이 얼마나 중요한지 인식하고 있었기 때문에 자신이 한 말을 촘스키가 그대로 인용하는 데 전혀 반대하지 않았다. 그는 촘스키에게 악의적인 선전만 일삼는 미국에 대항하기 위해 헤즈볼라가 할 수 있는 일이 무엇이냐고 물었다.

그 대답으로, 촘스키는 국민 여론이 정부 정책과는 다른 경우가 많으므로 정부가 내놓는 정책과 미국 내 여론에서 나올 수 있는 정책을 달리 생각해야 한다고 지적했다. 또한 그는 워싱턴 정부 관료들은 소수의 선거인단에 의해 선출되며, 근본적인 문제에 관해서는 두 당 대표가 결국 서로 같은 시각을 보인다는 점도 지적하면서 기업의 이해관계를 따라가는 정치가들보다 미국의 대중에게 직접 다가가는 것이 중요하다고 했다.

미국과 그 동맹국들이 헤즈볼라에 요구하는 무장해제를 비롯하여 나스랄라는 촘스키와 다양한 문제에 관해 이야기를 나누었다.
나스랄라는 레바논 남부를 지키기 위해서는 헤즈볼라의 무장이 반
드시 필요하다고 했다. 이 문제는 단지 헤즈볼라를 위해서만이 아
니라 레바논 국민 전체를 위한 일이라고 했다. 그 만남이 끝나기를
기다리고 있던 기자들과 텔레비전 취재진을 향해 촘스키는 "나는
헤즈볼라가 잠재적인 공격에 대한 억제책으로 무장을 유지해야 한
다고 하는 주장이 논리적이고 설득력 있다고 생각합니다. 그런 주
장을 할 만한 근거는 무척 많습니다" 하고 말했다. 우익보수 집단들
이 두고두고 이런저런 말을 만들어낼 소지가 충분한 말이었다.

5월 12일, 베이루트의 마스라알마디나 극장

촘스키의 강연이 끝난 후 가슴이 뻐근하도록 감격적인 일이 있
었다. 20대 후반쯤으로 보이는 젊은 여자가 촘스키에게 다가와서
는 "저는 킨다입니다" 하고 말한 순간이었다. 킨다는 촘스키의 책
《해적과 제왕 Pirates and Emperors》을 들고 있었다. 킨다가 일곱 살
때 썼던 편지가 실려 있는 책이었다. 킨다는 1986년 4월, 미국의 폭
격으로 리비아의 트리폴리에 있던 자기 집이 파괴된 후에 그 편지
를 썼다. 그 사건은 민간인 60명에서 100명의 목숨을 앗아간 분명
한 테러 공격이었다. 저널리스트 도널드 네프는 당시 상황을 꼬집
어 "동네 불량배(레이건 행정부)가 꼬마(카다피 정권)에게 싸움을
건 꼴"이었다고 절묘하게 표현했다. 킨다는 촘스키에게 자기 책에
사인해 달라고 부탁했다. 킨다의 어머니도 그 자리에 있었다. 촘스
키는 캐롤을 불러 두 사람과 함께 이야기를 나누었다.

당시 킨다의 편지에는 이렇게 쓰여 있었다.

레이건 대통령 아저씨께
　대통령 아저씨는 왜 하나뿐인 우리 언니 라파와 내 친구 라
샤와 내 아기인형 딸기를 죽였나요? 라샤는 아홉 살밖에 안
됐어요. 우리 아빠가 팔레스타인 사람이라서 아저씨가 우리
를 전부 죽이려 한다는 게 정말이에요? 그리고 카다피 대통령
아저씨가 우리를 아빠 집이 있는 고향으로 돌아갈 수 있도록
도와주려고 해서 카다피 아저씨도 죽이려 한다는 게 맞나요?
　제 이름은 킨다예요.

리비아 폭격과 1986년 4월에 벌어진 일의 여파를 보도했던 ABC
통신원 찰스 글래스는 폭격으로 무너진 킨다의 집 잔해 더미 속에
서 킨다의 편지를 발견했다. 글래스는 미국 교육을 받은 킨다의 가
족이 레바논으로 이사한 후에도 계속해서 방문하고 연락했다.[4]

5월 13일, 레바논 남부 키암

화창한 봄 날씨에 우리는 키암으로 가기 위해 레바논과 이스라
엘 국경을 따라 난 좁은 길을 달렸다. 길에는 드문드문 가시철망 울
타리가 쳐 있었다. 이스라엘 국경 마을 메툴라를 지날 때는 거주민
들이 집 안에서 일하는 모습이 아주 가까이서 보였다. 집들이 언덕
위로 옹기종기 모여 있고, 감시탑 꼭대기에는 이스라엘 국기가 꽂
혀 있었다. 갈릴리에서 가장 고지대인 그곳은 깊은 계곡이 이어지

고, 개울이 굽이쳐 흘렀으며, 5월의 짙푸른 들판이 장관이었다. 키암에서 멀리 세바팜스[5]와 헤르몬 산 쪽으로 향하는 골짜기 너머의 풍경도 숨이 막힐 정도로 아름다웠다.

남부 레바논 헤즈볼라 지도자 셰이크 나빌 카우크가 키암에 있는 전(前) 이스라엘 감옥이자 고문장 터로 들어가는 입구에서 우리를 기다리고 있었다. 많은 기자들과 텔레비전 취재진도 와 있었다. 차에서 내리자마자 카우크가 반갑게 맞아주었고, 촘스키에게 다가가 포옹하더니 양쪽 볼에 입을 맞추기까지 했다. 수용소 마당 한가운데에는 히브리 글자가 새겨진 녹슬고 고장 난 군용 트럭 두 대가 세워져 있었다. 2000년 5월, 이스라엘 군대가 떠나면서 버리고 간 것이다.

모든 장면이 사진기자와 카메라맨의 렌즈에 포착되었지만, 이 장면을 지켜보고 있는 건 그들만이 아니었다. 계속해서 목을 빼고 지켜보는 존재가 또 있었다. 눈부시게 환한 하늘 위로 보일 듯 말 듯 날고 있는 무인정찰기 한 대. 우리는 이스라엘군이 국경지역을 주기적으로 정찰하면서 레바논 민병대와 팔레스타인 민병대의 움직임을 감시한다는 말을 이미 들었다. (다음 날, 베이루트의 모든 주요 일간지 1면에는 키암 수용소 감방을 살펴보는 촘스키와 카우크의 사진이 대문짝만하게 실렸다. 이삼일 후, 흥분한 블로거들이 이렇게 주장하고 나섰다. "노엄 촘스키는 지하드를 찬양한다." "촘스키를 미국으로 돌아오게 해서는 안 된다." 그리고 전형적인 보수 우익 집단의 '촘스키 죽이기' 식 악담이 줄을 이었다.)

5월 13일, 레바논 남부 나바티예

촘스키는 남부 레바논 문화위원회의 '공개 토론회'에 참석하기로 했다. 여러 가지 면에서 분명 우호진영에 와 있다는 느낌이 들었다. 문화위원회는 세속주의(secularism, 인간 활동이나 정치적인 의사결정이 종교적 믿음으로부터 분리되어야 한다는 주의) 좌파 활동가들이 모인 단체다. 오랫동안 문화위원회의 사무국장을 지낸 하비브 사덱은 레바논에서 진보적인 대의를 위해 활동해온 것으로 유명한 인물이다.

촘스키를 소개하기 위해 나선 하비브는 이렇게 말문을 열었다.

"오늘은 역사적인 날입니다. …… 저명한 현대 언어학자이자, 현시대 최고의 진보 사상가이며, 좌파 국제주의자의 상징인 촘스키를 우리 모두 환영합시다."

청중들의 열띤 박수 소리로 하비브는 한참이나 말을 이을 수 없었다.

"노엄 촘스키는 억압받는 자들의 권리를 옹호하고자 나서는 사람이 진정한 지식인이라는 사실을 끊임없이 일깨워주고 있습니다."

아까보다 더 열광적인 박수 소리가 터져나왔다.

"또한 진정한 지식인이란 압제국의 거대한 힘에 맞서 싸우는 사람이라고 했습니다."

박수 소리로 또다시 연설이 중단되었다.

하비브 사덱의 말과 뒤이어 나온 연설자들의 말소리를 알아듣기 위해서는 귀를 쫑긋 세워야만 했다. 계속해서 의자 움직이는 소리나 박수 소리 같은 소음이 계속된 데다가 음향 시스템도 불안정했다. 100여 명의 나바티예 주민이, 나이 든 사람은 양복을 차려입고

나바티예-하비브 사덱(왼쪽)과 파와즈 트라불시(오른쪽)
사이에 앉은 노엄 촘스키 (캐롤 촘스키 찍음)

젊은이들은 색색깔 셔츠와 청바지 차림으로 와서 촘스키의 말을 듣고 직접 질문도 하고 싶어 작은 회관으로 모여들었다. 회관 바깥 정원에도 미처 안으로 들어가지 못한 사람들이 운집해 있었다. 어떤 사람은 열린 창과 문 틈으로 안을 들여다보느라 정신없었고 또 어떤 사람은 아예 멀찌감치 물러서서 찍찍거리는 스피커를 통해 안에서 들려오는 이야기 소리에 귀를 기울였다. 노엄 촘스키와의 토론회는 다소 소란스럽고 열광적인 모임으로 변했고, 한 시간 정도 만에 짧게 끝났다. 모임이 끝날 무렵 멋지게 차려 입은 70대 노인 하비브 사덱이 내게 다가와 시간이 너무 짧아 촘스키와 더 오래 대화를 나누지 못했다며 안타까운 마음을 토로했다.

5월 14일, 베이루트

레바논 공산당에서도 촘스키와 대화를 나누고자 호텔로 대표자를 보내왔다. 오랫동안 노동계 지도자로 활동한 공산당 지도위원회 위원 모리스 나라가 찾아왔다. 영어와 아랍어 통역을 위해 함께 온 젊은 공산당원은 정부 각료 밑에서 일한다고 했다. 그런데 갑자기 사진기자들이 나타나 면담 장면을 찍어댔다. 그때마다 통역을 맡은 당원은 카메라에 찍히지 않으려고 뒤로 물러서야 했다. 일자리를 잃지 않으려면 어쩔 수 없었다. 공산당 대표자와 촘스키가 만나는 자리에 자신이 있는 사진이 신문에 실리는 날이면 자기의 정치적 정체성이 드러나 상관의 심기를 건드릴 게 뻔했다. 젊은 당원이 뒤로 물러날 때마다 파와즈와 내가 임시변통으로 대신 통역을 맡았다.

머칠 전인 5월 9일, 우리는 촘스키에게 5월 10일 일정이 변경되었음을 알렸다. 공산당, 노동단체, 그리고 몇몇 동맹 당들이 정부의 법률안에 반대하는 대규모 시위를 벌일 계획이었기 때문이다. 그 법안에는 노동자들에게 불이익을 안기는 새로운 노동계약법도 포함되어 있었다. 시위는 5월 10일로 예정되었고, 도시 중심부의 교통이 마비될 것은 분명했다. 우리는 베이루트 시내는 피하기로 했다. 촘스키는 우리도 시위에 참여할 수 있는지 물었지만, 안전 문제 때문에 참여하기 어려웠다. 경찰과 시위대 사이에 난투극이 벌어질 가능성이 컸기 때문이다.

촘스키는 5월 10일에 있었던 시위와 그 여파에 대해 빠짐없이 알고 싶어 했다. 이와 관련하여 촘스키는 모리스 나라 의원에게 다음과 같은 질문을 했다. 공산당과 노동단체 이외에 또 어떤 당이 시위에 참여했는가? 시위의 규모는? 이 시위가 정부에게 법률 초안을 수정하도록 압박할 수 있을 것인가? 만일 정부가 초안을 수정하지 않는다면, 후속대책은 무엇인가?

그 외에도 많은 사람들이 촘스키를 초대하거나 만나고 싶어 했지만 아쉽더라도 그 요청을 다 받아들일 수는 없었다. 시아파 최고 성직자 아야톨라 무함마드 후세인 파들랄라의 초대도 거절했다. 이제 서방에서는 거의 잊힌 사건이지만, 1985년에 미국 CIA가 파들랄라를 암살하려고 서베이루트의 인구밀집지역에서 자동차 폭탄 테러를 자행했다. 당시 파들랄라는 위험을 면했지만 그 테러로 무고한 시민 80명이 죽고 부상자도 200명 이상 발생했다.[6] 그때 촘스키가 미국 정부를 비난한 것을 파들랄라는 감사하게 생각하고 있었다.

다른 초대도 거절했다. 시리아 정부 고위관료가 촘스키에게 다마스쿠스(시리아의 수도)를 방문해달라고 했지만 그런 초대에 응하기에는 시기가 적절하지 않았다. 바로 그날, 시리아 정부는 작가이자 민주주의 운동가인 미셸 킬로를 체포했다.[7]

5월 15일, 무크타라

슈프 산악지대를 따라 한참을 운전해 간 후에 우리는 해발 900미터가 넘는 무크타라에 도착했다. 도중에 데이르엘카마르 마을과 베이트에딘 마을 두 곳을 잠시 들렀다. 오스만 제국이나 그 이전 시대에 세워진 옛 주택과 석상들을 보기 위해서였다. 무크타라는 줌블라트 가문이 대대로 살아온 터전이다. 이 고장 저택의 전형적인 형태로 지어져 천장이 높고 아치가 있으며 스테인드글라스 유리창이

달린 줌블라트 저택은 초록이 우거진 계곡을 내려다보며 장엄하게 우뚝 서 있었다.

왈리드 줌블라트가 대문에서 우리를 기다리고 있었다. 그 옆에는 유능한 변호사이며 지금은 레바논 대통령 후보로 나선 치블리 말라트가 함께 있었다. 줌블라트와 말라트는 모두 친정부파 '3·14 연대'에 속하며, 줌블라트는 레바논에서 가장 영향력 있는 정치가 중 한 명이었다. 우리는 호화로운 오찬을 함께했고 식사 후에는 긴 대화의 시간이 이어졌다. 줌블라트는 시리아 정권에 대해서도 허심탄회하게 술회했다. 1977년 자신의 아버지 카말 줌블라트가 암살된 것을 비롯해 1970년대 이후 시리아 정부 명령으로 자행된 수많은 암살 사건을 열거했다. 우리는 레바논과 이 지역의 미래에 대해 두 사람으로부터 건설적인 제안을 듣고 싶었으나, 여러 가지 곤란한 점이 있어 그 논의의 초점은 자꾸만 흐려졌다. 말라트는 어떻게 하면 레바논 정당들이 현재의 정치적 위기를 타개할 수 있을지 촘스키의 조언을 듣고 싶어 했다. 그러나 촘스키는 레바논 문제를 해결하는 데 있어 자신의 의견은 중요치 않다고 현명하게 대답했으며, 레바논 내부 문제에 외부인을 개입시키는 것은 파괴적 결과를 초래할 것이라는 점을 강조했다.

촘스키 부부가 8일간 레바논을 방문한 것은 여러 중요한 연계를 위한 발판이 되었다. 베이루트에서 촘스키를 맞은 사람들에게는 희망과 이성이 담긴 미국인의 목소리를 들을 수 있었던 소중한 기회였다. 그것은 레바논에서, 팔레스타인에서, 이라크와 중동에서 더

많은 폭력과 파괴를 불러오는 워싱턴 관료들의 끊임없는 선언들과
는 전혀 다른 것이었다. 촘스키 자신에게도, 몇십 년 동안 큰 관심
을 갖고 있던 지역과 사람들을 직접 둘러보고 경험하는 기회를 가
지게 되어 이 방문이 뜻깊었다. 특히 중동지역의 긴장이 고조된 시
기여서 더욱 특별했던 방문이었다.

임박한 위기, 위협과 기회

노엄 촘스키

2006년 5월 12일, 노엄 촘스키는 베이루트 함라 지구에 있는 극장 마스라알마디나에서 '임박한 위기, 위협과 기회'라는 제목으로 강연을 했다. 베이루트에 본부를 둔 진보적 문화·정치 단체 알 리카가 주최한 강연이었다.

안타깝게도 우리 코앞에 닥친 상당히 심각한 위기라고 말할 만한 사건들이 너무 많다. 그야말로 인류의 생존을 위협한다는 점에서 모두가 우려하는 요인들이다. 예컨대 핵전쟁의 가능성이 높아졌다는 점도 그렇고, 환경재앙도 무시할 수 없는 실정이다. 하지만 나는 구체적인 쟁점에 초점을 맞춰, 현재 서구 세계에서 가장 우려하는 문제에 대해 얘기하고 싶다. 따라서 내가 가장 잘 아는 미국에 대해 주로 얘기하게 되겠지만, 사실 미국이 초강대국이라는 점에서 미국을 빼놓고는 어떤 얘기도 할 수 없는 게 현실이다. 그러나 내가 아는 한 유럽도 크게 다르지 않다.

가장 크게 우려되는 지역은 중동이다. 새삼스러운 것은 아니다. 나는 종종 몇 년을 앞서 강연 스케줄을 짜야 한다. 그때마다 나는 강연 제목을 요청받으면 '중동의 현재 위기'를 제시했고, 지금까지 제목에서 빗나간 강연을 해본 적이 없다. 여기에는 충분한 이유가 있다. 워싱턴이 60년 전부터 중동의 막대한 에너지 자원을 '전략적 힘의 근원' '세계사에서 가장 소중한 귀중품의 하나'로 인식하며 중동을 '세계에서 전략적으로 가장 중요한 지역'이라 생각해왔기 때문이다.[1] 따라서 이 귀중한 자원을 확보하는 것이 미국 정책의 주요 목표였고, 그런 목표를 성취하기 위한 위협적 행위는 자연스레 커다란 우려를 불러일으켰다.

미국은 오랫동안 러시아의 위협 때문이라는 핑계를 대왔다. 러시아가 전 세계에서 무력을 휘두르며 체제 전복을 꾀한다는 핑계였다. 중동의 경우에는 이런 핑계를 재론할 여지조차 없다. 그런 핑계는 이미 폐기 처분되었기 때문이다. 베를린 장벽이 무너졌을 때 조지 H. W. 부시 행정부는 새로운 국가안보전략을 발표하면서, 모든 것이 예전과 마찬가지지만 이제는 새로운 틀 속에서라고 말했다. 군사력의 광범위한 운영은 여전히 필요하지만, 이제 그 이유는 [러시아가 아닌,] 기술력이 한층 정교해진 제3세계 국가들이다. 그렇게 해서 전 세계를 위협하는 가장 큰 요인은 토착 민족주의가 되었다. 또한 새로운 국가안보전략은 미국이 중동에 대한 간섭을 포기할 생각이 전혀 없음을 드러냈다. 과거 수십 년간 조작해왔던 얘기와는 정반대로 "우리 이익을 위협하는 요인이 크렘린(러시아어로 '성채'를 뜻하며, 소련 정부와 당을 상징)의 문 앞에서 용트림하는 걸 용납할 수 없어" 간섭해야 한다는 것이다.[2] 평소처럼 이런 얘기는 언론에서 별다른 논평 없이 지나갔다.

현재 미국 국민이 가장 우려하는 문제는 누가 뭐라 해도 이라크다. 반면에 미국인에게 가장 두려움을 안겨주는 나라는 이라크가 아니라 이란이다. 그렇다고 이란이 실제로 중대한 위협을 가하기 때문은 아니다. 정부와 손잡은 언론이 그런 식으로 끊임없이 프로파간다(사상 등의 선전)를 해대기 때문이다. 이런 수법은 옛날부터 줄곧 이용됐다. 가장 최근의 예가 이라크다. 이라크 침략은 2002년 9월부터 시작됐다고 말해도 과언이 아니다. 지금은 모두가 아는 사실이지만, 미국은 영국과 손잡고 그때부터 은밀히 이라크를 침략하기 시작했다. 그달에 워싱턴은 대대적인 프로파간다를 시작했다. 콘돌리자 라이스를 비롯한 고위 관료들이 앞다퉈, 사담 후세인이 다음엔 뉴욕을 버섯구름으로 뒤덮을지 모른다는 섬뜩한 협박을 해댔다. 정부와 결탁한 언론의 선전 덕분에, 몇 주 만에 미국인들은 세계 여론에서 완전히 멀어졌다. 후세인이 거의 모든 세계에서 미움은 받아왔을지 모르지만 두려운 존재는 아니었다. 그러나 미국에서는 국민의 대다수가 후세인이 앞으로 저지를지도 모를 무언가 때문에 불안해하는 지경에 빠졌다. 그런 두려움 때문에 미국인은 전쟁을 지지했다. 레이건 시대에도 비슷한 전례가 있었듯이 이런 수법은 오랜 역사를 갖는다. 나는 이라크에 대해 잠시 살펴본 후, 미국과 같은 교조적 시스템이 빚어낸 현재의 위기를 집중적으로 다루어보려 한다.

　이라크에 대한 논평은 헤아릴 수 없이 많지만 정확한 보도는 극히 드물다. 기자들은 거의 모든 시간을 바그다드에서 갇혀 지내거나 점령군의 군부대 안에서 시간을 보낸다. 기자들이 겁쟁이고 게을러서 그런 게 아니다. 그 밖의 지역은 너무 위험해서 취재하고 다닐 수 없기 때문이다. 과거의 전쟁들에서는 그렇지 않았다. 나치가 유럽을 점령했을 때나 러시아가 동유럽의 위성국들을 지배했을 때도 미국과 영국이 이라크를 점령한 지금만큼 혼란스럽지는 않았다.

예전에는 지역마다 그 지역의 민간인과 방위군이 다스렸고, 뭔가 잘못되면 철권을 휘둘렀지만 그것은 거의 언제나 뒷마당에서 벌어지는 사건이었다. 그러나 미국은 훨씬 유리한 조건에서도 이라크에 고분고분한 꼭두각시 정부를 세우지 못했다.

그럼 국민의 눈을 가리는 교조적인 프로파간다 이외에, 미국 정부는 이라크에서 무엇을 해야 했을까? 그 대답을 알아보기 전에 몇 가지 기본적인 원칙부터 명확히 해야 한다. 가장 중요한 원칙은 침략자는 책임을 가질 뿐, 어떤 권리도 갖지 못한다는 점이다. 첫 번째 책임은 배상금을 지급하는 것이고, 두 번째 책임은 피해자의 뜻에 따르는 것이다. 또한 엄격히 따지면, 전범자들을 법정에 세우는 세 번째 책임도 있지만, 이런 책임의식은 제국주의에 물든 서구 문화에서 기대하기 어렵기 때문에 여기에서 따지지는 않겠다.

이라크에게 배상금을 지급해야 하는 책임은 침략이라는 범죄행위와 그 직후의 결과에 국한돼서는 안 된다. 미국과 영국은 이라크 국민을 오랫동안 괴롭혔다. 얼마 전까지도 두 나라의 정부는 사담 후세인의 철권체제를 지원했고, 그 시기에 후세인은 최악의 범죄를 저질렀다. 이라크가 이란과 전쟁을 벌인 후로 미국과 영국은 사담 후세인을 줄곧 지원했다. 이란은 미국과 싸우기엔 역부족이라는 사실을 깨닫고 결국 항복했다. 당시 미국이 후세인의 침략을 공개적으로 지원하고 나섰기 때문이었다. 그런 사실을 서구 사람들은 잊었을지 모르지만 이란 사람들은 지금도 잊지 않고 있을 것이다. 곤봉을 휘두르는 사람들은 역사를 쉽게 잊지만, 그들에게 당한 사람들은 현실 세계에서 쉽게 눈을 떼지 못하는 법이다.

이란·이라크 전쟁 이후, 미국과 영국은 친구인 사담 후세인에게 대량살상무기와 갖가지 병기를 개발할 수단을 포함해 군사 지원을 계속했다. 이란이 항복하고 후세인이 최악의 잔혹행위를 자행한 한참 후인 1989년에는 이라크의 핵기술자들이 미국에 파견돼 핵무기 개발에 필요한 교육을 받기도 했다. 1991년의 걸프전 직후에도 미국과 영국은 후세인을 계속 지원하는 쪽으로 방향을 바꿔, 후세인이 시아파 반란을 진압하는 데 중화기를 사용하도록 실질적으로 허락했다. 이런 허락이 없었더라면 그때 시아파 반란으로 독재자 후세인 정권이 전복될 수도 있었다. 후세인을 지원한 이유는 공개적으로 밝혀졌다. 《뉴욕타임스》의 보도에 따르면, 미국, 영국과 사우디아라비아에서는 "이라크의 지도자가 어떤 죄를 저질렀든, 그의 억압으로 고통 받아온 사람들보다는 그가 이라크를 안정시킬 가능성이 크다"는 일치된 공감대가 형성돼 있었다. 여기에서 '안정'이라는 단어는 '명령을 따른다'는 뜻일 뿐이다.[3] 《뉴욕타임스》의 외교담당 수석기자 토머스 프리드먼의 지적에 따르면, 워싱턴에게 '세계에서 가장 착한 정부'는 후세인처럼 이라크를 다스리는 '무자비한 군사정부'였지만, 워싱턴의 입장에서는 미국 정부의 명령에 충실히 따르던 과거의 후세인이었다. 하지만 마땅한 대안이 없어 워싱턴은 차선으로, 사담 후세인에 만족할 수밖에 없었다. 지금도 그렇지만 그때도 이라크 국민이 미국의 영향에서 벗어나 이라크를 다스리게 놓아둔다는 것은 상상할 수도 없었다.

그 후에 미국과 영국이 주도한 살인적인 제재가 뒤따라, 수십만 민간인이 목숨을 잃었고 이라크 시민 사회가 황폐화되고 말았다.

반면에 독재자 사담 후세인의 입지는 더 강화됐고, 이라크 국민은 생존을 위해 후세인에게 의지할 수밖에 없었다. 제재로 인해 후세인은 그에 버금가는 다른 많은 사악한 독재자의 운명에서도 벗어날 수 있었다. 제재가 없었더라면, 미국과 영국의 강력한 지원에도 불구하고 내부에서 일어난 반란으로 후세인 정권은 일찌감치 전복돼 잔혹한 통치도 끝났을 것이다. 차우세스쿠(전 루마니아 대통령), 수하르토(전 인도네시아 대통령) 등 잔인한 독재자들이 그런 운명을 맞았고, 그런 독재자는 지금도 어김없이 등장하고 있는 실정이다. 이 모든 것이 힘을 가진 사람들에게는 지겨운 역사에 불과하지만, 그들에게 당한 사람들이나 세상을 똑바로 보려는 사람들에게는 그렇지 않다. 이런 모든 행위에 대한 배상이 요구돼야 한다. 한 푼도 빼놓지 않고! 그 책임은 미국과 영국뿐 아니라 관련된 모든 국가로까지 확대되어야 한다. 그러나 도덕적인 체하는 제국주의 문화의 지적 위기로 인해 그런 문제는 제기조차 되지 않는다.

두 번째 책임은 피해국 국민의 뜻에 따르는 것이다. 영국과 미국의 여론조사는 피해국 국민이 무엇을 원하는지 명백하게 보여준다. 근래에 실시된 여론조사에 따르면, 이라크 국민의 87퍼센트가 '미군 철수의 구체적인 시간표'를 요구하고 있다. 2005년의 76퍼센트보다 더 높아졌다.[4] 보도에는 '이라크인'이라 표현하고 있지만, 사실상 미군과 영국군이 주둔한 아랍권 이라크의 전 국민이 구체적인 철수 시간표를 원한다는 뜻이다. 나치에 점령된 유럽에서, 혹은 러시아 치하에 있던 동유럽 국가에서 여론조사를 했다면 이 정도의 결과가 나왔을지 의문이다.

그러나 부시와 블레어 및 그들의 패거리는 철수 시간표 같은 것
은 있을 수 없다고 못 박았다. 강대국들이 민주주의를 본능적으로
혐오하면서도 걸핏하면 민주주의를 앞세우는 위선을 극명하게 보
여주는 증거다. 이라크에서 대량살상무기를 찾아내지 못하게 되자
침략의 새로운 구실을 만들어내야 했기 때문에 민주주의의 요구가
전면에 부각된 것이다. 부시 대통령도 2003년 11월, 워싱턴의 '미
국 민주주의 재단National Endowment for Democracy'에서 그런 기조로 연설
해 큰 박수를 받았다. 이 연설에서 부시는 침략의 이유가, 워싱턴과
런던이 끈질기게 주장해온 후세인의 무기 개발 계획 때문이 아니
라, 이라크를 비롯해 중동 전역에 민주주의를 심어주려는 메시아적
소명 때문이라고 밝혔다. 언론과 저명한 학자들은 이라크의 해방이
'현 시대에서 가장 이상적인 전쟁'인 것을 깨닫고는 안도의 한숨을
내쉬며 깊은 감동까지 받은 듯한 반응을 보였다. 저명한 자유주의
해설자가 이렇게 말하자, 평론가들도 미국이라면 그 이상적인 전쟁
을 소화해내지 못할 이유가 없다면서 박수를 보냈다.

그러나 정작 그 놀라운 선물을 받은 사람들은 그것을 수용하기
엔 너무 후진적인 민족으로 평가되었다. 이런 사실은 며칠 후에 미
국이 바그다드에서 실시한 여론조사에서도 재확인됐다. 왜 미국이
이라크를 침략했다고 생각하느냐는 질문에, 서구의 지식인들이 환
호한 그 새로운 핑곗거리를 수긍한 사람은 소수에 불과했다. 정확
히 말하면, 1퍼센트만이 이라크 전쟁의 목표가 민주주의를 진작시
키기 위한 행위였다고 대답했고, 5퍼센트는 이라크를 돕기 위한 전
쟁이었다고 대답했다.[5] 나머지 대부분은 전쟁의 목표가 문명사회

에서는 입에 담기 힘든 목표라는 걸 당연하게 여겼다. 즉 러시아가 아프가니스탄을 침략했을 때나 이라크가 쿠웨이트를 침략했을 때, 우리가 적들에게 전략적이고 경제적인 목적에서 그런 만행을 저질렀다고 비난한 것처럼 말이다. 하지만 우리가 그런 짓을 할 때는 누구든 그렇게 말해서는 안 되는 것이었다.

그러나 강대국이 이라크 민중의 뜻을 거부하는 것은 민주주의에 대한 근원적인 두려움 때문은 아니다. 가령 이라크에 독립적이고 민주적인 정부가 들어서면 어떤 정책을 추진할지 생각해보자. 이라크가 이란을 좋아하지는 않지만, 이란이라는 강력한 이웃과 우호적인 관계를 맺고 싶어 할 것이 거의 자명하다. 실제로 시아파의 다수가 이미 이란과 돈독한 관계를 맺고 있으며 그 관계를 강화하는 방향으로 나아가고 있다. 게다가 이라크는 그 역시 제한된 주권을 누리긴 하지만, 사우디아라비아의 국경 너머에서 억압받으며 살아가는 시아파 사람들이 기본적인 권리와 심지어 자치권까지 획득하려고 하는 것을 지원해왔다. 그 지역은 사우디아라비아 석유의 대부분이 매장된 지역이기도 하다.

이런 변화가 한층 구체화되면 시아파 연대가 워싱턴의 입김에서 벗어나 세계에서 가장 중요한 에너지 자원을 관리할 가능성이 크다. 워싱턴에게는 악몽이 아닐 수 없다. 이보다 더 끔찍한 악몽으로 발전할 가능성도 없지 않다. 시아파 연대가 중국과 경제적 관계만이 아니라 군사적 관계까지 강화해나가는 경우다. 미국은 유럽을 겁줄 수 있다. 워싱턴이 윽박지르면 유럽의 대기업들이 이란에서 철수하지 않을 수 없기 때문이다. 그러나 중국은 야만인을 3000년 동안이나 경멸해온 역사를 지닌 나라로, 협박한다고 겁먹지 않는다.

워싱턴이 전략적 관점에서 중국을 우려하는 이유가 바로 거기에 있다. 요컨대 중국의 군사적 위협 때문이 아니라, 중국이 워싱턴의 뜻을 따르지 않고 독자적으로 판단하고 행동한다는 점이다. 쿠바나 베트남처럼 작은 나라들이 이런 위협을 가하면 용납할 수 없지만, 중국은 그러기 어렵다. 중국은 현재 세계에서 경제적으로 가장 역동적인 지역의 중심이고, 외환 보유고에서 일본을 얼마 전에 넘어섰으며, 세계에서 가장 빠르게 경제성장을 이루어가는 나라다. 중국의 경제력이 이미 미국 경제력의 3분의 2에 근접한다는 계산은 사실인 듯하며, 현재의 성장률이 계속된다면 10년 내에 남은 간격을 좁힐 수 있을 것이다. 물론 1인당 소득은 훨씬 못 미치겠지만 절대치에서는 충분히 가능하다.

중국은 아시아 에너지 안보망Asian Energy Security Grid과 상하이 협력기구Shanghai Cooperation Organization를 이끌어가는 중심이기도 하다. 여기에는 중앙아시아 국가들이 참여하고 있으며, 몇 주 전에는 이란과 파키스탄과 인도도 참관인으로 가입해 조만간 정식 회원국이 될 것으로 보인다. 인도는 중국과 의미 있는 합동 에너지 개발 계획을 추진 중이고, 아시아 에너지 안보망에도 가입할 가능성이 크다. 유럽이 미국의 협박에 굴복해 독자적으로 행동할 수 없다는 결론에 이르면 이란도 여기에 가입하려 할 것이다. 이란은 동쪽으로 시야를 돌려 뜻을 함께할 파트너를 찾아나설 것이다. 2005년 9월에는 테헤란에서 이란, 중국, 파키스탄, 인도, 러시아, 이집트, 인도네시아, 그루지야, 베네수엘라, 독일 등에서 정부 관리들과 학자들이 대규모 회담을 가져, 관련된 지역 전체를 관통하는 파이프라인을 건설하고 에너지 자원을 효율적으로 개발하기 위한 계획을 세웠다. 부시가 최근에 인도를 방문해 인도의 핵무기 개발 계획을 승인한 것은 이런 범세계적인 세력의 규합이 구체화되는 걸 방해하려는 전략의 일환이었다. 이라크가 주권국가가 되고 부분적으로 민주화된다면, 이라크도 미국의 세계 패권주의를 위협하는 걸림돌이 될 수 있다. 따라서 워싱턴이 그런 결과를 방지하기 위해 '팍스 아메리카나를 위한 선봉대' 영국과 손잡고 온갖 방법을 동원해온 것은 당연한 일이다. 영국을 묘사한 저 표현은 마이클 맥과이어(영국의 국제관계 전문가)가 영국 국제저널에서 블레어 정권을 지칭한 것이다.[6]

미국이 이라크에 어쩔 수 없이 어느 정도의 주권을 인정해서 그에 따른 어떤 결과가 생긴다면, 워싱턴의 정책결정자들은 제2차 세계대전 이후 가장 중요하게 삼았던 외교정책 목표 중 하나가 무너지는 걸 봐야 할 것이다. 2차대전이 끝나고 영국에게 세계지배권을 넘겨받은 미국은 '세계에서 전략적으로 가장 중요한 지역'을 통제할 필요성을 절감했다. 그들이 추진해온 정책의 핵심은 접근access이 아닌 통제control였다. 미국은 중동의 석유에 의존하기 훨씬 전부터 똑같은 정책을 추진해왔고, 앞으로 태양에너지에 의존하게 되더라도 현재의 정책을 계속 유지할 것이다. 이렇게 에너지 자원을 통제해야 다른 산업경쟁국들에 대한 '거부권'을 가질 수 있게 된다. 이것은 2차대전이 끝난 초기에 영향력 있는 정책결정자들에 의해 제시된 것으로, 이제는 이라크에서 그대로 되풀이되고 있다. 요컨대 이라크 정복에 성공하면 미국은 유럽과 아시아의 산업경쟁국에 대해 '결정적 영향력'을 가질 수 있다. 정책결정자들 사이에서도 중요한 위치를 차지하는 즈비그뉴 브레진스키(미국 전 국가안보담당 보좌관)가 지적한 사실이기도 하다. 딕 체니 부통령도 똑같은 논조로 말하며, 석유공급권의 장악을 '위협과 협박의 수단'이라 표현하기도 했다.[7] 따라서 체니는 워싱턴이 민주주의의 모델로 삼고 있는 중앙아시아의 독재정권들에게, 그 수단을 워싱턴에게 확실하게 안겨줄 파이프라인의 건설을 받아들이라고 윽박질렀다.

이런 생각이 새삼스런 것은 아니다. 거의 90년 전, 석유시대가 시작됐을 때 영국 최초의 해군장관, 월터 흄 롱도 "우리가 세계에서 현재 생산되는 석유 공급을 장악한다면 뭐든 할 수 있다"고 말했다.[8] 우드로 윌슨(미국 28대 대통령)도 이 점을 정확히 간파하고 있었다. 따라서 윌슨은 베네수엘라에서 영국을 몰아냈고, 베네수엘라는 1928년쯤에 미국 석유회사들에게 채굴권을 맡긴 채 세계에서 손꼽히는 석유수출국이 되었다. 이런 목표를 달성하기 위해서 윌슨과 그 후임자들은 베네수엘라의 악랄하고 부패한 독재자를 지원했고, 그 독재자를 앞세워 영국의 채굴권을 가로챘다. 그와 동시에 미국은 당시 영국과 프랑스가 장악하고 있던 중동에서도 미국의 권리를 집요하게 요구하며 확보하려 애썼다.

여기에서 서구의 지식인들이 찬사를 아끼지 않았던 '윌슨의 이상주의'의 실체가 무엇인지 극명하게 드러난다. 또한 이런 사례들에서 '자유무역free trade'과 '문호 개방open door'이 실제로 뜻하는 바가 무엇인지도 정확히 드러난다. 그 속내가 때로는 공식적으로 인정되기도 했다. 워싱턴이 2차대전 후의 세계 질서를 구상할 때, 국무부는 석유정책에 대한 한 보고서에서 "새로운 지역에서 미국 기업들이 동등한 기회를 누리기 위해 문호 개방 원칙을 요구"하는 동시에 서반구의 자원에서는 미국의 절대적인 관리권을 유지해야 한다고 역설했다.[9] 자유시장의 실체가 뭔지 적나라하게 보여주는 이야기다. 우리가 가진 것은 문을 닫아 확실히 지키고, 우리가 아직 갖지 못한 것은 문호 개방 원칙하에 빼앗겠다는 속셈이다. 국제관계에서 가장 중요한 이론인 투키디데스(고대 그리스 역사가)의 교훈, 즉 "강한 나라는 뭐든 할 수 있기 때문에 하지만, 약한 나라는 고통 받아야 하기 때문에 고통 받는 것이다"를 확실하게 증명해주는 사례다.

오늘날의 이라크 상황에 대해서도 이런 현실을 감안하지 않으면, 철수전략exit strategy에 대한 논의는 무의미할 뿐이다. 워싱턴의 정책결정자들이 이 문제를 어떻게 다룰지는 불확실하다. 사실 워싱턴은 어디에서나 비슷한 문제에 부딪치고 있는 실정이다. 미국 정보기관들은 새로운 천년시대를 맞이하여 미국이 중동의 석유를 당연지사로 장악해야 하지만, 한층 안정된 환대서양 지역의 매장지, 즉 서아프리카의 독재정권들과 서반구 국가들에 의존해야 할 것이라 예측했다. 그러나 베네수엘라에서 아르헨티나까지 남아메리카에 대한 워싱턴의 통제권이 요즘 들어 크게 떨어지고 있는 상황이다. 통제를 위한 주된 수단은 무력과 경제적 속박이었지만, 두 수단 모두 효과가 크게 떨어졌다. 2002년 미국은 베네수엘라의 군사 쿠데타를 지원했지만, 그들이 지원한 정부가 민중의 저항에 의해 곧바로 전복되면서 물러서야 했다. 게다가 라틴아메리카에서 민중 봉기가 잇달아 일어나면서 서구 사회보다 더 진정성을 띤 민주주의가 정착되어가는 실정이다. 따라서 민주적으로 선출된 정부를 전복하는 것이 더 이상 용납되지 않는다. 경제적 속박도 과거만큼 쉽지 않다. 남아메리카 국가들이 미국 재무부의 곁가지에 불과한 국제통화기금IMF의 빚을 청산해가고 있으며, 더구나 이 나라들이 베네수엘라의 지원을 받고 있어 워싱턴의 입장에서는 여간 골칫거리가 아니다. 아르헨티나 대통령은 IMF에서 탈퇴하겠다고 선언하기도 했다. 아르헨티나는 IMF의 가혹한 요구에 경제가 파탄지경에 이르렀지만, IMF가 요구한 원칙들을 과감히 탈피하면서 이제는 회복세에 들어섰다. 브라질도 IMF에서 탈퇴했고, 볼리비아도 베네수엘라의 지원을 받아 IMF에서 탈퇴할 것으로 예상된다. 한마디로 미국의 경제적 지배권이 남아메리카에서 크게 약해졌다.

워싱턴에게 서반구의 주요 산유국인 베네수엘라는 큰 골칫거리다. 미국 에너지국의 추정에 따르면, 상당히 높은 채굴비를 석유가격이 웃돌아 이익이 보장된다면 베네수엘라의 매장량이 사우디아라비아의 매장량을 넘어설 것으로 보인다. 미국의 극단적인 적대행위와 파괴공작은 베네수엘라를 투자와 수출 다각화에 심혈을 기울이도록 만들었고, 중국이 그 기회를 살리려고 적극적으로 달려들었다. 중국은 베네수엘라만이 아니라, 자원이 풍부한 라틴아메리카의 다른 수출국들에게도 관심을 기울였다. 남미에서 천연가스의 매장량이 가장 많은 나라인 볼리비아도 베네수엘라와 똑같은 행보를 취하고 있다. 두 나라는 다른 점에서도 워싱턴에게 적잖은 문젯거리다. 민주적으로 선출된 정부를 갖고 있기 때문이다. 베네수엘라에서 국민의 손으로 선출된 정부의 지지율은 라틴아메리카에서 으뜸

이라 할 수 있다. 특히 차베스 정권의 인기는 대단하다. 차베스는 독자적인 행보를 취해 민중에게 엄청난 지지를 얻고 있어 미국에게는 눈엣가시 같은 존재다. 볼리비아에서도 서구 사회에서는 거의 생각할 수 없는 민주 선거를 치렀다. 중대한 쟁점이 국민에게 정확히 전해졌고, 국민이 대대적으로 참여하여 자신들과 같은 위치에 있는 후보자, 즉 국민의 과반수를 차지하는 원주민의 일원을 대통령으로 선택했다.

민주주의는 언제나 권력집단에게 충격을 안겨주는 법이다. 특히, 단순한 절차 민주주의를 넘어 실질적인 민주주의가 구체화될 때는 더욱 그렇다. 라틴아메리카의 이런 상황에 대한 서구 언론의 보도에서 그런 두려움을 확인할 수 있다. 런던의《파이낸셜타임스》는 볼리비아의 에보 모랄레스 대통령이 점점 ‘권위적’이고 ‘비민주적’으로 변해간다고 고발했다. 그러나 이런 식의 보도는 자유와 민주주의가 어디서나 싹트기를 바란다는 서구 강대국의 전형적인 반응이다. 모랄레스가 권위적으로 변해가고 민주주의 원칙을 무시한다는 증거는, 그가 국민 95퍼센트의 뜻에 따라 천연가스를 국유화했다는 것이다. 또 그가 공공요금을 대폭 낮추고 부패를 척결해 국민적 지지를 얻고 있다는 것이다. 모랄레스의 정책은 베네수엘라의 차베스가 취한 정책과 무척 유사하다. 민주적으로 선출된 차베스 정부는 지지율이 높다는 것만으로는 차베스가 반민주적인 독재자임을 증명하기 충분치 않아서, 베네수엘라에서 제도화하여 추진하고 있는 정책을 볼리비아에도 확대해 적용하려 한다.《파이낸셜타임스》의 한탄을 인용하면, 차베스는 “볼리비아가 문맹을 척결하는

데 지원을 아끼지 않고, 쿠바에서 수백 명의 의사를 초빙해 가난한 사람들을 진료하게 하면서 그들에게 임금을 지불하고 있다."[10]

부시 행정부가 2006년 3월에 발표한 국가안보전략에 따르면, 중국은 장기적으로 미국의 세계 패권주의를 가장 크게 위협할 국가다. 그 위협은 군사적인 위협이 아니라 경제적인 위협을 가리킨다. 이 전략보고서는 "중국의 지도자들이 무역을 확대하는 동시에, 어떤 식으로든 세계 전역에서 에너지 공급원을 '단속'하고, 시장을 개방하기보다는 시장을 통제하는 방향으로 행동하고 있다"고 경고했다.[11] 얼마 전, 워싱턴에서 열린 미중 정상회담에서 부시 대통령은 후진타오 중국 대통령에게 세계의 에너지원을 '단속'하려는 움직임에 대해 경고했다. 또한 부시 대통령은 수단과 버마와 이란의 석유에 의존하려는 중국의 태도를 비난했고, 중국이 미국과 달리 자유무역을 거부하고 인권을 탄압한다고도 비난했다. 그런데 정작 미국은 어떤가? 서아프리카에서 가장 잔악한 독재국가 중 하나인 적도기니Equatorial Guinea, 라틴아메리카에서 타의 추종을 불허하는 인권 탄압국인 콜롬비아, 그리고 중앙아시아의 여러 국가들에 대해서는 미덕의 본보기라고 칭찬할지언정 인권을 탄압한다고 비난하지 않는다. 이름이 꽤나 알려진 지식인치고 워싱턴이 '위협과 협박의 수단'을 꽉 쥐려고 미국식의 전통적인 문호 개방 정책과 무도한 침략을 일삼으며 세계 전역의 에너지 공급원을 단속하려 한다고 비난하는 사람은 없다. 이런 사실이 서구 사회에서 풍자화되기는커녕 거론도 되지 않는다는 게 참 흥미롭다.

《뉴욕타임스》는 부시와 후진타오의 회담을 1면 기사로 다루며,

"석유에 대한 중국의 욕심은 이란에 대한 입장에도 영향을 미친다. …… 중국은 세계 에너지 공급원을 단속하려는 목적으로 이란을 특별히 주시할 가능성이 높다"고 보도했다. 실제로 중국의 국영 석유회사가 이란의 거대한 야다바란 유전을 개발하기 위해 700억 달러 상당의 계약을 체결하기도 했다.[12] 거기에 더해 중국은 2차대전이 끝나고 영국이 철수한 이래 미국의 종속국이었던 사우디아라비아까지 집적거리고 있다. 이런 변화는 워싱턴에게 중대한 문제가 아닐 수 없다. 더구나 중국과 사우디아라비아 왕국이 경제적·군사적인 관계까지 확대해, 이제 서아시아와 북아프리카에서 사우디아라비아가 중국에게 가장 큰 무역 파트너가 되면서 미국과 사우디아라비아 간의 전통적인 관계마저 위협받고 있는 실정이다. 사실 이런 관계의 확대는 중국도 민주주의와 인권을 중요하게 생각하지 않는다는 증거이기는 하다. 이 때문인지 후진타오는 워싱턴을 방문했을 때 국빈 만찬에 초대받지 못했다. 워싱턴의 계산된 모욕이었다. 그러나 후진타오는 미국에서 곧바로 사우디아라비아로 날아가, 워싱턴의 코를 납작하게 만들어버렸다.

이라크 문제를 어떻게 풀어가야 하는가에 대한 전반적인 맥락을 지금까지 간략하게 살펴보았다. 그러나 이런 결정적인 문제들은 미국인에게 가장 중요한 문제를 다루는 토론에서 좀처럼 거론되지 않는다. 경직된 정책 때문이다. 자유, 정의, 평화 등 그럴듯한 이상적 목표를 추구해야만 하는 입장에서 합리적 전략과 경제성을 따질 수는 없다고 반박할 수도 있겠다. 그러나 이런 외고집 때문에 서구의 지적 문화는 다시 심각한 위기를 맞았다. 물론, 이런 위기가 역사적으로 처음은 아니지만 위험한 것은 부인할 수 없는 사실이다.

공개적으로 거론되지 않는다고 이런 문제들을 정책결정자들이 무시하는 것은 아니다. 정부들은 전통적으로 국민을 주적主敵이라 생각한다. 따라서 정부가 어떤 일을 하고 어떤 계획을 갖고 있는지 국민에게 정확히 알리지 않는다. 하지만 우리는 짐작해볼 수는 있다. 합리적으로 추론해보면 워싱턴의 정책결정자들은 분리주의 조직들에게, 그들이 분리운동을 추진하면 미국이 보호해줄 거라는 생각을 심어주려고 노력하는 듯하다. 예를 들면 이란에서 가장 주요한 유전지대는 걸프 만에 인접한 아랍 지역, 즉 후제스탄에 집중되어 있는데, '아와지(이란 서남부 자치주) 자유운동'이라는 기원을 알 수 없는 운동조직이 나타나 막연한 자치권을 요구하고 있는 실정이다. 또 그 부근의 이라크와 걸프 만 국가들은 미국의 군사 개입을 위한 기지를 제공하고 있다.

라틴아메리카에 주둔한 미군도 눈에 띄게 늘어나고 있다. 베네수엘라의 유전지대는 이 지역에서 미국이 가장 믿을 만한 국가인 콜롬비아 근처에 있는 술리아에 집중돼 있다. 술리아는 반反차베스 정서가 강한 주州로, 역시 정체를 알 수 없는 자치운동조직이 이미 활동하고 있다. 볼리비아에서도 천연가스는 상대적으로 부유한 동부지역에 주로 매장돼 있고, 이 지역은 토착민의 지지로 당선된 모랄레스 정부를 극렬하게 반대하는 유럽인의 후손들이 거의 장악해서 분리운동을 추진하고 있다. 볼리비아에 인접한 파라과이는 남미에서 미국의 군사기지가 있는 극소수 국가 중 하나다.

군사력과 치안을 위한 원조가 이제는 경제적이고 사회적인 원조를 넘어섰다. 이는 원조의 형태가 냉전 시대 때와는 정반대로 뒤집어진 셈이다. 게다가 라틴아메리카에 주둔한 미군의 수가 연방기관에서 파견한 민간인을 모두 합한 수를 넘어서는데, 이것 역시 예전과 확연히 달라진 모습이다. 미국이 새롭게 내세우는 소명은 '급진적 포플리즘radical populism'의 척결이다. 물론, 미국의 명령을 따르지 않는 자주적 민족주의 세력에 흔히 붙이는 명칭이다. 군사 훈련의 책임부서도 국무부에서 펜타곤으로 이양됐다. 이는 의회의 감시에서 벗어난 것이고, 인권과 민주주의라는 제약에서 자유롭다는 뜻이다. 물론 의회의 감시가 늘 취약하기는 했지만, 행정부의 폭력을 어느 정도 견제했던 것은 사실이었다.

미국은 유일한 초강대국인 까닭에, 대영제국의 정책을 외따로 접근해서는 안 되듯이 미국의 정책도 종합적으로 분석해야 한다. 반세기 전에 아이젠하워 정부는 세계적으로 중요한 지역으로 세 곳을 지목했다. 인도네시아, 북아프리카, 중동이었다. 모두 산유국이었고 이슬람 국가였다. 세 곳 모두에서 주요 쟁점은 자주적인 민족주의였다. 알제리에서는 프랑스의 지배가 종식되면서 북아프리카 문제가 해결됐고, 인도네시아에서는 1965년 수하르토가 쿠데타로 정권을 잡고 대량학살을 자행하면서 독립의 위험을 단숨에 해결했다. 이때 CIA는 수하르토가 자행한 학살을 히틀러, 스탈린, 마오의 범죄행위에 비교했다. 당시 《뉴욕타임스》의 보도에 따르면, '충격적인 대량학살'을 서구 사회는 노골적으로 환영하며 안도의 한숨을 내쉬었다.[13] 군사 쿠데타로 민중에 기반을 둔 유일한 정당, 가난한 사람들을 위한 정당이 해체됐고, 땅 없는 농민이 무수히 학살되었으며, 인도네시아의 풍부한 자원이 서구 열강들의 손에 넘어갔다. 따라서 대다수의 국민이 비참한 삶을 살아야 했다. 그로부터 2년 후에는 미국과 영국이 미워하던 이집트의 나세르 정권을 이스라엘이 침략하면서 중동문제도 해결됐다. 나세르가 주도하던 세속적 민족주의 세력이 막대한 에너지 자원을 직접 관리하며 중동의 내부적 발전을 꾀하는 방향으로 나아갈까 미국과 영국이 내심 두려워하던 때였다. 그보다 수년 전에 미국의 정보기관은 '민족의 유산'인 석유를 무력을 앞세운 서구 열강이 부당하게 착취한다고 생각하는 민중의 정서를 경고했었다. 이스라엘과 그 동맹인 사우디아라비아, 그리고 석유회사들은 1958년에 미국 정보기관들이 내린 결론을 재확인해주었다. 아랍 민족주의에 대항하기 위한 '논리적 귀결'은 '중동의 유일한(1958년 이스라엘과 긴밀한 군사적 연대 관계를 맺은 터키를 제외하고) 친서방 강국'인 이스라엘을 활용하는 것임을.[14]

미국과 이스라엘의 동맹 관계는 세계사에서 독특한 현상으로, 1967년 이스라엘의 침략 때부터 시작되어 시리아가 요르단에 개입하려는 것을 이스라엘이 차단한 1970년에 더욱 강화됐다. 당시 시리아는 검은 9월(Black September: PLO 특공대가 요르단 정부군의 토벌작전으로 큰 타격을 받은 1970년 9월)에 학살되고 있던 팔레스타인 사람들을 보호하겠다는 명목이었다. 시리아의 그런 개입 가능성은 워싱턴의 동맹인 요르단과, 특히 워싱턴의 우산 아래 있던 산유국들에 대한 위협으로 간주됐다. 이스라엘에 대한 미국의 원조는 대략 4배로 증가됐다. 그 이후로 이런 패턴은 계속됐고, 이스라엘은 중동 밖, 특히 라틴아메리카와 서아프리카에서도 미국의 하수인 역할을 떠맡았다. 이런 지배 관계는 기업에게도 막대한 도움을 주었다. 석유회사들은 이익을 나날이 갱신하고 있으며, 군수산업과 첨단산업도 이스라엘 덕분에 엄청난 돈을 벌어들인다. 대규모 금융기관들도 마찬가지다. 이스라엘은 미국의 실질적인 해외 군사기지로서 군사장비와 군사훈련을 제공하는 역할을 떠맡고 있다.

혹자는 다른 정책이 이스라엘의 정책을 대부분 결정하는 이스라엘 권력집단 지도부에게 훨씬 유리했을지도 모른다고 말할 수도 있지만, 어쨌건 그들은 현재의 관계를 상당히 바람직하다고 판단하는 듯하다. 그렇지 않으면 미국은 언제라도 그 관계를 중단할 수 있다. 미국과 이스라엘 간에 갈등이 있으면 당연히 이스라엘이 물러설 수밖에 없다. 최근에 이스라엘이 중국에 군사 기술을 수출하려 했다. 이스라엘의 평론가 알루프 벤의 표현대로 '파트너라 불리는 두목'의 명령을 이스라엘이 따르지 않으려 하자, 부시 행정부는 관행에서 벗어나 이스라엘에게 굴욕감을 안겨주었다.

다음으로 이란 그리고 이란의 핵프로그램을 살펴보자. 1979년까지 미국은 이란의 핵프로그램을 강력히 지지했다. 물론 미국과 영국이 쿠데타로 이란의 내각제 정부를 전복하고 내세운 잔혹한 독재자가 이란을 지배하던 때였다. 그런데 이제 와서는 이란이 핵발전소를 건설할 이유가 없기 때문에 어떤 비밀무기를 개발하고 있는 게 틀림없다고 주장한다. 헨리 키신저(미국의 전 국무장관)는 "이란과 같은 산유국에서 핵에너지를 개발하는 것은 자원의 낭비"라는 설명까지 덧붙였다. 30년 전 국무장관일 때는 "핵에너지의 도입은 이란 경제를 한 단계 도약시키고, 남는 석유를 수출하거나 석유화학

제품으로 전환할 수 있을 것이다"라고 말했던 키신저였고, 미국은 이란 국왕의 이런 정책을 지원하는 입장을 취했다. 현 부시 행정부의 핵심적인 정책결정자들인 딕 체니, 도널드 럼스펠드, 폴 월포위츠는 완전한 '핵연료 사이클', 즉 핵분열물질로 가동되는 동시에 핵분열물질을 자체적으로 재생산할 수 있는 원자로를 이란에 제공하려 무진 애썼다. 그런데 지금의 미국 행정부는 이란이 이런 능력을 획득하는 걸 방해하려는 것이다. 과거에는 미국의 대학들도 이란의 핵공학자들을 훈련하는 프로그램을 진행했다. 내가 몸담고 있는 매사추세츠 공과대학^{MIT}도 예외가 아니었다. 물론 자발적이지는 않았더라도 워싱턴의 승인하에 이루어진 일이었다. 이런 입장 변화에 대한 질문을 받자, 키신저는 "1979년 전에는 이란이 우리 편이었다"고 솔직하게 대답했다.[15] 따라서 당시의 이란에게는 핵에너지가 절실히 필요했지만 지금은 그렇지 않다는 것이다.

알려진 바에 따르면 이란의 핵프로그램은 비핵보유국가에게 핵에너지용 연료를 생산할 권리를 보장한 핵확산방지조약^{Nuclear Non-Proliferation Treaty: NPT}의 4조('평화적인 핵활동' 보장)에 저촉되지 않는다. 그러나 부시 행정부는 4조의 요건을 강화해야 한다고 주장하고 있으며, 나도 이런 주장이 맞다고 생각한다. NPT가 발효된 1970년에는 에너지용 연료의 생산과 핵무기용 연료의 생산 간에 상당한 차이가 있었다. 그러나 테크놀로지가 발달하면서 그 차이가 좁혀졌다. 그렇지만 4조가 어떤 식으로 개정되더라도 애초의 협상 정신에 따라 비군사용 개발까지 막아서는 안 된다. 무함마드 엘바라데이 국제원자력기구^{IAEA} 사무총장이 상당히 합리적인 제안을 내놓았다. 무기로 사용가능한 물질의 생산과 처리는 모두 국제 감시하에 두고, "합법적으로 사용하려는 국가에게는 그 물질을 공급받을 수 있도록 보장하자"는 제안이었다.[16] 이런 제안이, 1993년 개별 국가에게 핵분열물질의 생산을 금지하는 핵물질생산금지조약Fissile Material Cut-off Treaty: FMCT, FISSBAN을 촉구한 유엔 결의안을 완전히 시행하기 위한 첫걸음이 돼야 한다고 그는 주장했다. 그러나 엘바라데이의 제안은 수장되고 말았다. 미국 정치 지도자들이 현재의 입장에서 그런 식의 주권 이양을 받아들일 가능성은 전혀 없다. 내가 알기에는 지금까지 단 한 나라만이 엘바라데이의 제안을 받아들였다. 2006년 2월에 그 제안을 수용한다고 발표한 이란이었다. 이런 상황은 현재 위기를 넘어서는 단 한 가지 길을 제시한다. 더욱 심각한 위기로 가는 것이다. 개별 국가들이 핵분열물질을 계속 생산하면 결국 인류는 파멸을 맞이할 것이다.

프린스턴 대학의 군축문제 전문가인 프랭크 폰 히펠에 따르면, 많은 전문가에게 '가장 근본적인 핵무기 감축 제안'이라 인정받는 검증가능한 핵물질생산금지조약을 워싱턴은 강력하게 반대하는 입장이다.[17] 미국의 반대에도 유엔 군축위원회는 2004년 11월 '검증가능한 핵물질생산금지조약'을 투표로 통과시켰다. 투표 결과는 147대 1이었고, 두 나라가 기권표를 던졌다. 이스라엘은 미국의 입장을 반대할 수 없었던 까닭에 사려 깊게 기권했겠지만 영국이 기권한 이유는 무척 흥미롭다. 당시 영국 대사였던 존 프리먼은 기권한 이유에 대해, 영국은 원칙적으로 이 조약을 찬성하지만 결의안 초안이 '국제 공동체를 분열시켰다'고 설명했다. 결의안이 세계를

147개국과 한 나라로 분열시켰다는 이유로 영국은 결의안에 찬성할 수 없었다는 것이다.[18] 그 후 유엔 전체 총회의 투표에서 결의안은 179대 2로 통과됐고, 이스라엘과 영국이 역시 기권한 반면에 미국과 팔라우가 반대했다. 여기에서도 세계적인 패권국인 미국과 그 선봉대의 지도층에서 인류의 생존을 얼마나 중요하게 생각하는지 엿볼 수 있다.

2004년에 유럽연합EU과 이란은 핵문제에 대한 합의를 이루어냈다. 이란은 합법적인 우라늄 농축을 잠정적으로 중단하는 데 동의했고, 유럽연합은 이란에게 '안보문제에 대한 확고한 약속'을 제공하기로 합의를 보았다. 모두들 아다시피, '안보문제'는 이란에 대한 미국과 이스라엘의 거의 확실한 위협과 공격 준비를 가리킨다. 이런 위협은 유엔 헌장의 명백한 위반일 뿐더러, 초강대국에게 50년 동안 끊임없이 괴롭힘을 당한 나라의 입장에서는 결코 사소한 문제가 아니다. 더구나 그 초강대국이 지금은 이란과 국경을 맞댄 나라들을 점령하고 있지 않은가.

이란은 유럽연합과의 협상을 준수했지만, 유럽연합은 미국의 압력에 약속을 지키지 않았다. 결국 이란도 그 협상을 파기하고 말았다. 그러나 서구 세계에서는 이란이 합의를 파기했다고 얘기되며, 이란이 세계 질서에 중대한 위협이라는 걸 보여준 증거로 여겨진다.

2003년 5월 이란은 미국에게 안보문제를 전반적으로 논의해보자고 제안하기도 했다. 그러나 미국은 북한에 취했던 방식을 그대로 답습하며 이란의 제안을 거부했다. 2001년 1월 백악관에 입성하자마자 부시 행정부는 과거의 합의에서 '적대적 의도를 갖지 않는다'는 조건을 철회하며 북한을 심각하게 위협하는 발언을 서슴지 않았고, 중유와 핵원자로를 제공하겠다는 약속까지 파기했다. 이에 따라 북한도 핵무기를 개발하는 쪽으로 돌아서게 되어, 현재의 위기를 낳는 또 하나의 원인이 됐다. 이 모든 과정이 예측 가능했고 실제로 예측되기도 했다.

이런 위기들을 완화하고, 종식할 수도 있는 방법들이 있기는 하다. 첫째는 이란과 북한이 핵무기를 개발할 수밖에 없도록 재촉하는 실질적인 위협을 중지하는 것이다. 이스라엘 군사軍史학자 마틴 반 크레벨드는, 공격하고 싶은 상대가 무방비 상태라는 게 밝혀지는 즉시 워싱턴이 공격할 것이라는 게 밝혀진 마당에 이란 지도부가 핵무기를 개발하지 않는다면 제정신이 아닌 거라고 말했다.[19] 따라서 현재의 위기를 종식시키기 위한 첫걸음은 미국의 공격을 억제할 방법을 개발하도록 잠재적 목표국가들을 몰아가는 위협을 중지하는 것이다. 특히, 핵무기 개발이나 테러를 선택할 수밖에 없는 나라들에 대한 위협을 당장에 중지해야만 한다.

둘째는 이란을 세계 경제에 다시 편입시키려는 노력에 미국도 동참하는 것이다. 셋째는 미국이 다른 국가들과 더불어 '검증가능한 핵물질생산금지조약'을 받아들이고, 이란과 함께 엘바라데이의 제안이나 그와 비슷한 제안들을 받아들이는 것이다. 거듭해서 말하지만, 이 문제는 이란을 훌쩍 넘어 인류의 생존에 관련된 문제다. 넷째는 NPT의 4조를 준수하는 것이다. 4조는 핵보유국에게 핵무기 제거를 위한 '선의'의 노력을 의무로 규정하고 있으며, 국제사법재판소의 결정에 따라 이 의무는 법적인 구속력을 갖는다. 핵보유국

중 누구도 이 의무를 따르지 않았지만, 미국이 이 의무를 앞장서서 위반하고 있는 게 사실이다. 이런 현실도 인류의 생존에 중대한 위협이 아닐 수 없다.

미국이 이런 방향으로 약간의 조치만 취해도 이란과의 임박한 위기를 크게 완화할 수 있을 것이다. 특히 무함마드 엘바라데이의 말에 귀를 기울일 필요가 있다. 그는 "현재의 상황은 군사적인 방법으로 해결될 수 없다. 그런 방법은 생각할 수도 없다. 유일하게 지속가능한 해결책은 협상을 통한 해결"이라고 말했다.[20] 협상을 통한 해결은 충분히 가능하다. 이라크 전쟁의 경우와 비슷하게, 미국의 군부와 정보기관이 이란과의 전쟁을 반대하는 듯하지만 부시 행정부의 민간인 정책결정자들은 전쟁을 획책할 가능성이 없지 않다. 이런 점에서 체니와 럼스펠드와 라이스를 비롯한 소수의 정책결정자들은 무척 위험한 집단이다.

저명한 전략분석가들 사이에는 핵전쟁의 위협이 심각할 정도로 높아졌고 그것은 이미 널리 알려져 있으며, 법적 의무로 규정된 조치들을 이행해야만 해소될 수 있다는 폭넓은 공감대가 형성돼 있다. 그런 조치들이 취해지지 않으면, 그들은 "핵전쟁이 결국에는 불가피할 것이고, 그로 인해 우리는 궁극적인 파멸이라는 엄청난 위험, 즉 우리가 스스로 자초한 아마겟돈을 맞이하게 될 것"이라고 경고한다.[21] 이런 위협이 충분히 감지되고 있는데도 이런 위협을 의도적으로 더 고조하려는 시도까지 더해진다. 이라크 침략은 가장 눈에 띄는 예일 뿐이다.

클린턴의 군사 및 정보 분야 계획자들은 "미국의 이익과 투자를 보호하기 위해 우주 차원의 군사 작전을 장악할 필요성"을 역설했다. 일찍이 육군과 해군이 주장했던 내용과 무척 유사하지만, 이제는 유일한 패권국의 입장에서 "우주에 기지를 두고 우주에서 우주까지 우주를 통해 정밀한 타격을 가할 수 있는 공격용 무기"를 개발해야만 한다는 것이다. 그들의 주장에 따르면, 경제의 세계화로 인해 경제의 침체와 정치적 불안 및 문화적 소외가 심화되면서 경제적 격차가 확대될 것이 뻔하고, 그렇게 되면 '갖지 못한 나라들'에서 소요와 폭력 사태가 빈발할 것이며 그 대부분이 미국을 겨냥할 것이기 때문에 그런 조치가 필요하다는 것이다. 따라서 불온한 세력들에 의한 대량살상무기의 세계적 확산에 대응하기 위해 미국은 우주에서 발사하는 정밀한 공격무기를 개발해야만 한다는 논리였다.[22] 현재의 교조적 시스템에서 '세계화'와 '자유무역'으로 엉뚱하게 불리는 특이한 형태의 국제 통합이 낳은 결과로 경제적 격차의 심화가 예측되듯이, 현재 논의되는 군사 개발 계획에서 대량살상무기의 확산이 초래될 가능성이 크다.

'세계화'와 '자유무역'이라는 개념에 대해서도 한마디 덧붙여야겠다. 둘 모두 프로파간다적 성격을 띤 단어지, 현실 세계를 제대로 집약시킨 단어가 아니다. '세계화globalization'는 현재의 경제구조를 설계한 사람들, 구체적으로 말하면 다국적 기업 및 그런 기업들과 긴밀한 관계에 있는 소수 강대국을 위해 설계된 특수한 형태의 국제적 경제 통합을 가리키는 단어일 뿐이다. 그러나 세계인의 의견을 훨씬 충실하게 반영하는 조직들의 연합체, 즉 대중에 기반을 둔 '전지구적 정의운동global justice movement'은 다른 형태의 세계화를 추진하고 있다. 이 운동은 개발도상국들에서 시작됐지만 이제는 선진국의 민중조직들도 참여하고 있으며, 매년 '세계사회포럼World Social Forum'이라는 이름으로 모임을 갖는다. 세계사회포럼은 권역과 지역별로 많은 사회적 포럼을 탄생시켰고, 각 포럼은 포괄적인 틀 안에서 고유한 쟁점들을 집중적으로 다룬다. '전지구적 정의운동'은 지금까지 볼 수 없었던 완전히 새로운 현상으로, 노동자조직과 좌파조직이 탄생한 이후로 그들의 희망이었던 인터내셔널(국제 노동자동맹)과 같은 것으로 발전될 듯하다. 현 세계를 지배하는 교조적 체제에서 '전지구적 정의운동'이 '반反세계화'로 불리는 이유는, 집중된 경제권력의 이익이 아니라 민중의 이익을 지향하는 세계화를 추구하기 때문이다. 그런데 안타깝게도 그들 자신까지 때로는 '반세계화'라는 터무니없는 용어를 그대로 받아들인다.

일반적으로 세계화는 이른바 신자유주의와 동의어로 통한다. 신자유주의도 오해를 불러일으키기 십상인 용어다. 신자유주의 체제는 새로운 것도 아니고 자유주의적인 것도 아니다. 신자유주의는 근본적으로 18세기 이후 식민지들에 무력으로 강요된 정책이었다. 반면, 현재의 부자 나라들은 식민지에 강요한 정책의 규칙들을 완전히 무시하고 경제에서 국가의 개입에 크게 의존하며, 국제 경제질서에서 금지된 조치들을 활용해왔다. 영국이 그랬고, 영국처럼 보호무역과 국가 개입의 길을 택한 다른 나라들도 마찬가지였다. 특히, 일본은 개발도상국 중에서 식민지로 전락하지 않고 산업화에 성공한 유일한 나라다. 이런 사실은 경제사학자들 사이에서 폭넓게 인정되고 있다.

19세기 초의 미국과 이집트를 비교하면, 주권과 대대적 국가 개입이 경제발전에 결정적인 역할을 한다는 사실이 분명히 확인된다. 미국은 영국의 통치에서 벗어난 덕분에 국가 개입이라는 영국식 정책을 취할 수 있었고 그로 인해 발전했다. 반면에 이집트의 경우 영국의 공권력이 그런 정책을 취하려는 걸 방해했고, 프랑스와 손잡고 "무함마드 알리(1769~1849, 당시 이집트의 총독)를 공평하게 대해야 한다는 생각 때문에 [동ᵏ지중해에서 경쟁을 금지하는 식으로] 크고 중요한 이익을 버려서는 안 된다"는 파머스턴 경의 정책을 이집트에 강요했다.[23] 파머스턴은 감히 경제발전을 꾀하려는 '무지한 야만인들'에 대한 증오심을 서슴없이 드러냈다. 오늘날 영국과 프랑스가 미국을 대신해서 이란에게 핵무기와 미사일 개발에 관련된 연구·개발 등 모든 행위를 중지하라고 요구하는 것도 역사적 기억의 재현일 뿐이다. 이에 따라 이란은 핵에너지를 개발할 수 없고, 세계에서 가장 큰 위협을 받고 있는 나라임에도 자국에 대한 '정의로운 국가'의 공격을 견제할 수단을 갖는 것도 허용되지 않는다. 영국과 프랑스가 이스라엘의 핵무기 개발에서 중요한 역할을 했다는 사실과 극명하게 비교된다. 제국주의적 감성은 정말 변덕스럽기 짝이 없다.

주권이 있었다면 이집트도 19세기에 산업혁명을 이루어냈을 것이다. 이집트는 독립을 제외하고 많은 점에서 미국에 못지 않은 이점을 지닌 나라였다. 그런데 미국은 독립한 덕분에 높은 관세를 부과해 섬유와 철강 등 월등한 품질의 영국 상품이 수입되는 걸 막았다. 실제로 미국은 2차대전까지 보호무역을 세계에서 가장 강력하게 추진한 나라였다. 2차대전을 거치면서 미국의 경제력이 다른 모든 나라를 압도하게 되자 그제야 '자유경쟁'을 받아들였다. 전쟁이 끝난 후에도 국책산업에 대한 대대적인 지원이 미국 경제의 중심축이 됐고, 이런 현상은 예전보다 훨씬 강도 높게 현재까지 계속되고 있다. 또한 미국은 필요할 때마다 보호무역으로 돌아섰다. 레이건 시대에 가장 극단적인 보호무역 정책이 추진됐지만, 여느 때와 마찬가지로 겉으로는 자유주의를 찬양하며 다른 나라들에게 자유주의를 강요했다. 레이건은 보호무역 장벽을 실질적으로 2배나 높였을 뿐 아니라, 관리 실패를 극복하고 당시 경제신문들의 슬로건이던 '미국을 재산업화'하기 위해 펜타곤을 활용했다. 게다가 오래전부터 강대국이 특권을 누리고 보호되도록 만들어진 '자유무역협정'들에 높은 보호무역 장벽이 반영됐다.

한 세기 전에 영국이 내세우던 '자유무역'도 마찬가지였다. 150년간의 보호무역과 국가 개입으로 영국은 세계에서 가장 강력한 경제대국이 됐다. 따라서 자유무역을 선택할 여지가 생겼다. 우리에게 익숙한 비유를 약간 수정해서 말하면, 경기장이 영국에게 유리한 방향으로 기울어진 때문이었다. 그러나 영국은 둘러싼 보호막을 거두지 않았다. 여전히 시장을 보호했고 국가의 개입에 의존했으며, 경제사학자들이 거의 관심조차 기울이지 않는 장치까지 동원했다. 그런 시장의 하나가 세계에서 가장 극적이었던 마약밀매 사업이었다. 영국은 이 사업으로 중국 시장에 침투해 엄청난 이익을 거둬들였고, 그 돈으로 영국 해군과 인도 행정청을 지원했으며 미국의 면화를 사들였다. 그 면화가 산업혁명의 밑거름이 됐다. 미국의 면화 생산도 노예제도, 원주민의 실질적인 멸종, 멕시코 무력 정복 등 극단적인 국가 개입에 기반을 둔 것이었다. 영국은 중국에서 더 이상 일본과 경쟁할 수 없게 되자 1932년에 일본을 고립시키는 정책을 취했고, 다른 제국주의 국가들도 그 뒤를 따랐다. 그 결과가 2차대전의 씨앗이 됐다고 말할 수 있다. 결국, 자유무역과 경제발전의 실상은 밖으로 내뱉는 말과 아주 제한적으로만 일치할 뿐이다.

현대사 전체에서 민주주의와 경제발전에 있어 공동의 적은 주권의 상실이었다. 국가들이 힘을 다투는 세계에서 주권의 쇠락은 민주주의에 대한 희망의 쇠락을 뜻하고, 결국에는 사회정책과 경제정책을 독자적으로 운영할 능력의 쇠락까지 뜻한다. 그렇게 되면 경제발전에도 악영향을 미친다는 사실은 수 세기의 경제사에서 역력히 확인된다. 경제사학자, 샤히드 알람의 저작은 이런 점을 명백히 보여준다. 요즘의 용어에서 '강요된 체제imposed regime'는 신자유주의라 불린다. 따라서 민주주의와 경제발전에서 공동의 적은 신자유주의라 말해도 과언이 아니다. 경제발전에 관련해서는 경제성장의 요인들이 분명히 파악되지 않기 때문에 인과관계는 따져볼 여지가 있지만, 상관관계는 분명히 존재한다. 라틴아메리카를 비롯해 세계 각지에서 확인되듯이, 신자유주의 원칙을 엄격하게 준수한 나라들은 예전에 비해 거시경제 지표들이 크게 악화됐다. 반면에 동아시아 국가들처럼 그 원칙을 무시한 나라들은 빠른 성장을 이루어냈다. 신자유주의가 민주주의까지 해친다는 사실도 어렵지 않게 이해된다. 민영화에서 금융거래의 자유화에 이르기까지, 실질적으로 신자유주의의 모든 특징이 분명하고도 잘 알려진 이유로 민주주의를 위협한다는 것은 사실이다.

지금 우리에게 닥친 위기들은 현실적이고 절박한 것이다. 그러나 어떤 위기가 닥쳐도 그 위기를 이겨낼 방법은 있다. 첫 단계는 위기를 정확히 이해하는 것이고, 다음 단계는 위기를 극복하기 위한 조직을 결성하고 적절한 행위를 취하는 것이다. 우리는 과거에도 이런 길을 따랐고, 그 결과로 훨씬 나은 세상을 만들어냈고, 적어도 일부에게는 계속 앞으로 나아갈 토대가 될 수 있는 상당한 자유와 권리를 유산으로 남겨놓았다. 그렇게 해내지 못하면 암울한 결과가 닥칠 것이 거의 확실하고, 어쩌면 가장 높은 지능을 지닌 인간의 실험으로 인해 지구의 생태계가 종말을 맞을 수도 있다.

3

권력의 위대한 영혼

노엄 촘스키

2006년 5월 9일, 노엄 촘스키는 베이루트 아메리칸 대학교에서 '권력의 위대한 영혼'이란 제목으로 에드워드 사이드 추모 강연을 했다. 2006년 5월 10일에는 같은 대학에서 '생물언어학 탐구 : 구상, 발전, 진화'라는 주제로 두 번째 강연을 했다. 이 두 번째 강연의 녹취록은 이 책에 포함되지 않았다.

오랫동안 그를 소중한 친구로 여기는 특권을 누리게 해준 에드워드 사이드의 폭넓은 저작과 삶에서 몇 가지 주제를 선택한다는 것은 무척 흥미진진한 일이다. 나는 두 가지, 제국의 문화와 지식인의 책무에 대해 집중적으로 얘기해보려 한다. 더 넓은 관점에서 말하자면 일반적인 지배 문화와, 충분한 특권과 수단을 지닌 사람들, 즉 공공의 장에 뛰어들기만 하면 흔히 '지식인'이라 칭해지는 사람들의 책무에 대해 말해보려 한다.

'지식인의 책무'라는 표현에는 중요한 중의성이 감춰져 있다. '의무^{ought}'와 '현상^{is}'이 뚜렷이 구분되지 않는다는 점이다. '의무'라는 관점에서 볼 때, 지식인의 책무는 여느 명망가의 책무와 다를 바가 조금도 없으며, 오히려 더 크다. 특권이 기회를 주고, 기회는 도덕적 책무를 요구하기 때문이다. 따라서 우리는 야만적이고 폭압적인 국가에 고분고분 지식인들을 '권력자에게 아첨하는 체제순응자'라고 비난한다. 이 표현은 현대 국가관계 이론의 창시자 중 하나인 한스 모겐소에서 인용한 것이다.[1] 하지만 모겐소의 이 표현은 전체주의 국가의 인민위원이 아니라, 서구의 지식인들을 가리킨 것이었다. 그들은 두려워서 그랬다고 변명할 수도 없는 처지고 그저 비겁하게 권력에 순종한 것이기 때문에 그들의 죄가 훨씬 크다고 말할 수 있다. 모겐소는 '존재해야 할 것'이 아니라 '존재하는 것'을 말했다. 그리고 유감스럽게도 인류 역사 대부분에서 존재했고 지금도 존재하는 것에 대한 그의 지적은 기본적으로 옳았다. 특히 그가 그 글을 1970년대 말, 즉 인도차이나 전쟁을 반대하는 운동이 절정에 이르고 식자층의 반체제적 목소리가 가장 높았던 때 썼다는 사실을 주목할 필요가 있다.

지식인의 역사는 지식인에 의해 쓰였기 때문에, 그들이 정의와 진실을 수호하고 드높은 가치를 지지하며, 남다른 용기와 정직성으로 권력과 악에 맞서 싸운 사람으로 그려지는 것은 당연하다. 그러나 역사의 기록에서는 사뭇 다른 모습이 드러난다. '지식인'이라는 개념은 '참여 지식인engaged intelletual'의 원형인 드레퓌스의 옹호자들에서 흔히 사용되기 시작했다. 그러나 그들은 소수에 불과했다. 대부분은 권력자에게 아첨하는 체제순응자였다. 이런 관계는 최초의 역사 기록에서도 고스란히 찾아진다. 독미나리 즙을 마신 사람은 '가짜 신'으로 아테네의 젊은이들을 타락시킨 사람이었지, 교조적 체제의 진짜 신을 섬긴 사람들이 아니었다. 성경에서는 지정학적 상황을 비판적으로 분석하며, 국가의 범죄와 비도덕적인 관습을 비난한 사람들에게 많은 부분을 할애했다. 그런 사람들은 '선지자prophet'라 불리지만, '선지자'라는 단어는 뜻이 애매한 단어의 불확실한 번역일 뿐이다. 현대어로 다시 번역하면 '반체제적 지식인

dissident intellectual'으로 번역될 수 있을 것이다. 그들이 어떤 대우를 받았는지 새삼스레 되돌아볼 필요는 없을 것이다. 반체제 인사의 운명인 양 비참한 대우를 받았다.

선지자의 시대에도 크게 존경받은 지식인들이 있었다. 그들 모두가 권력자에 아첨한 사람들이었다. 그러나 수 세기가 지난 후, 그들은 '가짜 선지자'였다는 비난을 받았다. 그래서 복음서는 "거짓 선지자들을 조심해라. 그들은 양의 옷을 입고 너희에게 다가오지만 그 속은 굶주린 늑대다. 그들의 열매로 그들을 알리라"라고 경고한다. 지식인을 고매한 말솜씨가 아니라 행동을 보고 판단해야 한다는 정확한 지적이었다. 오늘날에도 여전히 유효한 교훈의 말씀이다.

지난 천년시대의 마지막 시기는 지식인의 참담한 역사에서도 그야말로 최악의 시기였다. 미국과 유럽에서, 명망 있는 인물들이 눈앞에 펼쳐진 '규범적 혁명'에 완전히 넋을 잃고 말았다. 미국의 외교정책이 '성스런 빛'을 번뜩이며 '고결한 단계'에 들어섰기 때문이다. 역사상 처음으로 한 국가가 '원칙과 가치'를 충실히 지키며 이타주의의 본보기를 보였다. 마침내 '계몽된 국가'가 '반인도적 행위를 종식시키기 위한 이상적인 신세계'를 건설하고자, 세계 곳곳에서 고통스러워하는 사람들을 보호하는 책무를 떠안았다.[2]

이것은 홍수처럼 쇄도한 좌파 자유주의자의 몰락을 보여주는 작은 예에 불과했다. 그런 현상은 분명히 몰락이었다. 얼핏 보아도 좌파의 몰락은 어디에서나 눈에 띄었다. 자화자찬이 세상을 울리는 동안, 이상적인 신세계와 유럽 동맹국들은 그 추악한 시기에 가장 잔혹한 만행을 저지르고 있었다. 그러나 그런 것은 규율대로 움직이는 지식인 문화에서 중요하지 않았다. 짜증스런 사실로 기록을 더럽히는 사람들은 곧바로 '반미주의자'로 버림받을 수 있었다. 에드워드 사이드는 이런 변화를 꿰뚫어보았다.

그런 왕관을 빛낸 보석은 1999년 세르비아 폭격이었다. 평판 있는 소식통을 인용하면, 밀로셰비치(전 신유고슬라비아연방 대통령)가 지시한 코소보의 알바니아인 인종청소를 종식시키려는 목적으로 나토[NATO]군이 전쟁을 시작했고, 미국이 주도한 전쟁으로 그 폭력을 중단시킬 수 있었다는 것이 일반적인 해석이다.[3] 이 전쟁과 관련해 봇물처럼 쏟아진 논평의 거의 100퍼센트가 사건의 순서를 뒤집어가며 똑같은 얘기를 반복했다. 실제로는 인종청소가 나토군 폭격의 원인이 아니라 결과였고, 더구나 예측된 결과였다. 미국와 영국에서 제공한 첩보를 근거로 폭격이 한창이던 때 공포된 밀로셰비치의 기소장도 폭격 이후의 범죄만을 명시하고 있을 뿐이다. 폭격이 있고 두 달 후에 인종청소라는 범죄가 시작됐다는 사실은 빼놓았다. 이 사건의 진실은 누구도 트집을 잡을 수 없는 소식통에서 발표한 방대하고 자세한 자료에서 확실히 입증된다. 미 국무부, 유럽안보협력기구[Organization for Security and Cooperation in Europe: OSCE], 나토, 영국 의회 등 모든 곳에 발표한 자료를 종합해보면 잔혹행위가 폭격 후에 있었고, 충분히 예상된 결과였다는 것이 확인된다. 같은 자료들에서 드러난 폭격 전의 시기가 추악하기는 했어도, 안타깝지만 그런 잔혹행위는 새삼스런 것이 아니었으며, 미국과 영국이 같은 시기에 저지르고 있던 범죄의 강도에는 비할 바가 아니었다. 영국 정부에 따르면 나토군의 폭격이 시작되기 직전까지 대부분의 잔혹행위는 코소보 해방군(Kosovo Liberation Army: KLA, 알바니아계 강경파)이 범한 것이었다. 더구나 KLA는 국경을 넘어와 게릴라식으로 공격을 가하며 세르비아군을 자극했고, 세르비아군이 무자비하게 반격을 시작하면서 나토군이 개입할 여지를 제공하고 말았다. 서구 세계의 자료에서도 확인되듯이, 폭격이 시작되기 전까지 눈에 띄는 변화는 없었다. 그러나 폭격이 있은 후, 그 반발로 예상된 잔혹행위가 시작됐던 것이다.

그 밖에도 많은 얘깃거리가 있지만, 특히 흥미로운 점은 서구 세계의 지식인들이 사건의 순서를 뒤집고, 실제와는 다른 거짓말을 봇물처럼 쏟아내는 필사적인 몸부림이다. 이런 거짓말의 홍수를 극명하게 보여주는 사례로 특히 흥미로운 사건을 예로 들어보자. 《계간 정치과학*Political Science Quarterly*》에 존 노리스의 《충돌 과정 : 나토와 러시아와 코소보*Collision Course: NATO, Russia, and Kosovo*》를 극찬하는 서평이 실렸다. 클린턴 행정부의 최고위급 관료들에게서 얻은 권위 있는 정보를 근거로 실제와 정반대의 결론을 끌어낸 책이었다. 존 노리스는 행정부 정책결정자들의 생각을 조리있게 분석해서, "나토군의 전쟁 원인은 알바니아계 코소보인에 대한 학살이 아니라, 유고슬라비아가 정치·경제를 개혁하려는 전반적인 흐름을 받아들이지 않으려 한 데서 찾아야 한다"고 결론지었다.[4] 이 결론이 지식인 문화의 뒤틀린 프리즘을 거치면서 다음과 같은 자화자찬의 합창에 필요한 정책으로 둔갑했다. "밀로셰비치가 지시한 코소보의 알바니아인 인종청소를 종식시키기 위해 나토군이 전쟁을 시작했고, 미국이 주도한 전쟁으로 그 폭력을 중단시킬 수 있었다.” 국가권력이 간혹 실수를 범하고 실패해서 평론가들에게 비난의 빌미를 제공하기는 하지만, 국가권력 자체의 숭고한 뜻을 찬양하는 데 필요한 독단적 의견을 뒤흔들 수 있는 것은 실질적으로 없는 셈이다.

제국주의적 문화의 지배력에 때로는 간담이 서늘할 지경이다. 정부 최고위층이 대량학살을 의도적으로 유도했다는 사실은 언론에 전혀 보도되지 않았다. 국제사법재판소의 검찰관들도 밀로셰비치를 대량학살죄로 기소하려고 발버둥 쳤다. 만약 밀로셰비치가 세르비아군에게 “폭탄을 무차별적으로 퍼붓고 …… 움직이는 것은 하나도 남기지 말고 죽이라”고 명령한 문서가 발견됐다고 가정해 보자.⁵ 재판은 벌써 끝났을 것이고, 밀로셰비치는 적어도 종신형을 선고받았을 것이다. 실제로 국제사법재판소의 검찰관들이 그런 서류를 찾아낸 적이 있었지만, 출처가 전혀 예상치 못한 곳이었다. 헨리 키신저가 캄보디아를 폭격하라는 대통령의 명령을 전달한 서류였다. 나는 어떤 국가의 문서에서도 그처럼 명백하게 대량학살을 명령한 경우를 본 적이 없다. 이 명령은 2004년에 《뉴욕타임스》에 보도됐지만, 항의의 소리는 없었고, 양심의 가책을 느낀다는 뉘우침도 없었다. 어느 정도 식견 있는 독자라면 알겠지만, 그 명령이 실행에 옮겨진 후에도 그 결과에 대해서는 모두가 함구했기 때문에 폭격의 규모가 어느 정도였는지 당시에는 정확히 알려지지 않았다. 최근에 기밀문서에서 해제된 펜타곤 기록은 아직 보도되지는 않았지만, 그 기록에 따르면 캄보디아 폭격은 과거에 발표됐던 끔찍한 수치의 5배에 달하는 듯하다. 정확히 말하면, 미군이 인도차이나 전역에 퍼부은 폭탄 전체의 거의 절반에 해당되는 약 300만 톤의 폭탄이 캄보디아에 떨어졌다. 따라서 캄보디아는 역사상 가장 심하게 폭격받은 나라라는 기록을 여유 있게 세웠다.

공교롭게도 이 모든 것이 오늘날의 위기와 밀접한 관계를 갖는다. 캄보디아에서 대량학살을 감행하라고 한 명령은 미 육군이 철수하면서 공군으로 대체되는 베트남 전쟁 막바지 단계의 일부였다. 그리고 지금 이라크에서도 똑같은 방법이 계획되고 있다.

정의로운 이미지와 동떨어진 지식인들의 '보지 않는' 능력은 때때로 매우 인상적이다. 다른 예를 들어보자. 2006년 2월 《뉴욕타임스》에서 노어 펠드먼 법학교수는, 미국은 이라크에서 엉뚱한 사람들이 선거로 당선되는 걸 예방하기 위한 노력의 일환으로 헌법을 만들어 이라크에 강요하려 했지만 실패했다는 논조의 기사를 게재했다. 또한 펠드먼은 오사마 빈 라덴의 성명들을 분석해서, 빈 라덴이 점점 사악하게 타락해 결국에는 "미국이 민주주의이기 때문에 모든 미국 시민은 정부의 행동에 책임을 떠안아야 하고, 따라서 미국 시민을 공격 목표로 삼는 것은 정당하다는 사악한 주장"까지 서슴지 않는 절대적인 악의 늪에 빠졌다고 주장했다.[6] 물론, 그 말대로 극악하기 이를 데 없다.

이틀 후, 《뉴욕타임스》는 머리기사에서 미국과 이스라엘이 빈 라덴의 '사악한 주장'을 받아들여, 빈 라덴처럼 악의 늪에 빠져들고 있음을 알렸다. 하마스(팔레스타인의 이슬람 저항운동단체. 2006년 이후 팔레스타인 자치정부 집권당)를 정부로 선택한 책임이 팔레스타인 국민에게 있기 때문에 그들 모두가 하마스를 선택한 대가로 죄값을 받아야 할 거라는 보도였다. 팔레스타인 국민은 제국주의 군주들에게 사랑받는 정부를 선택할 때까지 볼모로 잡혀 벌을 받아야 할 운명인 셈이다. 이런 절차가 일목요연하게 정리됐고, 그 이후로 어김없이 시행됐다. 또한 그 기사에서는 콘돌리자 라이스 국무장관이 산유국들을 순방하며 곤경에 빠진 팔레스타인을 지원하지 말라고 압력을 가할 거라 전망하기도 했다. 우리가 빈 라덴의 '사악한 주장'을 채택하면 악한 짓이 아니며, '민주주의의 확산'이라는 다른 이름으로 포장돼 평화와 정의를 구현하기 위한 숭고한 노력으로 둔갑하는 것이다.

이 모든 것이 아무런 지적도 없이 넘어갔다. 오사마 빈 라덴의 사악한 주장은 미국과 영국이 먼 옛날부터 시행해온 정책과 조금도 다르지 않다는 사실은 언급조차 없었다. 라틴아메리카에서 가장 오래된 민주주의의 역사를 지닌 칠레 국민이 엉뚱한 사람을 대통령으로 선택했을 때 '칠레 경제를 통곡하게 만들었던 사례'는 널리 알려진 사실이다. 그 정도는 약과였다. 그 후, 미국은 남미 사람들의 표현대로 1973년 9월 11일, '첫 9·11사태'를 통해 피노체트를 칠레 대통령직에 앉혔다. 첫 9·11사태는 2001년의 9·11사태보다 훨씬 끔찍했다.

비교적 최근에 있었던 예는 아프가니스탄에서 찾아진다. 미국과 영국은 아프가니스탄을 폭격하고 3주 후에, 탈레반의 축출이라는 새로운 전쟁 목표를 선언했다. 영국군 합참의장 마이클 보이스 해군 대장은 "정권을 바꿀 때까지 폭격이 계속될 거라는 사실을 이 나라 사람들이 깨닫도록 압박은 계속될 것"이라고 공언했다. 공격자들이 폭격을 계속하면 수백만의 아프가니스탄 사람이 굶주려 죽을 수도 있다는 사실을 분명히 알고 있었던 그의 그 말은 빈 라덴의 '사악한 주장'을 극단적으로 표현한 것이나 다를 바가 없었다.[7] 미국과 영국이 이라크에 가한 살인적 제재도 기억해야 한다. 그로 인해 수십만 이라크 시민이 목숨을 잃었고 사회가 풍비박산 났으며, 이라크의 반체제 인사 카밀 마디의 주장대로 "신뢰를 잃고 빈사 상태에 빠진 정부에 반대하는 세력을 마비시켜, 그 못된 정부를 되살려냈다."[8]

우리는 현대사에서 가장 끈질기게 계속된 국가 테러를 흔히 잊고 지낸다. 바로 쿠바에 대한 제재다. 워싱턴은 45년 이상 동안 쿠바를 상대로 테러전을 전개하는 동시에 경제 제재를 가해왔다. 내부 기록에서도 확인되듯이, 처음부터 아이젠하워 행정부는 "쿠바 국민에게 쿠바 체제의 책임이 있"고, 따라서 미국은 경제 제재로 쿠바 국민에게 고통을 안겨줄 권리가 있다는 결정을 내렸다. 존 F. 케네디는 "그들이 굶주리고 불안해지면 그들의 손으로 카스트로(쿠바의 혁명가이자 최고지도자)를 축출할 것"이라 말하며, 쿠바 미사일 위기 때 전 세계를 파멸로 몰아넣을 뻔했던 대대적 테러전을 시작했다. 당시 국무부도 "기아와 절망감으로 인해 정부를 전복하도록 하기 위해서는 쿠바의 경제력을 약화시킬 수 있는 온갖 가능한 수단을 신속하게 취해야 한다"고 조언했다.[9] 이런 기본적인 사고방식은 그 후로 변하지 않았다. 소련의 붕괴 이후, 클린턴의 민주당 정부는 쿠바의 절박한 상황을 이용해 쿠바를 완전히 혼란에 빠뜨리겠다는 목표를 공공연히 내세우며 해상봉쇄를 더욱 강화했다. 쿠바 국민이 절망에 빠져 카스트로 정부를 전복할 거라는 기대감 때문이었다. 케네디와 존슨의 시대가 남긴 기록에서 확인되듯이, 180년 전의 먼로주의Monroe Doctrine까지 거슬러 올라가는 미국의 정책에 쿠바가 '성공적인 반항successful defiance'을 한 덕분에 치러야 하는 대가다.

빈 라덴의 사악한 주장을 받아들여 팔레스타인 국민을 응징한 사례는 새삼스런 일이 아니다. 그러나 훌륭한 교육을 받은 덕분인지 누구도 이런 점을 지적하지 않았다. 심지어 빈 라덴을 비난하는 동시에 그와 똑같이 악의 늪에 빠져버린 우리에게는 환호의 박수를 보내는 기사들이 언론에 실렸을 때도 마찬가지였다. 얼마든지 들수 있는 이런 사례들이 제국주의 문화의 진정한 승리가 아닌가 싶다. 유럽도 마찬가지다.

지식인들이 지난 천년시대를 자화자찬으로 끝내면서 그들의 역사에 새로운 오명을 남기긴 했지만, 기준이 예전에 비해 크게 달라진 것은 아니다. 거의 200년 전에 존 애덤스 대통령은 "권력자는 약한 자들은 결코 이해할 수 없는 위대한 영혼과 드넓은 시야를 가졌다고 생각한다"고 말했다.[10] 이 말은 지금도 여전히 유효한 진리이며, 제국주의적 사고방식에 깊이 뿌리내린 잔혹성과 독선을 고스란히 보여준다. 이런 사고방식이 권위적이고 지배적인 구조의 곳곳에 어느 정도 스며든 것은 부인할 수 없는 사실이다.

지적인 엘리트들이 그 위대한 영혼을 공경하는 것은 지극히 정상적이다. 실제로 그들은 자신들이 권력을 쥐어야 하고, 그렇지 못하면 권력 주변에 있어야 한다고 틈나는 대로 주장한다. 레닌주의자들의 원칙과 다를 바가 없는 이런 생각이 지식인 세계에 팽배하며, 케네디 시대에 워싱턴을 지배하던 이른바 행동하는 지식인들을 비롯한 서구의 진보적인 지식인들도 마찬가지다. 20세기 미국을 대표하는 지식인이었고, 윌슨 시대의 정치분석가였던 월터 리프먼은 민주주의에 대한 시론에서, "정책을 설계하고 시행하는 책임 있는 지식인은 발을 동동 구르며 갈피를 잡지 못하는 무리들의 하소연에 연연하지 말고 살아야 한다"고 말했다. 지식인은 사리사욕을 버리고 공익을 위해 일하는 반면에, 어리석은 무리는 개인적인 욕심을 추구하기 때문에 그들을 원래의 자리로 되돌려 놓아야 한다는 뜻이었다.[11] 이런 일반적인 관점에서 지식인은 두 종류로 나뉜다고 흔히 말한다. 하나는 책임감 있고 진지하며 건설적인 '테크노크라시(전문적 지식·과학·기술로 사회 또는 조직 전체를 관리·운영·조작할 수 있고, 따라서 이것을 소유하는 자가 커다란 영향력을 가진다는 사상 혹은 체제)적이고 정책 지향적인 지식인'이며, 다른 하나는 '가치지향적인 지식인'이다. 후자는 "지도자들의 나쁜 점을 들춰내고 권위에 도전하며 기존 제도의 허점을 폭로하는 데" 혈안이 돼 있고, 심지어 '젊은이들을 교화'하는 제도적 장치인 학교와 대학, 교회 등의 합법성까지 무시하려 하기 때문에 민주주의를 위협하는 사악한 집단이다.[12] 여기에서 인용한 구절들은 미국과 유럽과 일본에서 자유주의자로 손꼽히는 명사들로 구성된 삼자위원회, 즉 국제 지식인 계급에서도 남달리 진보적이고 인도적인 면을 띤 단체의 보고서에서 발췌한 것이다. 카터 행정부는 대통령 자신을 비롯해 삼자위원회의 회원으로 거의 구성됐다. 그들은 1960년대에 확산된 '민주주의의 위기'를 타개할 방법을 고심했다. 소극적이고 무관심해야 하는 국민, 즉 '특수 이익집단^{special interests}'이 갑자기 정치의 장에 뛰어들어 그들의 관심사를 개진하려 했기 때문이었다. 그런 마뜩잖은 적극성으로 민주주의의 위기가 닥쳤고, 국가의 정상적인 기능이 '과도한 민주주의'로 위협받기 시작했다. 이런 위기를 타개하기 위해서는 그 특수 이익집단이 소극적인 관찰자라는 본연의 위치로 되돌아가야만 했다. 그래야 테크노크라시적이고 정책지향적인 지식인이 갈피를 잡지 못하는 무리에게 방해받지 않고 건설적인 일을 해낼 수 있다.

분열을 조장하는 특수 이익집단들은 여성, 젊은이와 노인, 노동자와 농민, 소수와 다수, 요컨대 국민 전부다. 그 보고서에서 유일하게 언급되지 않은 특수 이익집단은 기업이었다. 당연한 것이었다. 기업은 '국익^{national interest}'을 대표하는 부문이기 때문에, 국익을 국가권력이 보호한다고 해서 문제될 것은 없었다. 거듭 밝히지만, 지식인 세계에서도 가장 극단적인 자유주의적 국제주의자들^{liberal internationalists}이 그렇게 말했다. 물론 기업계와 우익은 훨씬 무자비한 입장을 취했고, 문명화와 민주화의 물결을 억누르고자 하는 자기들의 결정을 그대로 실행에 옮겨 상당한 성공을 거두었다. 그들은 교조적 관리방식에서 세계화된 경제정책에 이르기까지 온갖 방법을 동원해 현 시대를 유린했다.

그러나 일반화된 전제를 거부하는 급진적 극단주의자는 언제나 있는 법이다. 수 세기 전, 그들은 영국에서 '정책의 주된 결정자' 노릇을 하던 상인들과 제조업자들에게 비난을 퍼부었다. 상인들과 제조업자들이 자기들의 힘을 동원해서, 다른 사람들에게는 어떤 참혹한 결과가 닥치더라도 자기들의 이익이 최우선으로 고려되도록 정책을 바꿔갔기 때문이었다. 이에 따라 그들의 '야만적인 부정 행위'로 인도를 비롯한 많은 지역의 사람들이 고통을 겪었을 뿐 아니라 영국 국민까지 큰 피해를 입었다. 급진적 극단주의자들의 주장에 따르면, 경제를 주물럭대는 계층은 "모든 것이 우리의 차지고, 남을 위한 것은 하나도 없다는 야비한 좌우명"을 추구했고 그들의 주된 목표는 민중을 속이고 억압하는 것이었다. 하지만 이런 급진적 극단주의자들은 무시되거나 오히려 비난받았다. 내가 방금 인용한 애덤 스미스도 마찬가지다. 그는 존경받기는 하지만 누구에게도 읽혀지지 않는다. 그의 핵심적인 사상은 무시되기도 하지만 왜곡되기도 한다. 현 시대와 관련된 희한한 사례를 하나만 인용해보자. 그가 '보이지 않는 손'을 말했다는 건 누구나 알지만, 그가 남긴 고전 《국부론》에서 그 구절을 찾아본 사람은 극소수에 불과할 것이다. '보이지 않는 손'이라는 표현은 단 한 번, 요즘 신자유주의라 불리는 개념을 반박할 때 사용된다. 스미스는 국가를 자기들의 입맛대로 지배하는 상인들과 제조업자들이 해외에 투자하고 수입에 의존한다면, 그런 신자유주의 원칙 때문에 영국이 파멸할 거라고 진단했다. 그러나 스미스는 장사꾼들이 그렇게 하지는 않을 거라고 내다보며, 그들이 보이지 않은 손에 조절당한 것과 같이 영국 땅에서 계속 기업을 운영하고 싶어 할 것이기 때문에 영국은 신자유주의의 마수에서 벗어날 거라고 덧붙였다. 데이비드 리카도도 비슷하게 말하며, "요즘 들어 이런 경향이 점점 줄어들어 유감이긴 하지만, 이런 경향 때문에 대부분의 재산가는 해외에서 더 많은 이익을 구하기보다 고국에서 사업을 하며 낮은 이익률에도 만족한다"고 덧붙

였다. 그의 비교우위론이 붕괴되는 것까지 감수했던 것이다.[13]

물론 영국이 지속적인 발전을 위해 보이지 않는 손에 의존한 것은 아니다. 영국은 강력한 간섭주의 정책을 추진했고, 그 대가로 영국의 식민지들은 자유무역을 강요받아 파멸의 늪에 빠져들었다. 영국을 실질적으로 지배한 상인들과 제조업자들은 150년간의 보호무역과 폭력으로 세계에서 누구도 넘볼 수 없는 가장 강력한 산업국가를 이룩한 후인 1846년에야 자유무역이라는 개념을 들먹이기 시작했다. 그들은 운동장이 그들에게 유리한 방향으로 기울어질 거라고 충분히 예상할 수 있었기 때문에 그때부터 '자유경쟁'을 받아들인 것이었다. 그러나 그들만의 시장을 둘러싼 울타리는 낮추지 않았다. 그들은 인도를 비롯한 영국 식민지에 조성된 시장을 철저히 보호하는 동시에, 중국 시장에 침투하기 위해 인류 역사상 가장 파격적인 마약밀매 사업을 시작했다. 미국도 똑같은 길을 걸었고, 그 밖의 다른 산업국가들도 경제이론의 수칙을 철저히 위반한 덕분에 산업화를 이루어낼 수 있었다. 이런 패턴은 지금까지도 계속되지만, 이 문제는 여기에서 다룰 주제는 아니다.

오늘날의 세계와 향후 정세를 올바로 이해하고 싶다면, 강대국들의 결정과 행동에 영향을 미친 일관된 원칙을 면밀히 분석해봐야 한다. 강대국의 속성을 정확히 파악하려면 그들이 실제로 어떤 행동을 했는지 봐야지, 그들의 입에 발린 말에 현혹돼서는 안 된다. 오늘날의 세계에서 강대국은 주로 미국을 뜻한다. 미국이 경제를 비롯한 대부분의 분야에서는 세 주축 중 하나에 불과하지만, 군사적 지배에서는 역사상 어떤 강대국보다 월등하다. 더구나 군사적 지배력이 지금도 급속히 확장되고 있으며, 제2의 초강대국인 유럽과 세계에서 두 번째로 큰 산업경제력을 지닌 일본의 지원까지 받는다. 미국의 외교정책은 대략적으로만 살펴봐도 분명한 원칙 하나가 찾아진다. 서구 언론과 거의 모든 학계, 심지어 과거와 현재의 정책평론가들에게도 막강한 영향력을 가져야 한다는 것이다. 한마디로 요약하면 '미국 예외주의'다. 미국은 '투명한 목표'를 갖기 때문에 과거나 현재의 다른 강대국들과는 다르다는 것이다. 그 투명한 목표가 무엇일까? 과거에는 미국에 국한된 목표였지만, 미국이 그 목표를 옹호하고 진작시켜야 하는 범위가 전 세계로 확대된 이후로는 세계 전역에 '평등한 자유'를 정착시키는 것이다.[14]

한스 모겐소는 케네디 시대에 쓴 《미국 정치의 목적 *The Purpose of American Politics*》에서 '투명한 목표'를 심도 있게 분석했다. 베트남 전쟁 직후, 책임 있는 지식인들 사이에서 극단적인 자화자찬이 질편하게 열거되던 때였다. 모겐소는 누구에게도 영향을 받지 않고 국제관계를 현실에 입각해 분석하는 학파, 즉 감상적인 언동을 피하고 국가권력의 현실을 냉엄하게 평가하는 학파의 창시자였다. 게다가 그는 지독한 원칙주의자이기도 했다. 또한 그 분야의 저명한 학자 중에서 베트남 전쟁을 비용효과적 관점이 아니라 도덕적 관점에서 반대한 극소수 학자 중 하나였다. 1969년쯤, 미국인의 70퍼센트가 베트남 전쟁을 '단순한 실수'가 아니라, '근본적으로 잘못되고 비도덕적인 전쟁'이라고 비난했다.[15] 이런 평가는 좌우를 막론하고 주류 계급에서는 거의 들리지 않았다.

모겐소는 무척 유능하고 정직한 학자이기도 했다. 그는 미국의 투명한 목표를 높이 평가하면서도 역사적 기록은 그런 목표와 크게 어긋난다고 지적했다. 하지만 그는 우리에게 그런 차이를 잘못 오해해서는 안 된다고 말했다. 그의 표현을 빌면, "우리는 현실의 남용과 현실 자체를 혼동해서는 안 된다." 현실은 미완의 국가 목표이며, 우리가 그 목표를 머릿속에서 잊지 않는 한 역사의 증거로 드러나기 마련이다. 실제의 역사 기록은 '현실의 남용'에 불과하기 때문에, 현재 권력을 쥔 사람들에게는 이차적인 관심사일 뿐이다.[16]

이 원칙들은 대부분의 학자를 비롯해 지식인들에게 지금도 방향타 노릇을 한다. 현재로 눈을 돌리면, '부시 독트린의 뿌리'를 학문적으로 가장 광범위하게 다룬 논문이 미국의 권위 있는 학술지《국제 안보International Security》에 실렸다. 조너선 몬튼은 그 논문에서 "민주주의의 진작이 조지 부시 행정부가 테러와의 전쟁을 비롯한 전반적인 대*전략을 수행하는 근본적인 이유"라고 말했다.[17] 한편 카타리나 달라쿠라는 영국의 국제관계 학술지에 기고한 글에서 논제의 범위를 넓혀, "윌슨이 미국의 외교정책에 강력한 이상주의적 요소를 더한 이후로 민주주의를 해외까지 확대하는 것이 주된 목표였다"며, "그런 목표는 레이건 시대에 특히 두드러졌고, 조지 부시 시대에는 유례없이 강력하게 재추진됐다"고 덧붙였다.[18] 학계의 평가는 이런 식으로 거의 천편일률적이다. 언론과 지식인의 논평에서도 이런 평가는 당연한 결과로 여겨질 뿐이다. 지나친 이상주의는 우리 이익을 해칠 수도 있기 때문에 지나친 이상주의에 빠지지 않는 것이 중요하다고 주장하는 평론가들이 있기는 하다. 눈에 띄는 예를 들어보면,《워싱턴포스트》의 논설위원이고 예전에는《인터내

서널 헤럴드 트리뷴》 편집자였던 데이비드 이그네이셔스는 부시 행정부 내 '최고의 이상주의자'가 "지나친 이상주의에 빠져, 이라크 전쟁의 고결한 목표에 대한 열정 때문에 전쟁 계획가에게 요구되는 신중하고 실리주의적인 자세를 상실할 가능성이 있다"고 경고했다.[19] 이그네이셔스가 말한 '최고의 이상주의자'는 세계은행 총재로서 민주주의와 경제발전을 향한 열정을 잠시나마 쏟아부었던 폴 월포위츠를 가리킨다. 월포위츠가 세계은행 총재에 임명됐을 때 쏟아진 많은 찬사는 그의 찬란한 경력을 적당히 얼버무렸다. 그가 민주주의와 인권을 철저하게 유린한 관료였다는 증거 자료는 얼마든지 있지만, 그런 자료는 역사의 남용이기 때문에 별문제가 안 된다는 투였다.

학계의 논문과 언론의 기사도 실질적인 증거들을 교묘하게 얼버무렸다. 증거들이 세상에 알려진 내용과는 완전히 달랐기 때문에 현명한 결정이었다. 민주주의의 진작, 이른바 자유주의 언론의 표현을 빌면 '부시의 메시아적 소명'을 집중적으로 다룬 진지한 학술 논문에서는 그런 증거들이 간접적으로나마 언급된다. 민주주의의 진작이라는 대의大義를 옹호하는 대표적인 학자는 카네기 국제평화 재단의 '민주주의와 법치를 위한 프로젝트' 회장인 토머스 캐로서스다. 그는 신레이건주의자를 자처하며, 윌슨의 이상주의가 레이건 시대에 특히 두드러졌다는 학계의 일반적인 견해에 동의했다. 이라크 침략이 있은 지 1년 후, 그는 냉전 이후에 미국이 추진한 민주주의의 수출을 역사적으로 재조명한 《결정적 소명Critical Mission》을 발표했다. 그는 부시 1세, 클린턴, 부시 2세 행정부로 이어지는 '끈질긴 연속성'을 찾아냈다. 민주주의가 전략적으로 경제적인 이익에 부합할 때만 미국은 민주주의를 판촉하고 진작시킨다는 원칙이었다.[20] 이런 점에서, 즉 이상한 일관성을 떤다는 점에서 모든 행정부가 '정신분열증 환자'라고 캐로서스는 평가했다. 결국, 실제 역사는 현실의 남용이기 때문에 책임 있는 집단에서는 무시해도 상관없다는 것이다.

캐로서스는 1980년대 라틴아메리카에서 진행된 민주주의의 판촉을 내부자적 관점에서 분석하여 책을 쓰기도 했다. 캐로서스는 레이건 정부의 국무부에서 일하며 민주주의 증진 프로그램에 관여한 적이 있었다. 그는 이 프로그램에 대해 실패하기는 했지만 진지한 프로그램이었다고 평가했다. 모겐소처럼, 그도 정직한 학자답게 프로그램의 실패는 피할 수 없는 것이었다고 지적했다. 남아메리카에서 미국의 영향이 적은 곳일수록 민주주의로의 진행 속도가 빨랐다. 레이건이 우익 독재자들을 지원하면서 민주주의를 방해했지만 소용이 없었다. 반면에 미국의 영향이 뚜렷한 곳에서는 민주주의로의 발전이 거의 없었다. 캐로서스의 설명에 따르면, 그 이유는 워싱턴이 "오랜 우방이던 나라들의 전통적인 권력구조를 혼란에 빠뜨리는 위험을 피하기 위해 제한적이고 상의하달식의 민주적인 변화를 꾀했기 때문이었다."[21]

요컨대 '끈질긴 연속성'은 20여 년 전인 레이건 시대까지 거슬러 올라간다. 서구 학계에 따르면, 미국의 전통적인 정책에서 '강력한 이상주의적 요소'가 특별히 두드러졌던 때까지 거슬러 올라간다. 하지만 우리 지도자들이 이 원칙에 충실했다는 것은 의심할 여지가 없으며, 부시에 대해서도 일관되게 드러나는 역사의 증거 따위는 무시하고 그가 완전한 주권을 지닌 민주적인 이라크를 새롭게 건설하는 동시에 세계 곳곳에 민주주의를 전파하려는 메시아적 소명을 추구하고 있다는 걸 의심해서는 안 된다. 따라서 현재 상황만을 보고 비난하는 것은 현실의 남용이다. 이 원칙이 아랍 세계에서도 그대로 반복되는 것을 보고 나는 놀라지 않을 수 없다. 이제 아랍인들도 이 원칙의 실상을 알아야만 한다.

'끈질긴 연속성'은 실제로는 훨씬 멀리까지 거슬러 올라간다. 민주주의의 판촉은 언제나 미래의 비전으로 제시되었다. 하지만 미국이 이란, 과테말라, 브라질, 칠레 등에서 의회 민주주의를 전복하고 야만적인 독재정권을 심어 지원한 사실은 명백해서 논쟁거리조차 아니다. 냉전 때는 냉전을 구실로 만들어낸 핑계가 있었지만 조사해보면 그런 핑계는 허무맹랑한 거짓말일 뿐이다. 레이건이 1981년 백악관에 입성하면서 선포했던 '테러와의 전쟁' 과정에서 중앙아메리카에 민주주의를 어떻게 심어주었는지 자세히 얘기할 필요는 없을 것이다. 레이건의 '테러와의 전쟁'은 그야말로 테러 전쟁으로 돌변하면서, 중앙아메리카와 다른 네 나라에 수십만의 시신을 남겨놓았을 뿐이다.

정치적으로 극단적인 온건파도 정책의 모순적 성격을 간혹 솔직히 인정하기도 한다. 그러나 모순된 정책을 유감스럽게 생각하긴 하지만 어쩔 수 없었던 것이라 변명한다. 카터 행정부에서 라틴아메리카 담당 안보보좌관을 지낸 로버트 패스터는 정책결정자들이 부딪치는 기본적인 딜레마를 설명해주었다. 왜 미 행정부는 니카라과에서 살인을 일삼고 부패한 소모사 정권을 지원해야만 했을까? 불가능하다는 게 입증된 후에도, 미국이 훈련시킨 방위군이 '적에게나 사용해야 할 야만적인 수단'으로 4만 명의 시민을 학살했는데도 그 방위군을 유지하려 했던 이유는 무엇일까? 그 이유는 새삼스런 것이 아니었다. 미국은 니카라과를 비롯해 그 지역의 어떤 나라도 지배하려고 하지 않았다. 하지만 그들의 발전 방향이 미국의 통제를 벗어나는 것도 원하지 않았다. 미국은 니카라과가 독자적으로 행동하기를 바랐다. 단, 미국의 이익에 불리한 영향을 미치지 않는다는 조건에서![22]

여기에서 우리는 역사에서 숱하게 보았던 지배적인 운영 원칙을 다시 확인할 수 있다. 어떤 정책이 우리 이익에 맞아떨어질 때만 대외적으로 천명한 궁극적 목표와도 일치한다는 원칙이다. 물론, 우리 이익은 미국 국민 전체의 이익이 아니라 '국익'을 가리키며, '국익'은 미국을 지배하는 권력집단의 이익을 뜻한다. 이런 사실을 지적하면 '음모론자'나 '마르크스주의자' 등과 같은 그럴듯한 말로 바보 취급을 받기 십상이다. 하지만 조사해보면 그런 사실은 쉽게 확인된다. 저명한 정치학자인 로렌스 제이콥과 벤저민 페이지는 미국의 외교정책을 좌우하는 요인을 드물도록 신중하게 분석한 끝에, "가장 크게 영향을 미치는 부분은 국제지향적인 기업이고, 두 번째로 영향력이 큰 부분은 기업의 영향권 내에 있는 전문가들이다"라는 조금도 놀랍지 않은 결과를 찾아냈고, 반면에 "국민 여론은 정부 관리들에게 거의, 혹은 중대한 영향을 미치지 않는다"라고 정리했다. 이들도 지적했듯이, "국민 여론을 정보에 어둡고 변덕스런 것이라 생각하며, 국민 여론을 따르면 권력의 기능을 혼란에 빠뜨릴 염려가 있고 자유사회인 국가의 생존에 치명적인 정책을 시행할 수 있다고 경고"한 월터 리프먼과 같은 '현실주의자'들에게는 이런 결과가 반갑게 들렸을 것이다.[23] '현실주의realism'는 결코 감추어진 이데올로기가 아니다. 애덤 스미스가 지적했듯이, 정책에 지대한 영향을 미치는 사람들에게서 자기만의 이익을 지키는 능력을 제외하고서 다른 남다른 통찰력과 능력을 찾아내는 것은 쉬운 일이 아니다.

월슨의 이상주의와 민주주의에 대한 사랑이 실제로 어떻게 진행됐는지 여기에서 왈가왈부 따지고 싶지는 않다. 다만, 그 파괴적인 영향이 오늘날까지 계속되고 있다는 사실만 지적해둘 뿐이다. 특히 아이티가 그렇다. 한때 세계에서 가장 풍요로운 식민지였고, 프랑스에게 막대한 부를 안겨주었던 아이티가 이제는 비참한 상태로 전락해 머지않아 누구도 살 수 없는 땅으로 변할 가능성이 높다. 프랑스의 잔혹한 만행과 탐욕에 이어, 이상주의를 내세운 월슨과 그 뜻을 이어받은 클린턴과 부시에 이르기까지 오랫동안 계속된 약탈 때문이다.

민족자결을 향한 월슨의 고결한 열정에는 한 가지 조건이 더해졌다는 사실을 잊어서는 안 된다. '낮은 단계의 문명'에 사는 사람들에게는 그 이상주의가 적용되지 않는다는 것이다. 중동과 같은 그런 곳의 불완전한 사람들에게는 과거에 그들의 욕구를 돌봐주었던 제국주의 국가들이 '우호적인 보호와 인도 및 지원'을 아끼지 않아야 한다. 월슨은 유명한 14개조 평화원칙Fourteen Points을 발표하며, 주권의 문제에 있어서 "관련된 국민의 이익은 지위가 결정될 정부의 공정한 요구와 동등한 중요성을 가져야 한다"고 주장했다.[24] 여기서 지위가 결정될 정부는 식민지 지배자를 가리킨다. 뻣뻣한 몸짓을 제외하면 윌슨은 2차 세계대전 후에 발표된 처칠의 주장과 거의 다르지 않다. 당시 처칠은 이렇게 말했다.

"현재 가진 것 이상으로는 아무것도 바라지 않는 부유한 나라들에게 세계 정부는 위임되어야 한다. 세계 정부가 배고픈 나라들의 손에 들어간다면 위험할 수밖에 없다. 하지만 우리는 더 이상의 것을 바랄 이유가 없는 나라들이다. 평화는 나름대로 풍족하게 살면서 아무런 야심도 없는 사람들에 의해 지켜질 것이다. 우리는 강하기 때문에 세계의 다른 나라들보다 우위에 있다. 우리는 저택에서 평화롭게 살아가는 부자와도 같다."[25]

감상주의자가 아니었던 처칠은 영국의 부와 평화가 어떻게 얻어진 것인지 잘 알고 있었다. 1차 세계대전이 발발하기 직전, 처칠은 내각의 동료들에게 대외비를 전제로 말했다.

"우리는 물려받은 것이 거의 없는 '순박한' 국민이 아니다. 우리는 세계의 부와 교역에서 '절대적인' 몫을 차지해왔다. 우리는 원하는 모든 것을 얻어왔다. '주로 폭력을 동원해서 얻었고 무력으로 유지해온' 막대한 부의 향유를 방해받지 않겠다는 우리의 권리가 다른 나라 사람들에게까지 합당하게 여겨지지는 않았을 것이다."[26]

처칠은 이 말을 10년 후에 공개했지만, 바람직하게 들리지 않는 구절, 즉 홑따옴표로 처리된 부분을 의도적으로 생략했다는 사실은 나중에야 밝혀졌다.

처칠의 상식적이고 현실적인 자세에서 '미국 예외주의'를 회의적으로 바라볼 수밖에 없는 많은 이유 중 하나가 설명된다. 예외주의라는 원칙은 이제 역사적인 보편적 특징인 듯하다. 침략과 테러는 거의 언제나 자기방어와, 원대한 미래를 위한 노력으로 포장되기 때문이다. 일본 국왕 히로히토는 1945년 8월 항복을 알리는 대국민 연설에서 "우리는 일본의 자위와 동아시아의 안정을 확보하기 위해 미국과 영국에 전쟁을 선포했다. 타국의 주권을 침해하거나, 영토 확장을 꾀할 의도는 조금도 없었다"라고 갈라진 목소리로 되풀이했을 뿐이다.[27] 그들이 보기에 아시아인들이 무언가 다른 모습을 띤다면, 그것은 아시아인이 후진적이고 문명화되지 않은 민족들이라는 증거고, 아시아에서 긴장 상태가 끊이지 않는 주된 원인이다. 일본의 관점에서, 난징 대학살과 생물학전 및 여타의 잔혹행위와 같은 과거의 역사를 걱정하는 아시아인들은 '성인의 특권과 권리를 누리면서도 응석을 부리는 버릇없는 어린아이'이기 때문에 '매서운 손, 권위적인 손'으로 다스려야 한다. 존 포스터 덜레스 전 미국 국무장관은 라틴아메리카 사람들을 그렇게 표현하며, 아이젠하워 대통령에게 버릇없는 아이들을 효과적으로 다스리는 방법은 "등을 살짝 두드려주면서 우리가 그들을 좋아하고 있다는 생각을 품게 해주는 것"이라 조언했다.[28]

이런 원칙이 전 세계로 확대돼, 얼마 전에는 중국을 상대로도 똑같이 적용됐다. 몇 주 전, 후진타오 중국 대통령의 워싱턴 방문을 앞두고 저명한 논평가 프레더릭 켐프는 《월스트리트저널》에 기고한 글에서, "미국의 목표는 후진타오 대통령에게 중국이 '책임 있는 주주'로서 어떻게 행동해야 하는지 보여주는 것"이라고 말했다..

중국도 미국과 그 동맹국들처럼 세계 질서의 원칙인 국제법을 준수하며 문명국답게 행동하기를 기대한다는 뜻이었다.[29] 누구도 이런 논평을 문제 삼지 않았다. 이란에게 이라크 문제에 간섭하지 말라는 미국과 영국의 요구를 서구의 지식인들이 묵묵히 지켜보는 경우와 다를 바가 없었다. 그런 요구는 평화로운 유럽의 점령지역에 간섭하려는 미국과 영국을 히틀러가 비난했던 것과 똑같았는데도 말이다. 여하튼 압둘라 왕이 베이징을 방문한 데 대한 답례로 후진타오 대통령이 워싱턴에서 사우디아라비아로 곧바로 날아갔을 때 워싱턴의 정책결정자들은 등골이 서늘했겠지만, 언론은 이 문제를 거의 다루지 않고 넘어갔다. 워싱턴의 정책결정자들은 조마조마한 심정으로, 사우디아라비아가 서아시아와 북아프리카에서 중국의 가장 큰 무역 파트너가 되는 것을 지켜보았을 것이다. 실제로 양국의 무역 규모는 2005년에 160억 달러에 이르렀고 계속 증가하는 추세다. 게다가 중국은 워싱턴의 뒷마당인 라틴아메리카와도 무역을 확대해가고 있다. 전에는 미국에게 석유를 비롯한 여러 자원의 믿을 만한 공급처로 여겨지던 라틴아메리카였지만 이제는 그렇지도 않다.

서구의 이른바 준법 국가들은 중국을 문명화하려고 발버둥 치는 반면에, 저명한 전략분석가 존 스타인브루너와 낸시 갤러거는 미국의 침략적인 군국주의가 세계를 '궁극적 파멸'로 몰아갈 수 있다고 경고하며, 중국을 필두로 평화를 사랑하는 국가들이 똘똘 뭉쳐 미국의 군국주의를 저지해주기를 바랐다. 그들은 중국을 거론한 이유가 핵보유국 중 중국이 군사적 배치에서 가장 절제된 입장을 유지하고 있기 때문이라고 밝혔다.[30] 중국은 클린턴 시대부터 유엔에서 미국과 대립각을 세우며 세상을 평화적으로 보호하려는 노력을 경주해왔다. 그러나 부시 행정부는 지상에 군사기지를 두지 않고도 세계 어느 곳에나 거의 즉각적으로 치명적 공격을 가할 수 있는 '우주의 소유'라는 개념으로까지 정책 목표를 확대했다. 이런 움직임은 잠재적 표적 국가들에게 이미 반감을 불러일으키고 있을 뿐 아니라 인류의 생존까지 중대하게 위협하는 조치가 아닐 수 없다. 그런데도 미국 국민에게 중국은 버릇을 가르쳐야 할 '응석받이 어린아이'로 비춰지고 있는 실정이다.

'예외주의'라는 보편적 입장은 최고의 지성과 고결한 도덕성을 지닌 사람들에게도 예외 없이 확인된다. 존 스튜어트 밀이 대표적인 예다. 밀은 인도주의적 간섭에 대한 고전적인 논문을 썼고, 서구의 모든 법과대학에서 연구된다. 그는 한 논문에서, 영국이 추악한 세계에 간섭해야 하는가, 아니면 영국이 다른 나라에 참견하지 말고 야만인들이 잔혹한 짓을 계속하도록 내버려둬야 하는가라는 의문을 제기했다. 그는 영국이 간섭을 해야 한다는 결론을 내렸다. 영국이 세계를 새로운 방향으로 끌어갈 인도자, 즉 영국의 이익을 위해서가 아니라 다른 나라들의 행복을 위해서 매진하는 천사의 나라인 것을 유럽인들이 이해하지 못해서 '비열한 동기'를 들먹이며 영국을 욕하고 모욕하더라도 그 길을 추진해야 한다고 밀은 주장했다. 그리고 영국이 간섭의 비용을 사심 없이 감당하더라도 그 노력의 열매는 다른 나라들과 공평하게 나눠야 한다고 덧붙였다. 밀의 이 주장은 인도를 염두에 둔 것이었다. 인도에서 점령지역을 확대해 여러 주州를 새로 확보하라고 주장한 것이었다.

이 논문이 발표된 시점이 의미심장하다. 이 논문은 1859년, 즉 영국 역사에서 '인도 폭동Indian Mutiny'이라 불리는 반란이 일어난 직후에 발표됐다. 인도에서 일어난 첫 반란이었고, 영국은 그 반란을 무자비하게 진압했다. 이 모든 과정이 영국에 자세하게 알려졌다. 의회에서는 격렬한 논쟁이 벌어졌다. 진정한 의미에서 충실한 자유주의자였던 리처드 코브던을 비롯한 적잖은 의원이 영국의 범죄 진압을 비난하며 반대했다. 당시 밀은 동인도회사의 통신 담당자였고, 동인도회사의 지침을 충실히 따랐다. 영국이 인도에서 세력을 확대해야 할 이유는 아편의 독점권을 확보해 중국 시장에 침투하기 위해서였다. 중국 상품이 영국 상품에 비해 품질이 떨어지지 않아 중국인이 영국 상품을 원하지 않았기 때문에, 영국 수출업자들은 그때까지 중국 시장에 진출하지 못하고 있었다. 따라서 중국인들에게 영국 상품을 판매할 수 있는 유일한 방법은 총구를 앞세워 중국을 아편 중독자의 나라로 전락시키는 것이었다. 밀은 2차 아편전쟁이 한창인 때 이 논문을 썼다. 2차 아편전쟁 덕분에 영국은 마약밀매 사업을 정착시켰고, 영국을 필두로 나중에는 다른 강대국들까지 중국을 종속시켜 중국 시장에 침투할 수 있었다. 마약 사업으로 엄청난 이득을 얻어 영국의 자본주의는 큰 탄력을 받았고, 영국은 자유무역을 찬양하는 온갖 미사여구를 쏟아냈다. 앞서 언급한 논문에서 밀은 당시 북아프리카에서 진행되고 있던 프랑스의 '문명화 선교civilizing mission'를 극찬하기도 했다. 그때 프랑스 전쟁성 장관은 "토착민을 절멸시키라"고 명령했지만, 이른바 참여 지식인들 중에서 그런 명령을 비판하는 지식인은 거의 없었다.[31]

예외주의가 거의 보편적 현상인 듯하다. 가령 칭기즈칸의 기록을 구할 수 있다면 거기에서도 똑같은 예외주의를 찾아낼 수 있다고 본다. 그러나 예외주의가 미국 정책의 추진력이라는 사실을 인식하는 것은 지식인의 책임이다.

권력의 위대한 영혼은 국가의 경계를 훨씬 넘어선다. 노예제도는 밀의 논리와 비슷한 논조로 옹호됐다. 달리 말하면, 노예제도가 주인의 배려가 필요한 가난한 사람들에게 사심 없이 베푼 선행이라는 것이다. 따라서 그들이 '버릇없는 어린아이'처럼 행동하면 주인들은 몽둥이를, 혹은 더 심한 것이라도 들어야 한다. 결국에는 그들을 위한 것이다. 노예 주인들의 이런 주장에 실질적인 반박은 거의 없었다. 시대를 넘어 다른 식으로 표현해보자. 만약 나는 차를 사고 당신은 차를 빌렸다면, 1년 후에 누구의 차 상태가 더 나을까? 당연히 내 차일 것이다. 나는 내 돈을 투자한 자동차를 보호하려 애쓸 것이고, 당신은 현재의 렌트카를 버리고 다른 차를 빌릴 수 있기 때문이다. 그럼 이번에는 나는 노예를 소유하고, 당신은 노예를 빌렸다고 해보자. 누가 노예에게 더 친절하겠는가? 이런 논쟁에 힘입어, 임금 노동자들은 미국 남북전쟁 기간에 임금 노예도 순수 노예와 다를 바가 없다는 기치하에 북군 쪽에서 싸웠다. 인간이 먹고살기 위해서 자신의 몸을 빌려줘야 하는 수준까지 떨어진다면 그런 현상은 기본적인 인권마저 침해된 것이다. 이런 인식은 아주 일반적이어서 공화당의 슬로건이 될 정도였다. 150년 전에는 분명히 그랬다. 우리는 그 후로 더 문명화됐지만, 이런 사회·경제적 현상을 기본적인 인권의 침해로 생각하지 않는다.

권력의 위대한 영혼은 가정에서 국제문제까지, 삶의 모든 영역에 간섭한다. 어디에서나 권위와 지배는 어떤 형태를 띠든 엄격한 입증책임burden of proof을 떠안는다. 입증책임은 자기합리화가 아니다. 흔히 그렇듯이 그 책임을 견디지 못하는 지배 세력은 해체되어야 한다. 무정부주의 역사학자 루돌프 로커의 주장에 따르면, 고전적 자유주의가 자본주의라는 암초에 걸려 난파됐지만, 근대에 뿌리를 둔 무정부주의 운동조직들은 고전적 자유주의의 원칙을 대거 되살려내면서 권위와 지배의 해체를 지향했다.[32] 근대적 형태의 국민국가들은 국제 무대에서 활동하면서 극단적이고 가학적인 폭력으로 완성됐다. 따라서 유럽은 수 세기 동안 세계에서 가장 야만적인 지역이었지만, 유럽인들이 서로 학살하는 전쟁을 벌이면 세상의 종말이 닥치리라는 것을 깨달으면서 1945년에 그런 살육극을 끝냈다. 야만적 학살을 부추기는 요인을 제거한다면, 정치의 장에서 무엇보다 중요하게 생각되는 '민주적 평화'라는 핑곗거리는 경험론적 근거를 상실하고 말 것이다. 국가 체제가 정착되는 과정에서 진화를 거듭했던 야만의 문화가 유럽의 세계 정복에 중요한 역할을 했다고 믿을 만한 근거는 많다. 군사軍史학자 제프리 파커의 지적이 맞다면, "모든 것을 파괴하는 유럽식 전쟁의 광기에 아시아와 서반구 사람들은 지독한 두려움을 느꼈고 …… 그 덕분에 백인들이 역사상 처음으로 전지구적 패권을 쥐고 전 세계를 지배할 수 있었다."[33] 영국의 역사학자 빅터 키어넌도 "유럽은 끝없이 전쟁을 벌인 덕분에 세계의 다른 지역과 맞닥뜨릴 때 어떤 상대라도 압도할 정도로 군사과학과 전략을 발전시킬 수 있었다"고 지적했다.[34] 정복한 땅에 유럽식 국가 체제를 강요할 때도 당연히 야만적 폭력이 뒤따랐고, 그런 폭력성은 그 지역민들에게 형언할 수 없는 공포감을 안겨주면서, 오늘날 미친 듯이 표출되는 갈등의 원인이 됐다.

유럽연합이 결성되면서 연방적 협약과 유동성의 증가와 함께 유럽에서 일어난 긍정적 변화는 국가권력을 이양하면서도 일정한 정도의 지역적 자율성을 보장하며, 전통적인 문화와 언어를 유지하려는 노력이다. 이런 방향으로 발전해가면 분산된 국가권력을 지닌 하나의 유럽을 앞으로 기대해볼 수 있을 것이다. 누구도 야만적이고 부패했던 오스만투르크 제국의 부활을 원하지 않겠지만, 어떤 점에서는 오스만투르크 제국에서 올바른 방향을 찾을 수 있다는 사실까지 무시해서는 안 된다. 그들은 각 지역민에게 각자의 문제를 해결하도록 자치권을 주었고, 엄격히 그어진 국경도 없어 지역과 권역 간에 평화로운 교역도 가능했다. 그것은 레반트(Levant, 동부 지중해 연안의 여러 나라들)처럼 복잡한 사회에서는 특별한 의미와 기억을 갖는 개념으로, 유럽 지역에도 충분히 적용해볼 만하다. 시민권과 공동의 목표, 그리고 지역의 자율성 및 문화적 다양성 간에 적절한 균형점을 찾기란 쉽지 않다. 제도적 기관의 민주적 운영이라는 문제는 삶의 다른 영역에도 그대로 적용된다. 따라서 권력의 위대한 영혼을 숭배하지 않는 사람들, 즉 문자 그대로 인류의 생존을 위협하는 파괴적인 힘에서 세계를 구하려 노력하며 한층 문명화된 사회를 머릿속에 그리면서 구현하려는 사람들은 이런 문제를 최우선 과제로 삼아야 한다. 이것이 에드워드 사이드가 삶과 글을 통해 평생 추구했던 원대한 목표이기도 했다.

미국의 외교정책과 중동

— 노엄 촘스키와의 인터뷰

노엄 촘스키
마르셀 가넴

2006년 5월 14일, 노엄 촘스키는 레바논 LBC 방송 텔레비전 인터뷰에 응했다. 마르셀 가넴의 사회로 진행된 이 인터뷰는 5월 19일에 방송되었다. 마르셀 가넴은 레바논은 물론 다른 아랍 국가에서도 인기 있는 LBC 정치 토크쇼 〈칼람 알 나스(국민들의 이야기)〉의 진행자다. 이 장은 그 인터뷰를 옮겨 적은 것이다.

마르셀 가넴(이하 가넴) 어서 오십시오, 노엄 촘스키 교수님. 우리 〈칼람 알 나스〉와의 독점 인터뷰에 응해주서서 감사합니다.

《뉴욕타임스》는 교수님을 '국제적인 현상'이라 칭했고, 미국의 외교정책 문제를 다룬 책 중에 가장 널리 읽히는 책의 저자라고 했습니다. 한 조사에서는 촘스키 교수님을 20세기 후반기에 가장 영향력 있는 10인 가운데 한 사람으로 뽑기도 했습니다.

촘스키 교수님, 《뉴욕타임스》의 이런 의견과, 좌파였다가 신보수주의자로 전향한 후 교수님을 '마음이 병든 사람'이라고 비난한 데이비드 호로비츠의 의견 중에서 어느 쪽에 더 영향을 받으십니까?

노엄 촘스키(이하 촘스키) 사실 나는 그 어느 쪽 말에도 전혀 개의치 않습니다. 그러니 어느 쪽에 더 영향 받는다고 말할 수 없어요. 나는 권력에 봉사하는 이들의 의견에는 관심을 기울이지 않습니다.

가넴 2005년 3월 14일은 레바논의 최근 역사에서 아주 중요한 날입니다. 백향목 혁명^{Cedar Revolution}이라고도 하죠. 그다음 단계는 무엇이 될까요? 백향목 혁명의 레바논일까요? 아니면 헤즈볼라의 레바논일까요? 여기 계시는 동안 레바논에 가장 필요한 것이 무엇인지 알아내셨습니까?

촘스키 레바논은 복잡하고 미묘한 측면이 많은 사회입니다. 여기 오기 전부터 나는 그런 점을 알고 있었어요. 오래전부터 레바논 역사에 관심을 기울였고, 레바논 역사에 관해 글을 쓰기도 했죠. 물론 레바논을 직접 보는 것과는 다르겠지만요. 제 생각에 백향목 혁명이니 헤즈볼라니 나누는 것은 자연스럽지 못한 일 같습니다. 레바논 국민의 일치된 합의는 시리아가 레바논을 점령하고 간섭해서는 안 된다는 것이죠. 그 부분은 국민 대다수가 공유하는 생각이고, 지금까지는 백향목 혁명으로 시리아를 몰아내는 데 거의 성공했으니, 잘된 일입니다. 30년이나 늦기는 했지만 결국은 해냈죠. 헤즈볼라도 레바논 사회의 일부고, 이 사회의 상당 부분을 대표합니다. 하지만 그들의 입장이 모두에게 공유되고 있지는 않죠. 이것은 내부적인 문제입니다. 내부적으로 풀어야 해요. 레바논 사회는 여러 분파로 갈려 있습니다. 종교 분파, 계급 분파, 또 다른 분파로요.

가넴 미 행정부는 헤즈볼라를 테러 조직이라고 합니다. 교수님도 그 생각에 동의하십니까?

촘스키 미국 정부는 헤즈볼라를 테러 조직으로 간주합니다. 그런데

'테러 행위'라는 말은 강대국이 용인하지 않는 폭력을 지칭할 때 사용하는 말입니다. 미국은 이스라엘이 레바논 남부를 침공하고 점령하는 것을 지원했습니다. 그런데 헤즈볼라가 이스라엘을 몰아내는 데 공을 세웠으니 그들은 테러 조직인 거죠.

가넴 촘스키 교수님은 최근에 쓰신 책에서 실패한 국가에 관한 주제를 다루셨습니다. 그리고 그런 나라의 특징 가운데 하나는 정부가 자국을 통제할 능력을 갖지 못한 것이라고 하셨습니다. 이런 정의에 따르면 레바논도 실패한 국가인가요?

촘스키 레바논은 많은 문제를 갖고 있습니다. 실패한 국가는 몇 가지 분명한 증상을 보입니다. 그런 증상 중 하나는 자국민의 안전과 복지를 보장할 의지를 보이지 않거나 보장할 능력이 없는 것이죠. 그것이 실패한 국가의 일차적인 특징입니다. 그런 기준에 비추어 보았을 때 세계에서 가장 실패한 국가는 바로 미국입니다. 미국은 의식적으로 자국민에게 가해지는 위협을 증가시키죠. 테러 위협, 종말적인 핵전쟁의 위협, 전 지구적인 재앙의 위협을 가합니다. 테러리스트 활동을 자극할 것을 뻔히 알면서도 이라크 침공을 감행한 일도 그런 예입니다. 핵 확산 위협도 증가시키고 있죠. 매우 심각한 핵전쟁으로 이어질 가능성이 크다는 것을 알면서도 말입니다. 그것이 실패한 국가의 한 특징입니다.

이런 점에서 레바논은, 국민의 안전을 지키고 복지를 도모할 능력을 갖지 못한 허약한 국가라고 해야 할 것입니다. 그 점은 더 이상 말할 필요도 없죠. 또한 실패한 국가는 민주주의 제도를 갖고 있지만, 형식적으로만 민주주의일 뿐 역량은 그에 미치지 못하고 민주적으로 기능하지도 못하는 국가입니다. 미국과 레바논은 서로 다른 면에서 이런 실패한 국가의 특징을 공통적으로 갖고 있죠. 실패한 국가는 다른 여러 특징도 보입니다. 강대국, 약소국을 가리지 않고요.

가넴 이 지역에서 레바논이 맡아야 할 역할, 그리고 아랍과 이스라엘 분쟁에서 레바논이 해야 할 역할과 관련하여 여러 의견이 분분합니다. 아랍과 이스라엘 분쟁에서 레바논은 더 중립적인 입장을 취하고 현대 국가를 건설하는 일에 치중해야 하지 않을까요?

촘스키 레바논은 아랍과 이스라엘 분쟁에 직접 관여되지도 않았으면서 희생되기만 했어요. 레바논은 수많은 팔레스타인인이 이스라엘에서 추방되고 쫓겨났던 1948년 전쟁의 피해자입니다. 같은 일이 1967년 전쟁 중에도 그리고 그 후에도 일어났습니다. 레바논은 반복적으로 침공받았어요. 1978년 이후 이스라엘은 미국을 등에 업고 레바논 남부를 네 차례나 공격했습니다. 폭격과 테러가 이어졌죠. 레바논의 복잡한 정치적 갈등과 내전에는 팔레스타인 난민이 관련되어 있습니다. 이런 모든 측면에서 레바논은 과거에도 희생자였고, 현재도 아랍과 이스라엘 분쟁의 피해자입니다. 이 분쟁이 해결될 때까지 앞으로도 계속 피해자로 남을 겁니다. 레바논 내부에도 문제는 있습니다. 레바논 내 팔레스타인인의 미래는 해결되지 않은 문제예요. 레바논과 전 세계는 이 문제를 어떻게든 풀어야 합니다. 물론 이전 팔레스타인 땅을 놓고 벌이는 아랍과 이스라엘 분쟁의 해결과도 관련 있는 문제지요.

가넴 팔레스타인 문제로 넘어가서, 촘스키 교수님은 팔레스타인 난민이 고향으로 돌아갈 권리를 포기해야 한다는 주장에 동의하십니까? 교수님은 2003년 12월에 규정된 제네바 협약을 지지하고 있고, 이 협약에서는 이스라엘이 팔레스타인 난민의 귀향을 받아들일 의무가 없다고 규정하고 있지 않습니까?

촘스키 이스라엘과 팔레스타인은 난민 문제에 대해 임시 합의에 도달한 적이 있습니다. 2001년 1월에 타바에서 거의 결론이 났죠. 거기서 팔레스타인 자치정부와 이스라엘 정부는 '클린턴 대통령의 지표parameters'라고 불리는 기본 틀 내에서 광범위하게 협의를 했습니다. 그 지표는 2000년 캠프데이비드 협상이 결렬된 뒤에 나온 것이죠. 클린턴 대통령이 캠프데이비드에서 제안된 내용을 수용할 수 없다고 했거든요. 그 후로 2000년 12월에 클린턴은 이른바 '지표'라 불리는 수정안을 내놓았습니다. 이스라엘과 팔레스타인은 그 기본 틀 안에서 협상을 계속했고, 거의 결론에 도달했죠. 양측 참여자에 따르면 타바 협상이 계속되었더라면 최소한 임시 해결방안이라도 나왔을 거라고 합니다. 하지만 이스라엘이 그 협상을 철회했어요. 결론에 이르지는 못했지만 그들은 난민 문제로 논의를 했고, 두 나라가 제시한 기본 틀 안에서 전반적인 합의가 이루어졌습니다. 영토 일부를 서로 바꾸어서 국경을 정하자는 것이었죠. 이스라엘은 일정 수의 난민을 이스라엘로 귀향시키는 것도 허용했을 거예요. 일부 난민은 팔레스타인 국가로 가고, 일부는 국제사회에서 제공하는 다른 기회를 얻을 수도 있었을 겁니다. 협의한 내용에는 이스라엘의 인구통계학적인 균형을 해하지 않는 범위 내에서 귀향을 허용할 구체적인 난민 숫자도 들어 있었습니다. 이스라엘은 인구 대다수가 유대인인 유대인 나라 그대로 남는 겁니다. 그것이 전반적인 기본 틀이었어요. 최종 합의가 이루어지지는 않았지만 결론에는 도달했습니다. 이런 선에서 합의하는 일이 가능했어요. 협상이 결렬된 후에도 양측은 비교적 고위층 수준에서 비공식적인 협상을 계속했고 많은 결과를 냈습니다. 가장 주목할 만한 것은 2003년 제네바에서 선언한 제네바 합의죠. 이 합의에서도 난민 문제에 비슷한 해결책을 내놓았습니다. 일부는 이스라엘로 돌아가고 일부는 팔레스타인으로 돌아가야 한다는 내용으로, 이스라엘의 인구통계학적인 균형을 유지할 수 있는 방식이었죠. 하지만 그것은 비공식적인 합의였고, 조약국들과 세계가 공식적으로 수용해야 실행될 수 있었어요. 이스라엘은 그것을 거부했습니다. 미국도 거부했죠. 협상을 계속한다 해도 미국이 수용하지 않으면 구체적인 결과는 나올 수 없는 겁니다.

가넴 지금 이스라엘과 팔레스타인의 현실을 볼까요. 우선 하마스가 민주적인 선거를 통해 권력을 잡았지요. 이들은 이스라엘을 인정하지 않으려는 조직이면서 국제사회에서 배척된 조직입니다. 한편 이스라엘 총리 에후드 올메르트는 일방적인 철수와 국경 재획정 계획을 제시했습니다. 이런 상황에 대한 해결책이 있을까요?

촘스키 그것은 흥미로운 딜레마입니다. 개인적으로 나는 거의 모든 면에서 하마스의 정책에 반대합니다. 하지만 하마스의 정책이 미국이나 이스라엘의 정책보다는 평화협상을 해볼 수 있는 가능성이 더 높다는 점은 우리가 인정해야 합니다. 다시 한 번 말하는데, 저는 하마스의 정책을 받아들이기 어렵긴 해도 미국이나 이스라엘 정책보다는 더 낫다고 생각합니다. 예를 들어 하마스는 국경 문제 해결과 함께 무기한 휴전을 요청했습니다. 국경 문제에 있어서, 이스라엘과 팔레스타인 두 국가로 존재해야 한다는 30년 이상 거슬러 올라가는 국제적인 합의가 있었습니다. 하마스는 상호 협의하에 1967년 이전의 국경을 약간 수정을 가해 기꺼이 수용하려고 했습니다. 그것이 이들의 공식적인 입장입니다. 장기간의 휴전을 위한 기본 전제로요.

반면에 미국과 이스라엘은 그것을 고려해볼 생각조차 없습니다. 미국, 유럽연합, 그리고 이스라엘이 하마스에게 요구한 것은 무엇보다도 먼저 이스라엘을 인정하라는 것입니다. 이스라엘의 존재 권리지요. 이스라엘과 미국은 팔레스타인 국가를 인정하지도 않으면서 말이죠. 사실상 그들은 계속해서 팔레스타인 국가의 존재 가능성을 무시했습니다. 두 번째 조건은 하마스가 폭력을 중지해야 한다는 것이었습니다. 하지만 미국과 이스라엘은 폭력을 포기하지 않았습니다. 세 번째 조건은 하마스가 국제적인 합의를 수용해야 한다는 것이었죠. 하지만 미국과 이스라엘은 국제적인 합의를 거부했습니다. (4자 중동평화 중재 당국의 로드맵이 그 예다. 이스라엘은 이를 수용하겠다고 했지만 합의 내용을 무효화하는 14개의 유보조항과 함께였고, 미국은 그것을 암묵적으로 승인했다.) 그런 이유로 나는 다시 한 번 말하건대, 비록 하마스의 정책들이 내 견해로는 수용할 수 없다고 하더라도 정치적인 평화협상에 있어 상대국 정책보다는 국제적인 합의에 더 가깝다고 봅니다. 미국과 유럽 국가 같은 제국주의 강대국들이 하마스의 정책이 문제인 것처럼 포장하고, 미국과 이스라엘의 정책보다 하마스의 정책이 더 극단적인 것처럼 보이도록 기본 틀을 바꿔버리더라도 말입니다.

그리고 이 문제에 대해 우리가 기억해야 할 것은 이것이 단순히 정책이나 약속의 문제가 아니라 미국과 이스라엘의 현재 활동, 구체적인 활동이라는 점입니다. 이스라엘이 하는 일에는 미국의 용인과 지원이 따릅니다. 이 두 나라는 연합정책을 펴죠. 미국과 이스라엘의 정책은 땅과 자원 면에서 가치 있는 서안 땅 일부를 이스라엘 점령지로 병합하려는 것이고, 팔레스타인인을 이스라엘 점령지로 둘러싸인 구역에 가두어두려는 겁니다. 병합한 점령지 경계를 보면 팔레스타인 영토를 관통하는 두 개의 길다란 땅이 포함되어 있습니다. 동예루살렘에서 시작되는 것은 요르단 골짜기까지 올라가고, 또 하나는 더 북쪽 이스라엘 아리엘 시 동쪽에서 시작해 서안의 북부지역을 중심지역에서 갈라놓죠. 그렇게 되면 동예루살렘은 원천적으로 고립되고, 팔레스타인 땅은 네 부분으로 쪼개지게 됩니다. 이것은 그냥 하는 말이나 계획이 아니고, 실제로 벌어지는 일입니다.

양쪽 정책 모두 수용하기 어렵지만 두 정책을 비교해보면 그래도 하마스의 정책이 덜 수용 불가합니다. 문제를 자기들 편한 대로 꿰맞추는 것은 서방 국가들의 힘이 반영된 것이에요. 그들이 억지로 부과한 논의의 기본 틀을 우리가 수용해서는 안 될 일이죠.

가넴 다시 미국의 외교정책으로 돌아가보기로 하죠. 촘스키 교수님은 이 분야에서 가장 저명한 비평가 중 한 분이십니다. 반면 일부에게는 교수님이 단 하나의 메시지, 즉 '미국이 거대한 악이고 전 세계에 악을 퍼트리는 근원'이라고만 외치는 분으로 비치기도 합니다. 미국은 정말 자국의 잘못에 대한 책임뿐 아니라 9·11 테러를 포함해 다른 나라의 잘못에도 책임이 있을까요? 데이비드 호로비츠는 교수님이 그런 말을 했다고 비난했습니다.

촘스키 나는 데이비드 호로비츠가 하는 말을 극렬한 러시아 공산당원이 한 말 정도로밖에는 여기지 않습니다. 소련이 몇 년 동안이나 나를 극심하게 비난했지만 나는 관심을 두지 않았죠. 미국의 그 같은 사람이 하는 말에도 나는 관심 없습니다. 9·11과 관련한 것이라면 그 직후 글을 통해 내 입장을 표명했고, 그 생각은 지금도 변함이 없습니다. 지금까지 그보다 더 잔혹했던 테러 공격은 없었습니다. 하지만 그 규모로 말할 것 같으면, 그것이 전무후무한 일은 아니었다는 것도 알아야 합니다. 사실 남아메리카에서는 그 일이 '제2의 9·11'로 불립니다. 1973년 9월 11일에 그보다 더 심각했던 테러가 일어났기 때문이지요. 2001년 9월 11일 테러도 극악무도한 일이었지만, 그 일이 이런 식으로 일어났다고 한 번 상상해봅시다.

알 카에다가 백악관을 공격해 대통령을 살해하고 군사 독재정부를 수립했습니다. 이 잔혹한 정권은 5만에서 10만 명을 죽이고 70만 명을 고문했습니다. 전 세계를 연결하는 테러리스트 망을 구축해 정부를 전복시키고, 암살을 자행했습니다. 이런 일이 9월 11일에 일어난 일이었다고 해봅시다. 네, 사실입니다. 그런 일이 1973년 9월 11일에 칠레에서 일어났어요. 저는 단지 인구 한 명당 균형을 맞추기 위해 숫자만 바꾸었을 뿐이에요. 이 시나리오는 미국에서 발생한 테러 공격보다도 훨씬 더 심각합니다. 그런데 정말로 일어났던 일이에요. 미국이 칠레에 군사 독재정권이 들어서는 것을 지원했고, 그 정권이 남미의 민주주의 제도를 타도하고 파괴했지요.

이것은 한 예에 불과합니다. 그런 예는 더 많이 있어요. 네, 2001년 9월 11일의 테러는 끔찍한 잔학행위였습니다. 서방 사회에서는 이 일이 그 유례를 찾을 수 없는 유일한 일이었다고 알고 있고, 어떤 면에서는 그 말이 틀리지 않습니다. 수백 년 만에 처음으로 서방에 대규모의 테러 공격이 가해졌으니까요. 하지만 서방은 훨씬 더 흉악한 폭력과 테러 행위를 다른 나라에 자행했습니다. 우리는 9월 11일에 일어난 일을 범죄와 잔학행위로 인식해야 하지만, 역사적인 맥락에서 이 일을 살펴보아야 할 필요도 있습니다. 미국에서 나오는 비평 중에 데이비드 호로비츠와 같은 사람이 한 말은 그 상황이 역사적인 맥락에서 비치기를 원치 않는 경우입니다. 소련이 실제 역사를 제대로 드러내지 않으려 했던 것과 마찬가지입니다.

가넴 그렇지만 조지 부시 대통령의 외교정책이 성취한 것도 있습니다. 그중 가장 중요한 것은 9·11 이후로 미국 땅에서 어떤 테러 공격도 보지 못한 것이죠. 일각에서는 교수님이 조지 부시를 비난하는 것은 교수님의 신뢰성에 흠집을 내는 일이라고 합니다. 부시 정권의 성과를 보자면, 우선 아프가니스탄은 더 이상 테러리스트의 피난지가 아닙니다. 그곳 테러리스트의 연결망은 고립되었죠. 두 번째로 무아마르 카다피는 더 이상 핵무기를 개발하려 하지 않습니다. 마지막으로 아프가니스탄과 이라크에서는 자유롭고 공개적인 선거가 이루어졌습니다. 어떤 사람들은 이집트에서 민주적인 움직임이 일고 있다고 하고, 레바논에서 시리아가 물러간 일을 꼽기도 하죠. 이런 변화는 9·11 이후에 일어났습니다. 이 모두가 부시 정책의 공이 아닐까요?

촘스키 9·11 이후 조지 부시가 처음으로 거둔 성취는 아프가니스탄 침공입니다. 어떤 일이 일어났는지 살펴보도록 하죠. 그 공격에는 한 가지 명백한 이유가 있었습니다. 전쟁의 목표가 명백하게 천명되었죠. 부시는 테러리스트를 은닉하고 있는 나라는 어떤 나라건 테러리스트 국가고, 반드시 그에 합당하게 처리되어야 한다고 말했습니다. 폭탄을 퍼붓고 침공해야 한다는 거죠. 내게는 그 말이 미국을 폭격하라는 소리로 들립니다. 미국은 FBI나 연방법무부가 테러리스트라고 간주하는 사람들을 숨기고 있거든요. 그중에 최악은 반카스트로 테러리스트 올란도 보쉬입니다. 약 30건의 테러를 자행한 혐의로 FBI가 기소한 인물이죠. 그가 저지른 테러 중에는 쿠바나Cubana 항공사 비행기를 추락시켜 73명의 무고한 생명을 앗아간 사건도 있습니다. 미국이 45년 동안이나 쿠바에 대해 일으킨 테러 전쟁의 일부죠. 부시 대통령의 아버지 조지 H. W. 부시는 보쉬에게 대통령 사면을 내렸고, 그는 현재 미국에 머물고 있습니다. 법무성이 국가 안보에 위협이 된다며 반대하고 있는데도 말입니다. 나는 정부 지시로 움직이고 있는 주요 테러리스트를 더 댈 수 있습니다.

가넴 촘스키 교수님은 탈레반 정권을 지지하십니까?

촘스키 흥미로운 질문입니다. 서방 선전활동의 엄청난 힘을 보여주는 질문이기도 하지요. 부시는 탈레반에게 9·11에 연루된 것으로 의심되는 사람들을 인도하라고 요구했습니다. 그것이 전쟁의 목적이었어요. 탈레반 정권을 무너뜨리자는 것과는 아무런 상관도 없습니다. 탈레반은 증거를 요구했고, 부시는 거절했지요. 우리는 그 이유를 압니다. 9·11 후 미국 역사에서 가장 강도 높은 조사가 이루어졌고, 8개월 후에 FBI는 언론에 9·11 테러 계획이 아프가니스탄에서 모의되어 독일과 아랍에미리트연합국에서 실행되었다고 발표했습니다. 8개월이나 조사한 끝에 내린 결론이었지만 명백한 증거는 없었습니다. 의혹만 품었지 입증할 수도 없었던 것을 빌미로 미국은 아프가니스탄에 폭격을 가했습니다. 그런데 폭격을 시작한 지 3주 만에 전쟁의 목적은 바뀌었습니다. 그 목적은 영국 정부관계자의 책임하에 발표되었죠. 그가 한 말은 이런 내용이었습니다. '우리는 아프가니스탄 국민이 자기들 정부를 전복하지 않는 한 계속해서 폭격할 것이다.' 이것은 국제적인 테러 행위예요. 아주 사악한 행태입니다. 영국과 미국은 수백만 인구를 아사 상태로 몰아넣을 것을 뻔히 알면서도 폭격을 계속했거든요. 많은 아프가니스탄 사람들은 전쟁 전에도 이미 목숨만 겨우 연명한 채 살아가고 있었습니다.

이런 말바꾸기가 폭격을 시작한 지 3주 만에 일어났습니다. 서방 언론들은 아프가니스탄 침공에 대한 이야기를 다시 썼죠. 미국이 전제 정권을 몰아내기 위해 이 나라를 침입한 것처럼요. 서방의 제국주의적인 선전활동의 힘을 보여주는 일입니다. 하지만 증거기록을 보면 간단하고 명백합니다.

그리고 나는 아프가니스탄을 침공한 것은 전 세계 대중의 엄청난 반대를 무릅쓰고 자행된 일이라는 점을 말하고 싶어요. 폭격 바로 직전에 국제적인 여론 조사가 시행되었습니다. 갤럽^{Gallup Organization} 조사 결과 전쟁을 지지하는 여론은 극히 낮았습니다. 유럽에서는 영국을 빼고는 지지율이 25퍼센트를 넘지 않았어요. 남미에서는 지지하는 사람이 거의 없었습니다.

다시 한 번 말하지만 미국이 전쟁을 일으킨 이유는 9·11에 연루되었다고 의심되는 사람들을 인도하라는 요구를 아프가니스탄이 거부했다는 것이었습니다. 3주 후에 전쟁의 목적은 아프가니스탄이 정부를 전복할 때까지 폭격을 가하는 것으로 바뀌었습니다. 다양하게 벌어지고 있는 국제 테러 행위의 정석을 보여주는 예죠. 아프가니스탄의 탈레반과 경쟁관계에 있는 집단도 무력 침공은 강하게 반대했습니다. 미국과 우호적인 관계를 맺고 있던 집단도 마찬가지였습니다.

가넴 지금까지는 아프가니스탄 이야기였습니다. 다시 이라크와 미국의 다른 외교정책 문제로 돌아가겠습니다. 하지만 먼저 질문드리고 싶은 문제가 있습니다. 촘스키 교수님도 저명한 저자로 여기고 있는 존 루이스 가디스는 현재 그 어느 때보다도 큰 위험을 안고 있는 전 세계의 안전을 보장하기 위해서는, 부시가 두 번째 임기에서도 첫 번째 임기에서와 같은 목적을 추구해야 한다고 말했습니다. 부시의 전략은 루즈벨트가 지향하는 것과는 궤를 달리했습니다. 부시는 테러 공격으로 갑자기 경로를 바꾸었고, 전략을 수립했습니다. 어떤 사람들은 가디스가 조지 부시와 존 애덤스를 미국의 정치인 중 최고의 전략가로 간주한다고 합니다. 이 말에 대해 촘스키 교수님의 의견을 간단히 피력해주시겠습니까?

촘스키 죄송하지만 간략하게는 답을 못하겠습니다. 말씀하신 부분은 저명한 미국의 역사학자인 존 루이스 가디스의 중요한 책에 있는 내용이죠. 부시 외교정책의 근본에 관해 처음으로 살펴본 책으로, 미국 국무장관과 대통령을 지낸 존 퀸시 애덤스(미국 6대 대통령)로까지 거슬러 올라갑니다. 가디스는 능력 있는 역사학자예요. 그가 인용한 자료는 적절했지만 그들이 한 말까지 언급하지는 않았습니다. 내가 최근에 쓴 책 《촘스키, 실패한 국가, 미국을 말하다》에서 나는 그들을 다시 검토해보았고, 그들이 한 말도 전했습니다. 역사적인 기록이 보여주듯 애덤스는 의회와 국민들에게 거짓말을 했어요. 다른 대통령이 따를 선례를 만든 것이죠. 폭력적이고 공격적인 전쟁을 벌이고, 의회와 선거인단에게 거짓말을 하고, 국가안보

를 위한 최상의 방법은 확장이라는 생각을 갖게 한 겁니다. 역사적
인 자료들이 말해주고 있는 그런 사실들을 가디스는 언급만 했지
그 내용은 전해주지 않았어요.

가넴 신보수주의자들은 연설이라는 수단을 이용합니다. 조지 부시
는 연설을 통해 압제를 종식시켜 자유와 정의를 퍼트리고, 민주주
의를 강화하고, 인간의 존엄성과 권리를 증진시키겠다고 맹세했습
니다. 촘스키 교수님은 부시의 약속을 믿지 않는 것 같습니다. 그
이유는 무엇입니까? 이런 원칙들이 중요하지 않아서인가요?

촘스키 오, 듣기 좋은 말들이군요. 그런데 그 같은 약속은 지금까지
우리가 악랄한 압제자들 입에서 줄곧 듣던 소리예요. 어떤 독재자
든, 아니 이 세상에 다시없을 악마조차도 그럴듯하고 점잖은 말을
할 겁니다.
　그래서 분별력을 가진 사람이라면 권력 한가운데 있는 사람 입
에서 나오는 소리에는 관심을 갖지 않는 겁니다. 그들이 하는 말은
의미가 없거든요.

가넴 이란, 시리아, 이라크 문제로 넘어가기 전에 미국의 외교정책
에 관한 마지막 질문입니다. 미국의 외교정책을 새롭게 이해하려면
어디서부터 시작해야 할까요?

촘스키 각각의 경우마다 그에 맞게 생각해야 합니다. 모든 일에 통

키암 수용소 − 셰이크 나빌 카우크가 노엄 촘스키에게
독방 내부를 보여주고 있다 (캐롤 촘스키 찍음)

용되는 틀은 없어요.

가넴 일반적으로 접근할 때 어디에서 출발점을 찾을 수 있을까요?

촘스키 이라크의 경우를 봅시다. 미국과 영국이 이라크를 침공했
죠. 사실 그들은 지금까지 몇십 년 동안이나 이라크 국민을 학대해
왔습니다. 두 나라는 사담 후세인이 이란을 상대로 전쟁을 벌이는
동안에는 그를 지원했어요. 대량살상무기 개발 수단을 제공하고,
쿠르드에 대한 무자비한 잔악행위도 다 지원했지요. 이란과의 전쟁
이 끝난 후에는 후세인의 지배권을 위협하던 시아파 폭동 진압도
지원했습니다. 수많은 이라크 국민의 목숨을 앗아갈 잔악한 제재조
항을 부과했고, 사담 후세인의 독재를 연장하려고 수단방법을 가리

지 않아 이라크 사회를 황폐하게 만들었지요. 그리고 결국에는 이라크를 침공해 재앙을 넘어 참극을 일으켰습니다.

그들에게는 그 어떤 권한도 없습니다. 남의 나라를 침략한 군대는 어떤 권리도 없습니다. 그들에게는 책임이 있을 뿐이지요. 그들의 책임은 무엇보다도 먼저 자기들이 저지른 잔혹행위에 대한 보상을 해주는 것입니다. 두 번째로 희생자들이 원하는 대로 따르는 것이지요. 우리는 희생자들이 무엇을 원하는지 잘 압니다. 미국과 영국에서 정기적으로 여론조사가 시행되고 있거든요. 가장 최근에 시행한 조사를 보면 이라크 국민의 87퍼센트가 확고한 철수 계획이 세워지길 원했습니다. 87퍼센트라면 실제로 군대가 배치되어 있는 아랍 이라크 지역의 응답자 거의 모두에 해당해요. 네, 그렇습니다. 그들은 철수를 원합니다. 하지만 부시와 블레어는 확고하게 철수 계획은 없을 거라고 선언했어요. 그들은 이라크 국민의 의지를 거부했습니다. 물론 그들은 보상도 거부했지요. 이라크에서의 출발점은 이라크 국민과 전 세계 사람들이 정치인들에게 책임을 다하도록 촉구하는 것입니다. 거기서부터 시작할 수 있어요.

이제 이란의 경우를 봅시다. 이란은 지금…….

가넴 이란에 대한 이야기는 곧 하겠습니다. 이라크에 관해서 말인데요. 비극적인 일이기는 하지만, 오늘날 벌어지고 있는 일이 국가를 만드는 과정에 반드시 따르는 것이라는 이론이 있습니다. 찰스 틸리(미국 사회학자)는 "전쟁이 국가를 만들고 국가는 전쟁을 만든다"고 했죠.

촘스키 일리가 있는 말입니다. 국가는 폭력으로 건설되고 강제됩니다. 전 세계 모든 국가들이 현재의 국경과 국가 형태를 폭력과 만행으로 일궜지요. 전 세계의 국가 체계는 폭력으로 형성되었다고 할 수 있습니다. 이런 체계는 유럽에서 발전되었지요. 유럽은 수 세기 동안 이 지구 상에서 가장 야만스럽고 폭력적인 땅이었습니다. 극심한 내분이 국가 체계 창조로 이어졌죠. 그런데 이런 대규모의 폭력과 파괴는 1945년에 아주 간단한 이유로 막을 내렸습니다. 유럽인들이, 서로를 살육하는 짓을 다시 한다면 곧 전 세계의 종말이 될 거라는 현실을 깨달았던 거죠. 그들의 폭력이 모든 것을 파괴할 수 있는 수준에 이르렀으니까요. 1945년 이후로 유럽은 평화를 유지하고 있습니다. 하지만 그전의 수 세기를 돌아보면 세상에는 극심한 야만적 행위와 폭력이 난무했습니다. 이런 야만과 폭력 행위는 유럽에 국가 체계가 형성되는 데 필요한 것이었고, 폭력 문화를 만들어냈으며, 유럽이 전 세계를 정복할 수 있게 한 수단이 되어주었습니다. 유럽은 세계를 정복했고, 자신들의 국가 체계를 적용했으며, 그때마다 폭력, 야만, 잔혹행위가 따랐습니다. 오늘날까지도 말이죠. 오늘날 벌어지는 끔찍한 분쟁들을 살펴보면 대부분 해당 지역 사람들의 필요와 관심과는 거의 관계가 없는 국가 체계를 유럽 강대국들이 강제로 세우려다 파생된 잔유물입니다. 아프리카, 남아시아, 중동에서 일어난 분쟁이 다 그렇습니다. 이라크를 봅시다. 영국은 북쪽의 석유가 터키가 아닌 영국 손에 들어오도록 이라크의 국경을 그었습니다. 이라크는 쿠웨이트가 수립되자 바다로 나가는 출구에 제한을 받게 되었고 의존적일 수밖에 없게 되었죠. 그

경계를 부과한 것은 영국이지 이라크가 아닙니다. 나머지 세계도 비슷한 그림입니다. 국가 체계는 극단적인 폭력으로 확립되고 보장됩니다.

가넴 왜 미국이 이라크를 민주적이고 독립적인 국가로 성장하지 못하게 막는 것일까요?

촘스키 그것은 강대국들이 세계 각지에서 독립적이고 민주적인 정권 수집을 막으려는 것과 같은 이유입니다. 미국은 줄곧 중앙아메리카를 비롯해 자국 세력이 미치는 모든 곳에서 독립적이고 민주적인 정권이 들어서지 못하도록 막아왔습니다. 이라크의 경우는 미국에게 훨씬 더 중요합니다. 독립적이고 민주적인 정권이 들어선다면 어떤 정책을 펼지 생각해보세요. 독립적이고 민주적인 이라크는 시아파 대다수를 포용할 것이고, 그렇게 되면 이웃해 있는 이란과의 관계도 좋아질 것입니다. 이라크가 이란을 좋아하지는 않더라도 적대적인 관계보다는 우호적인 관계를 유지할 겁니다. 또한 바로 이웃해 있는 사우디아라비아 국민 대다수도 잔혹하게 억압받으며 살고 있는 시아파입니다. 이라크에서 시아파가 자치권을 얻는 움직임을 보게 되면, 이들 또한 최소한의 권리라도 찾고 자율권을 얻겠다고 나설 것입니다. 사우디아라비아의 주요 석유매장지는 공교롭게도 시아파 지역입니다. 그러니 미 국방부의 정략가들, 럼스펠드, 그리고 정치가들은 무슨 짓이든 불사할 작정일 게 틀림없죠. 미국은 이란, 이라크 시아파, 사우디아라비아 등 시아파 지역에서의 시아파 동맹을 끊어놓고 싶어 합니다. 그래야 세계 석유 대부분을 통제할 수 있고, 미국이 독립적일 수 있으니까요. 그 동맹을 끊어놓지 못하면 더 심각한 문제가 따를 수도 있습니다. 시아파 동맹이 아시아 에너지 안전 체계의 중심으로 떠오르고 있는 중국과도 경제적이고 군사적인 동맹을 강화할 수 있거든요. 러시아와 중앙아시아도 포함할 수 있죠. 인도도 그중 하나가 될 수 있습니다. 만일 중동의 석유자원이 하나의 지도력 아래 결집된다면 미국은 이류 강대국으로 밀려날 수도 있습니다. 그 때문에 이라크가 독립적이고 민주적인 국가가 되지 못하도록 미국이 강경하게 막는 겁니다. 아주 간단하고 분명한 이유예요. 추하지만 분명합니다.

가넴 조금 전에 촘스키 교수님은 새로 부상하는 강대국을 언급하셨습니다. 중국과 러시아요. 높은 석유가격으로 이익을 얻는 나라는 어디일까요? 테러와의 전쟁에 변화가 있을까요? 석유를 향한 전쟁으로 변질되고 방향을 틀게 될까요?

촘스키 석유전쟁은 거의 100년 동안이나 계속되었습니다. 정확히는 제2차 세계대전부터지요. 중동은 석유전쟁 지역입니다. 1953년 미국과 영국은 이란 의회 정부를 전복시켰습니다. 이란 정부가 자국의 석유를 통제하려고 했기 때문이지요. 이집트의 나세르는 에너지 자원을 장악해서 강대국의 필요보다는 이집트 국내에서 필요한 용도로 쓰려 했습니다. 미국과 영국이 중동의 세속적 민족주의를 강하게 탄압하는 것도 그런 이유입니다. 그래서 두 나라는 세속 민족주의 정부와 대립관계에 있는 극단적인 근본주의 정권을 지원했죠. 이런 전쟁은 오늘날까지도 계속되고 있습니다. 이라크 침공은 미국이 중동의 주요 에너지 자원을 더욱 강하게 통제하려는 시도에서 비롯된 일입니다. 남아메리카에서 벌인 일들도 같은 맥락이지요. 석유전쟁은 석유시대가 시작된 이후로 계속되고 있습니다. 오늘날 다른 점은 강대 세력의 중심에 중국과 다른 아시아 국가들이 부상하고 있다는 것입니다. 아니 더 정확하게 말하자면 재부상하는 세력이지요. 18세기 제국주의 시대 이전에는 중국이 세계 산업의 중심국이었습니다. 지금 중국은 그 위치를 다시 확보하고 있죠. 중국 경제는 빠르게 성장해가고 있습니다. 경제 규모도 미국 경제 규모의 약 3분의 2로 성장했습니다. 겨우 10년 만에 일궈낸 성과예요. 중국 경제는 세계 외환 대부분을 통제하고 있어 유럽도 미국도 중국을 쉽게 위협하지 못합니다. 중국 주석은 미국을 떠나자마자 중국의 대표적인 무역 상대국인 사우디아라비아로 갔습니다. 중국은 이란과의 관계도 발전시키고 있습니다. 이런 일은 앞에서도 말했다시피 송유관, 석유시설 등으로 이루어진 부상하는 아시아 안전 체계의 일부분입니다. 에너지 통제권을 놓고 벌이는 전 지구적인 전쟁의 일부지요. 의심할 바 없이 미래를 형성해가는 일입니다. 가까운 미래요.

가넴 이란과 관련해서요, 《뉴욕타임스》의 로저 코헨은 이런 의문을 제기했습니다. 핵무기를 가진 이란이 더 나쁜가, 아니면 이란이 핵 강대국으로 부상하는 것을 막기 위해 군사력을 동원해 이란을 공격하는 행위가 더 나쁜가 하는 문제요. 촘스키 교수님은 이 문제를 어떻게 보십니까?

촘스키 서방에서는 이란 문제가 이란의 핵무기 개발 의지라고 떠듭니다. 글쎄요, 정신이 똑바른 사람이라면 아무도 이란의 핵무기 개발 계획에 찬성하지 않을 것이고, 어떤 경우라도 핵무기 개발을 원하는 사람은 없을 겁니다. 우리는 이란이 핵무기 개발 계획을 갖고 있는지 어떤지 모르지만 그럴 가능성은 얼마든지 있습니다. 이란이 핵무기를 개발해야겠다는 생각을 하도록 만든 건 미국의 이란 침공입니다. 그 침공은 명백한 메시지를 전달하거든요. '방어력이 없는 나라는 언제든 우리의 공격을 받을 수 있다.' 공격받지 않으려면 방어수단을 개발해야 한다는 메시지죠.

이란의 잠재적인 핵무기 개발이라는 문제는 꼭 해결해야 합니다. 그 문제를 어떻게 해결할 수 있는지도 우리는 잘 알고 있어요. 첫 단계는 위협을 없애는 것입니다. 대비책으로 핵무기를 개발해야 한다는 메시지를 전달해서는 안 됩니다.

두 번째 단계는 IAEA 사무총장 무함마드 엘바라데이의 제안을 따르는 것입니다. 몇 년 전에 그는 핵에너지나 핵무기에 이용될 수 있는 핵분열성 물질 생산을 국제적인 통제하에 관리하자고 제안했습니다. 정당한 목적으로 핵분열성 물질이 필요한 나라는 국제기관의 허가를 받으면 됩니다. 그렇게 하면 커다란 문제를 해결할 수 있어요. 만약 개별 국가가 핵분열성 물질을 지속적으로 생산한다면 결국에는 핵전쟁으로 이어질 수도 있습니다. 엘바라데이의 제안은 무척 합리적입니다. 그러나 미국은 그 제안을 거부했고, 다른 서방 국가도 거부했습니다. 현재까지 그 제안을 수용한 나라는 이란 하나뿐이에요. 개별 국가의 핵분열성 물질 생산 금지를 위한 국제 협정으로 나아가는 첫걸음일 수도 있는데 말입니다.

그다음에는 세 번째 단계로 나아가야죠. 2년 전에 유럽연합과 이란은 합의에 도달했습니다. 이란은 임시적으로 핵 개발을 보류하기로 했습니다. 그에 대한 대가로 유럽연합은 안전문제를 확실히 약속하고 보장하기로 했죠. 즉 미국이 이란을 침공하지 못하도록 보장하겠다는 것이었습니다. 하지만 유럽연합은 미국의 압력으로 협상안에서 물러서고 말았습니다. 약속한 보장을 거부한 거죠. 그 후 이 문제는 다른 방식으로 진행되었습니다. 2003년 5월, 이란은 모든 문제를 미국과 협상하자고 했습니다. 핵무기, 안전보장 문제, 이와 관련되는 모든 범위의 문제를 포괄해서요. 미국은 거부했습니다. 이란의 핵 위기를 줄일 수, 아니 종식시킬 수 있는 방법은 많이 있었지만 미국, 영국, 유럽이 그런 절차를 모두 거부했습니다. 따라서 우리는 위기를 맞을 수밖에 없게 되었죠.

가넴 자유민주주의의 승리를 축하했던 프랜시스 후쿠야마(미국 정치학자)와 생각을 같이 하십니까, 아니면 부시 대통령에게 "자유주의와 서구의 민주주의는 인류의 이상을 실현하는 데 도움이 되지 않는다"고 편지를 보낸 이란 대통령 마무드 아마디네자드의 생각에 동의하십니까?

촘스키 먼저 말씀드릴 것은 나는 이런 논의에 있어 그 어느 편에도 서지 않는다는 것입니다. 그 두 사람이 하는 말은 모두 진정성이 없습니다. 진정함이 없는 말을 귀담아 들을 필요는 없어요. 말이야 언제나 그렇게들 해왔지요. 그런 말에는 귀 기울이지 말고 그들의 행적을 눈여겨 보아야 합니다. 후쿠야마와 서방은 이 지구 상에 자유민주주의를 불러오는 일에 관심이 없습니다. 우리는 그런 사실을 입증할 근거를 얼마든지 갖고 있어요. 자유민주주의에 반하는 행적이죠. 미국의 전략과 경제에 이득이 되지 않으면 그렇게 해온 겁니다. 민주주의 증진을 외치는 선도적인 학자들도 인식하고 있던 일입니다. 미국 정책은 과거 몇십 년 전부터 현재까지 이어지는 '끈질긴 연속성'을 보인다는 말이 있습니다. 이를테면 모든 대통령이 '정신분열증 증상'을 보인다는 겁니다. 이들은 민주주의가 미국의 전략에 도움이 되고 경제적인 이익을 불러올 때만 그것을 지지합니다. 한마디로 민주주의의 증진은 단지 말로만 필요한 것이고, 실천과는 아무런 관계도 없다는 것이죠. 그들은 민주주의는 무시해버릴 수 있습니다. 아마디네자드 대통령도 무시해버릴 수 있습니다. 여러분만 괜찮다면요. 전 세계 사람들이 자기 정부가 한 말을 그대로 지키도록 촉구해야 합니다. 이것이 내가 주장하고 싶은 바입니다. 정부가 하는 말은 모두 그럴듯합니다. 우리는 그들이 한 말을 실행에 옮기도록 압박해야 합니다. 그러기를 거부하는 정부는 우리 손으로 바꿔야 해요. 역사적으로도 있어왔던 일이죠. 그렇게 해서 자유와 권리를 점차로 늘려가야 합니다. 자유와 인권은 민중의 투쟁으로 얻는 것이지 절대로 정부가 선물로 주지 않습니다. 그리고 이런 일은 멈추지 않고 계속되어야 합니다. 그들이 하는 말은 근사합니다. 우리는 그 말을 칭송해주되, 그 말과 행동이 갈등을 일으키는 상황을 만들지 않고 행동으로 옮기도록 촉구해야 합니다.

가넴 미국 행정부 내에서도 시리아를 보는 시각이 다릅니다. 시리아 정부의 태도를 바꿔야 한다는 말도 있고, 정권을 통째로 바꿔야 한다고 이야기하기도 합니다. 교수님은 시리아를 향한 미국 정부의 의도가 무엇이라고 생각하십니까? 그리고 시리아는 어떻게 대응해야 할까요?

촘스키 시리아를 향한 미국의 태도도 미국 정책의 일반적인 원칙을 따른 것입니다. 어느 국가의 정책이 그 지역에 대해 갖고 있는 미국의 목적에 합당하면 수용할 수 있다는 원칙이죠. 시리아는 1991년 이라크 전쟁에 참전하여 처음에는 조지 H. W. 부시 대통령과 좋은 관계였습니다. 1976년 시리아가 레바논을 침공했을 때도 미국의 지원을 받았습니다. 시리아가 레바논에서 한 주요한 일은 팔레스타인인을 없애는 것이었고, 그 일은 미국에 아무런 문제도 되지 않았습니다. 그러나 지금 미국은 시리아와 관련해 의견이 엇갈립니다. 한편으로 시리아는 많은 비난을 받습니다. 시리아 정권에 관한 온갖 끔찍한 이야기들이 오고가죠. 하지만 미국이 시리아를 비난하는 이유가 그 때문은 아닙니다. 우리는 그런 사실을 잘 압니다. 미국은 그 비슷한 정권이나 더 악한 정권도 지지했거든요. 진짜 이유는 시리아가 미국의 권력에 종속되지 않은 중동의 한 부분이라는 것입니다. 시리아가 미국의 경제 프로그램을 수용하지 않았거든요. 소위 신자유주의 프로그램이죠. 미국의 명령을 거부한 것입니다. 그래서 시리아는 미국이 받아들일 수 없는 나라입니다.

가넴 촘스키 교수님은 시리아 정권을 지지하십니까?

촘스키 물론 아닙니다. 시리아는 악랄한 정권이에요. 나는 단지 미국이 시리아에 적대적인 이유가 시리아 정권이 저지른 범죄 때문은 아니라는 말을 하는 겁니다. 미국은 훨씬 더 악랄한 정권도 지지했고, 시리아가 미국의 이해관계에 도움이 되었던 때는 지지했어요. 시리아 문제는 시리아 국민들이 해결해야지 자국의 이득을 위해 행동하는 외부 침입자 손에 맡겨서는 안 됩니다. 역사는 반복적으로 그 점을 보여주었어요.

가넴 시리아 정권이 미국의 외교정책에 반기를 들 때 시리아 정권의 태도를 바꿀 필요가 있지 않을까요?

촘스키 그런 식의 사고는 미국이 다른 정부에게 미국의 이익에 부합되게 행동하도록 강제할 권리를 가진다는 것을 전제합니다. 나는 그런 원칙을 받아들일 수 없습니다. 러시아는 체첸 공화국에 그런 권리를 갖고 있지 않았고, 미국은 중동에 그럴 권리가 없습니다. 그 어떤 강대국도 마찬가지예요.

네, 시리아는 문제가 많은 나라입니다. 여러 면에서 말도 안 되는 정권이죠. 하지만 그런 문제들은 시리아 국민이 해결해야 하고,

우리는 가능한 방법으로 그들을 도와야 합니다. 침략과 위협이 시리아의 내부적인 변화에 도움을 주진 못합니다. 이란도 마찬가지입니다. 중요한 집단인 이란 개혁파가 이란에 가하는 미국의 위협에 반발하는 데에는 이유가 있습니다. 이란 정부를 더욱 압제적이고 잔혹하게 만들고, 정부에 대한 민중의 지지를 더 굳건하게 만들기 때문이지요. 그렇게 되면 개혁파 집단의 영향력이 떨어집니다. 우리는 그들을 지원해야 합니다. 국민으로서 지지하고, 자기 나라의 내부적인 문제를 극복하도록 도와야 합니다. 시리아, 레바논, 이라크, 그리고 발칸 국가들이나 다른 나라들이 더 민주적이고 더 자유로운 사회를 향해 나아간다면, 설사 그것이 미국이라는 강대국의 이해관계에 부합되지 않더라도 내버려두어야 합니다. 그 나라 나름대로의 이해관계를 따르고 추구하도록 두어야 해요. 미국은 다른 세계를 지배할 권리를 신에게 부여받지 않았습니다. 러시아가 동유럽 국가들을 지배할 권리를 신에게 부여받지 않은 것과 마찬가지죠. 1968년에 체코슬로바키아의 정책이 소련의 정책과 부합하지 않았다고 해서 소련이 체코슬로바키아를 침공할 권리는 없었습니다. 어느 나라에나 적용되는 원칙이에요.

시리아 내부에는 심각한 문제가 있습니다. 시리아의 레바논 점령 문제도 있지요. 레바논과 시리아 사이에는 해결되지 않은 문제가 있습니다. 우리는 레바논이 시리아 지배의 잔재를 털어낼 수 있도록 도와야 해요. 우리가 기억하기로는 그것은 미국도 지지하던 일이었어요. 그 일이 미국의 이해관계와 맞아떨어졌을 때죠. 모든 문제는 내부적으로 다루어져야 합니다. 시리아에는 풀어야 할 문제가 많습니다. 레바논도 마찬가지입니다. 미국도 그렇고, 다른 나라도 그렇지요. 한 나라의 문제를 해결할 책임은 그 나라 국민에게 있습니다. 그 어떤 강대국도 다른 나라의 문제를 해결하려는 목적으로 그 나라를 침공할 권리는 없어요. 미국의 심각한 문제인 흑인 소수민에 대한 억압 문제를 들어봅시다. 노예제도에서부터 그 제도가 폐지된 후 1세기가 지나도록 남아 있는 준準노예상태 문제에 이르기까지 미국에 무시할 수 없는 문제가 남아 있습니다. 끔찍한 감옥제도 문제도 있지요. 그렇다고 해서 그 노예 문제와 후유증을 해결한다는 명목으로 미국을 침공할 권리를 가진 나라가 있습니까? 그 문제는 미국 안에서 해결해야 합니다.

가넴 미국이 세계 여러 나라에 군사적으로 개입한 경우 중에는 국제적인 결의안으로 허용된 경우도 있습니다. 유엔의 정통성이라는 것이 남아 있을까요? 우리가 유엔을 신임할 수 있을까요? 그 기구가 지금 그대로도 좋을까요, 아니면 변화가 있어야 할까요? 미 행정부 내 몇몇 인사들은 유엔을 폐지해야 한다는 말을 합니다.

촘스키 미국과 유엔의 관계도 흥미로운 문제 중 하나입니다. 미국은 유엔을 조직하는 데 중요한 역할을 했습니다. 1940년대 후반에서 1950년대 후반까지 그 성립 초기에는 미국이 유엔을 강력하게 후원했지요. 미국이 유엔을 좌지우지했을 때 얘기입니다. 그때 미국은 적국으로부터 자국을 보호할 도구로 유엔을 이용했습니다. 러시아와 다른 나라로부터였지요. 미국이 엄청난 힘을 가졌던 전후

상황의 잔재입니다.

그러나 세월이 흐르면서 유엔은 변하기 시작했습니다. 1950년대와 1960년대의 탈식민지 결과로 유엔은 얼마간 전 세계 시민을 대표하기 시작한 겁니다. 많이는 아니고, 얼마간요. 당연히 유엔을 향한 미국의 적대감도 커지기 시작했지요. 그에 대한 좋은 대처방법도 있었어요. 바로 거부권이죠. 미국이 처음으로 거부권을 행사한 것은 1960년대였습니다. 그 이후로 미국은 유엔 안전보장이사회Security Council 결의안을 거부하는 데 있어 선두를 달리고 있습니다. 영국이 두 번째고, 다른 나라들은 이 순위에서 감히 쫓아가지도 못합니다. 유엔은 점점 더 국제적인 의견을 대표하게 되었고 미국과 그 아류 동맹국 영국의 통제에서 완전히 벗어나게 되었습니다. 그에 따라 미국과 영국은 더 자주 거부권을 행사하게 되었죠. 안전보장이사회 결의안에 대한 가장 심각한 위반은 바로 그것을 거부하는 것입니다. 결의안을 준수하지 않는 것보다도 훨씬 더 나쁜 일이에요. 거부권 행사에서 미국과 영국은 다른 어떤 나라의 추격도 불허합니다.

미국에도 극단주의자 집단이 있습니다. 일례로 유엔 주재 미국 대사 존 볼턴은 유엔을 폐지해야 한다고 주장합니다. 볼턴의 말이 실제로 의미하는 바는 유엔이 미국의 명령을 따르지 않는다면 없애버리겠다는 것입니다. 어떤 세력이라도 우리 명령에 따르지 않으면 없애버리겠다는 것은 극단주의자의 태도입니다. 내가 여기서 그 역사적인 선례를 들 필요는 없으리라고 봅니다. 모두들 알고 있을 테니까요. 하지만 미국 국민은 유엔을 굳건히 지지합니다. 아주 굳건하게요. 사실 미국인은 유엔에 조력과 자금 지원을 늘리길 원합니다. 놀랍게도 미국인 대다수는 거부권을 없애자는 의견에 찬성하고, 국제적인 합의가 이루어진 일에는 미국도 같이 따르기를 원합니다. 그 상황이 설사 미국의 목표에 반하는 일이라 해도 그렇습니다. 그러나 이들은 공식적인 정책이나 어떤 문제에 대한 지식인의 의견과 완전히 다른 생각을 갖고 있는 사람들이므로 소수집단으로 치부됩니다. 이들 소수집단은 너무 다른 의견을 갖고 있어 언론도 귀를 닫고 보도하려 들지 않죠.

가넴 미국의 언론은 미 행정부에 의해 영향을 받고, 이어 대중의 생각에 영향을 줍니다. 예를 들면 이라크가 미국을 위협하고 있다고 국민을 설득하는 데에도 대중매체가 주된 역할을 했습니다. 미국 언론의 편향된 시각이 객관성을 회복할 수 있을까요? 그 과정에서 대중매체는 어떤 역할을 해야 한다고 보십니까?

촘스키 우선, 미국의 언론도 다른 나라의 언론과 많이 다르지 않습니다. 미국은 자유 사회입니다. 세계에서 가장 자유로운 사회죠. 정부가 대중매체를 멋대로 주무르기 위해 압력을 가할 수 없습니다. 이것은 매우 좋은 상황이에요. 이런 자유를 얻기까지 아주 오랜 시간이 걸렸습니다. 수백 년이 걸린 일이죠. 언론은 어떤 입장을 취할지 스스로 선택합니다.

그렇지만 주요 대중매체는 거대 기업이고, 더 큰 기업에 속해 있죠. 이들은 힘을 가진 거대 기업의 주요 부문이나 미국의 지배적인 세력과 밀접하게 연결되어 있습니다. 즉 정부와 밀접한 관계를 맺고 있는 세력인 거죠. 대중매체를 비롯한 기업과 정부 간에는 비공식적이긴 해도 단단한 끈으로 연결되어 있습니다. 또한 지식인 사회는 권력을 지지하는 경향이 있습니다. 이런 일은 미국뿐만 아니라 세계 어느 나라에서나 볼 수 있는 역사적인 경향이에요. 정도의 차이가 있을지언정 대중매체가 국가권력과 기업권력의 입장을 전달한다는 것은 일반적인 사실입니다. 물론 비평집단 같은 예외도 있어서 100퍼센트 맞지는 않더라도, 전반적으로는 그렇습니다.

이라크의 경우를 보자면, 미국 정부는 2002년 9월에 이라크 침공을 발표했습니다. 콘돌리자 라이스 국무장관은 사담 후세인이 뉴욕에 핵폭탄을 떨어뜨려 뉴욕 상공을 버섯구름으로 덮어버릴 거라는 연설을 하고 다니기 시작했습니다. 사담 후세인이 알 카에다를 지원하고 있고, 그가 9·11에 책임이 있다는 등등의 이야기도 나왔죠. 언론과 방송에서는 한 달 안에 그 선전을 선택했고, 미국인은 세계 다른 나라 사람들의 의견에는 완전히 귀를 닫아버렸습니다. 다른 나라 사람들도 사담 후세인을 미워하긴 하지만, 그를 두려워하지는 않습니다. 그가 내일 당장 자기 나라에 폭탄을 떨어뜨릴 거라는 생각은 하지 않기 때문이죠. 미국인은 대다수가 사담 후세인이 미국에 일촉즉발의 위협을 가하고 있다고 믿었습니다. 여론 조사를 보면 그런 믿음이 전쟁을 지지하는 여론과 매우 밀접하게 맞물려 있다는 것을 알 수 있죠. 이런 일은 미국 정부가 늘 쓰는 수법입니다.

지금도 미국인 대다수는 이란을 미국에 위협을 가하는 나라라고 생각합니다. 왜 그럴까요? 객관적으로 판단해서 이란이 미국에 위협이 될까요? 아닙니다. 그런 믿음은 정부와 대중매체가 벌인 대규모 캠페인에서 비롯된 겁니다. 이런 모의는 아주 오래전부터 계속되던 일이지요. 믿기지 않는 일이지만 1985년에 레이건 대통령은 텍사스에서 자동차로 이틀밖에 걸리지 않는 니카라과가 미국의 안보에 위협을 가하고 있다며 국가비상사태를 선포했습니다. 이틀이면 니카라과 군대가 미국으로 침공해 들어올 거라고 했어요. 말도 안 되는 이야기죠. 웃어야 할지 울어야 할지 모르겠지만 정말로 국가 위기는 선포되었고, 국민들은 두려움에 떨었습니다. 이것이 정부가 국민을 통제하는 방식입니다. 통제의 주요 방법 중 하나는 두려움을 퍼트리는 것이고, 방송과 언론이 그런 역할을 합니다. 또한 대중매체는 사건의 진면모를 가리는 역할도 합니다. 그 놀라운 예가 바로 아랍과 이스라엘 분쟁이죠. 미국과 이스라엘은 서안의 가치 있는 땅을 병합하려는 목적을 '철수'로 제시했습니다. 《뉴욕타임스》 사설을 읽어보면 이스라엘이 서안에서 철수했다고 칭송합니다. 서안 땅을 병합하기 위한 정책을 두고 말입니다.

가넴 촘스키 교수님은 유대인이고, 젊었을 때는 시온주의 운동가였다고 말씀하셨습니다. 하지만 지금 교수님은 반ᵡ유대주의자로 비난받습니다. 그런 비난에서 어떻게 스스로를 보호하십니까?

촘스키 그 비난은 성경으로 거슬러 올라가는 이야기고, 나는 그런 비난을 기쁘게 받아들입니다. 성경에서 악의 전형으로 그려지는 아합 왕은 엘리야 선지자를 이스라엘을 증오하는 자라며 비난했습니다. 엘리야 선지자가 감히 아합 왕의 사악한 행위들을 비난했거든요. 역사를 통틀어 전체주의자들은 하나같이 국가를 그 나라의 국민, 그리고 문화와 동일시했습니다. 국가의 정책을 비난하는 사람은 이스라엘을 증오하는 자고, 미국, 러시아, 그리고 그 어떤 나라도 증오하는 자인 거죠. 나는 그 무리에 든 것을 기쁘게 여깁니다.

가넴 교수님은 이스라엘 정부가 벌이는 일들이 히틀러 정부가 자행한 일과 비슷하다는 말을 했는데, 그렇다면 교수님을 반유대주의자로 부르는 것이 합당하지 않습니까?

촘스키 나는 이스라엘 정부나 다른 정부를 히틀러 정부와 비교한 적은 없습니다. 히틀러는 아주 독특해요. 그가 보인 사악함은 인류 역사에서 예를 찾기 힘듭니다. 나는 세상에 히틀러 같은 사람은 없다고 생각합니다. 그렇지만 나는 일부 정책들이 그의 정책과 유사하다는 말을 한 적은 있습니다. 체코슬로바키아를 정복한 후 히틀러가 한 말은 바로 거대권력이 말하는 방식입니다. 우리는 그 점을 인식해야 합니다. 물론 누구나 유대인 대학살 같은 일을 자행할 수 있다는 말은 아닙니다. 그 만행은 세상에 다시는 없을 일이었죠. 하지만 우리는 그들이 어디에 존재하건 그들의 유사점과 계획 방식과 사고방식을 알아볼 수 있어야 합니다.

가넴 촘스키 교수님, 지금까지 함께 이야기해주서서 감사합니다.

유령의 땅에서 들려오는 메아리 소리

아이린 겐지어

■ **아이린 겐지어**Irene L. Gendzier

미국의 중동정책 문제에 관한 글을 쓴다. 현재 보스턴 대학 정치학, 역사학 교수다. 대표적인 저서는 다음과 같다. 《지뢰밭에서의 기록 : 1945~1958년, 미국의 레바논과 중동 외교정책 *Notes from the Minefield: United States Foreign Policy in Lebanon and the Middle East 1945-1958*》 2판(New York: Columbia University Press, 2006)(국내 미출간). 포크R. Falk, 리프턴R. J. Lifton과 공동 편집한 《전쟁이라는 범죄 : 이라크*Crimes of War: Iraq*》(New York: Nation Books, 2006)(국내 미출간).

이 글은 2006년 5월의 기록을 기본으로 했다. 그로부터 몇 주 지난 2006년 7월, 안 그래도 몇십 년 동안 사람들로 넘쳐나고 가난에 찌들어 도시 스프롤 현상(도시의 급격한 팽창으로 도시 주변이 무질서하게 확대되는 현상)이 빚어진 사브라 샤틸라 난민 캠프는 남쪽에서 들어온 난민 수백 명을 새로 받아들였다. 전에도 이스라엘의 침공을 받았던 키암과 나바티예는 2006년에 또다시 공격 목표가 되었다. 5월 당시 박물관으로 바뀌어 이스라엘 점령에 대한 저항의 상징과도 같았던 키암 수용소는 폭격으로 완전히 붕괴되었다.

2006년 5월에 사브라 샤틸라, 키암, 나바티예를 방문했을 때는 7월과 상황이 많이 달랐다. 그러나 전쟁과 파괴행위가 남겨놓은 것들이 곳곳에서 우리의 발길을 붙들었다. 레바논 남부를 깊은 곤경에 빠뜨려놓은 빈곤의 모습도 마찬가지였다.

2006년 5월 11일 : 사브라와 샤틸라를 방문한 소감

아침 늦게, 우리는 차에서 내려 어수선해 보이는 샤틸라로 걸어 들어갔다. 이른 오후까지 네 시간 정도 머물 예정이었다. 방금 떠나 온 베이루트와는 완전히 다른, 시간이 멈춰버린 듯한 풍경이었다. 가난에 찌든 사람들이 살아가는 황막한 빈민촌, 어두운 골목, 담도 없는 문, 전선이 얼기설기 얽힌 아래로 마마 자국처럼 나 있는 총알 자국, 열린 문으로 들여다보이는 울퉁불퉁한 마룻바닥, 빨래가 펄럭이는 빨랫줄, 그 아래로 보이는 세상에서 빽빽하게 들어차 움직이는 사람들. 여기저기서 뛰어 노는 아이들 모습은 몰락할 대로 몰락한 그곳 일상과는 딴판으로 느껴졌다.

오늘 우리 계획은 비공식적인 일정이었다. 다양한 직업훈련 프로그램을 제공하는 비정부기구 나즈데^{Najdeh}에서 일하는 사메르의 안내를 받아 여기저기 둘러볼 것이다. 샤틸라에서 태어나 세 아이의 어머니가 된, 역시 나즈데에서 일하는 노하드도 만날 것이다. 자원봉사 중인 세네갈 출신의 레바논인 교사가 가르치는 교실도 방문

할 것이고, 불가리아에서 공부한 약사도 잠깐 만날 것이며, 노동조
합 지도자와 정치인들도 만날 것이다. 그리고 마지막으로 1982년
학살 사건의 희생자들이 잠든 묘지에 들를 것이다.

거친 주변 환경 속에서도 우리가 계획한 방문 일정은 관용과 호
의 속에서 순조롭게 진행되었다. 그러나 예정에 없던 방문이 이루
어지기도 했다. 끊어진 기억이라는 지옥으로 들어가는 보이지 않는
여정이었다. 들어갈 수 없는 망자의 도시에서 유령의 메아리로 되
살아나고, 샤틸라 묘지에서 너울거리는 남자의 코트와 여자의 숄
사이에서 되새겨지는 기억. 1982년 학살로 그 묘지에 묻힌 사람들
은 2006년의 1982년에 살아 있고 존재했다.

"사브라 거리와 샤틸라 캠프는 베이루트의 보통 주거지역에 자
리 잡고 있다. 실제 샤틸라 캠프는 대여섯 개의 작은 주거구역이 모
인 가운데 들어가 있지만, 그 지역 전체가 사브라 샤틸라 캠프라고
불린다. 이 지역은 대학살의 장이 될 운명이었다."[1] 1982년, 이 지
역에는 약 2만 명이 살고 있었다. 대부분이 팔레스타인 사람과 레
바논 사람이었고, 이집트인, 시리아인, 요르단인도 간혹 있었다. 현
재 전체 인구는 약 1만 6000명 정도로 추산되며, 그중 절반은 팔레
스타인인이고, 가난한 레바논인과 시리아인도 섞여 살고 있다.[2]

우리는 샤틸라로 들어갔다. 촘스키 부부와 아사프는 사메르를
따라 컴퓨터 교육을 받고 있는 아이들을 지켜보았고, 나는 다른 방
향으로 갔다가 전혀 뜻하지 않은 광경을 보았다. 사뿐사뿐 움직이
며 깔깔거리는 분홍빛 새 무리 같은 무언가가 내 눈길을 사로잡은

사브라 샤틸라 캠프의 어린이들 (캐롤 촘스키 찍음)

것이다. 하지만 새 무리가 아니었다. 네 살에서 여섯 살 정도 된 소녀들이었다. 빳빳하게 풀을 먹인 교복 색깔이 분홍빛이었다. 아이들의 웃음소리는 저항할 수 없는 생명의 징조였다. 세상에 맞서 일어서겠다는 몸짓이었다. 불현듯 이런 모습도 샤틸라의 일면이라는 생각이 들었다. 세네갈계 레바논인 인턴교사 무함마드에게, 읽고 쓰고 그림 그리기를 배우는 아이들 틈에 나도 함께 참여해도 되느냐고 물었다. 낯선 사람이 등장하자 아이들은 낄낄거리기도 했고 나를 빤히 바라보기도 했다. 우리는 누가 시키지도 않았건만 서로가 그린 그림을 교환했다. 내가 교실을 나오려고 일어서자 어린 학생들이 칠판으로 달려나가 나무와 꽃들을 그렸다. 감동적이었다. 아이들이 작별인사로 내게 마법에 휩싸인 숲을 선물한 것이다.

나는 영원히 내 마음속에 새겨질 그 숲과 함께 교실을 나왔다.

분홍빛 옷을 입은 그 아이들은 내게 환영의 웃음소리와 함께 잊지 못할 선물을 주었고, 그것은 내 마음에 깊이 아로새겨졌다. 하지만 이 아이들은 장차 어떻게 될 것인가? 레바논 팔레스타인 난민으로 샤틸라에서 살아가야 하는 아이들의 미래는 어떤 모습일까? 이 아이들이 장애물을 뛰어넘어 학교로, 일터로, 캠프 담장 너머의 미래로 갈 수 있을까? 나즈데가 앞으로 얼마나 더 오래 그들을 도와줄 수 있을까? 유엔 팔레스타인 난민구제사업기구UNRWA는 팔레스타인 난민을 위해 무엇을 할 수 있으며, 그들이 가진 자원은 얼마나 갈까? 노하드나 사메르처럼 개개인이 보여주는 모범적인 예는 감동적이지만 얼마나 많은 사람들이 그 뒤를 따를 것인가?

저 여자아이들의 삶에는 어떤 유산이 남겨질까? 저 아이들이 자기가 짊어져야 할 운명을, 그 결과를 받아들일 수 있을까? 나는 이 아이들이 언젠가 촘스키가 쓴 사브라 샤틸라에 관한 글을 읽게 될지도 궁금하다. 팔레스타인인이 받은 고통과 부당함을 밝히고자 부단히 애쓴 노엄 촘스키가 2006년 5월 11일에 샤틸라를 찾게 만든, 팔레스타인 사람의 고통을 담은 이야기를. 그들이 촘스키의《숙명의 트라이앵글Fateful Triangle》에 있는, 자신의 부모와 조부모가 당한 일을 알게 되고, 자신과 똑같은 운명을 가진 다른 이들이 무슨 일을 당했는지도 알게 될까?

그 책에서 그들은 이런 글을 읽게 될 것이다.

"1982년 6월에 가해진 첫 번째 폭격때 사브라 난민 캠프에 있는 어린이 병원이 피격되었다고 레바논 텔레비전 방송이 보도했다. 한 카메라맨은 베이루트에 있는 부르지알바라즈네 캠프 안에 '많은 어린이들'이 죽어 누워 있는 것을 보았다고 했다. 베이루트에 있는 '아파트 건물 수십 채가 화염에 휩싸였고', 캠프 근처에 있는 가자 병원도 폭격받았다고 했다."[3]

아이들은 부르지알바라즈네 캠프뿐 아니라 사브라 샤틸라 캠프도 폭격받았다는 것을 알게 될 것이다. "6월 4일부터 사브라와 샤틸라는 인정사정없이 포격받았고, 네 시간 동안 계속된 공격으로 수많은 사상자가 발생했다. …… 그것은 레바논에 사무실조차 없는 반 팔레스타인해방기구Palestine Liberation Organization: PLO 집단이 영국 주재 이스라엘 대사를 암살하려 한 데 대한 보복조치였다고 한다."[4] 포격은 거기서 그치지 않았다.

그 6월의 공격은 1982년 9월에 자행된 테러의 서막에 불과했다. 3000명에서 3500명에 이르는 남자와 여자, 어린이들이 사브라 샤틸라에서 학살되었다.[5] 누가 그들을 보호해줄 수 있었겠는가? "베이루트 남쪽 외곽에 있는 난민 캠프에서 벌어진 금요일 밤의 학살에서 겨우 살아나온 팔레스타인 여인은 오늘, 1982년 9월 20일에 또다시 같은 일을 당하고 오랫동안 절규해야 했다."[6] 1982년 학살 현장에서 이 팔레스타인 여인은 울부짖었다.

그녀는 친구들 집에 고인 피 웅덩이와 근처 건물 잔해 더미에 널브러진 시체를 보고 친구와 친척이 30명 이상 죽임을 당했다는 사실을 알았다.

그녀는 폐허가 된 사브라 샤틸라 캠프의 움막과 거리에서 무슨 일이 일어났는지 증언하는 생존자들 사이에 있었다. 이스라엘 탱크가 들이닥쳐 사정없이 포탄을 퍼부어댄 그 다음 날인 목요일, 이스라엘군의 지원을 받는 팔랑헤 민병대가 들이닥쳤다. …… 목요일과 금요일에 벌어진 사건을 목격한 사람들은 그 이틀 동안 하늘에 섬광이 번쩍였다고 했다. 마카사드 병원에 입원한 열여덟 살 된 남성 환자는 그 불꽃이 이스라엘군 손아귀에 들어가 있는 캠프 북쪽의 운동장 쪽에서 나왔다고 증언했다. …… 그는 말했다.

"금요일 저녁에 우리는 아부 야시르의 움막에 모여 있었어요."

아부 야시르는 레바논 사람이었다고 한다. 그 움막 안에는 남자 50명, 여자 20명, 아이들은 25명쯤 모여 있었다. …… 무장한 남자들이 들이닥쳐 자신들을 팔랑헤 민병대라고 밝혔다. …… 민병대는 여자들과 아이들을 캠프 남쪽에 있는 아카 병원으로 보낸다고 말했다. 남자들은 모두 밖으로 끌어내져 거리 양쪽으로 늘어세워졌고, 손을 올린 채 돌아서라는 명령을 받았다. 그다음 민병대는 남자들을 향해 총을 난사했고, 대부분이 죽임을 당했다. …… 그 젊은이와 몇 사람은 갑자기 대여섯 파타(PLO의 주류 온건파) 게릴라가 나타나 팔랑헤 민병대를 공격하는 바람에 겨우 목숨을 건졌다.

이런 지옥 같은 일에 책임이 있는 사람은 누구인가? 사드 하다드 소령의 군대와 팔랑헤 민병대는 이스라엘 방위군Israel Defense Forces: IDF의 지휘하에 있었다.

촘스키는 그 증거자료를 검토했다.

목요일 밤 내내 이스라엘 쪽에서 나오는 조명탄이 캠프를 밝혔고, 민병대는 캠프를 설치고 돌아다니며 거주민들을 살육했다. 바로 몇백 미터 떨어진 곳에서 이스라엘군이 지켜보는 가운데 학살은 토요일까지 계속되었다. 시신은 불도저로 멀리 옮겨지거나 폐허 더미 아래 묻혔다. 이스라엘군 지휘통제소 아래에 거대한 무덤이 만들어졌다. 이스라엘군 지붕 위 초소에서 바로 무덤이 내려다보였고 그 너머로는 캠프가 보였다. 이스라엘 방위군은 100미터도 안 되는 곳에 주둔하고 있었지만 쉼 없이 들리는 총성이나 캠프 밖으로 트럭이 시체를 가득 실어나가는 광경에 아무런 반응도 보이지 않았다. 그들은 서방 기자들에게도 "별 다른 일은 전혀 없고 임무를 수행하다가 간간이 쉬고 있는 팔랑헤 민병대와 어울리기도 한다"고 답했다.[7]

왜 아무도 듣지 못했을까? 듣고도 못 들은 척 귀를 막고 있었던 사람들은 누구인가? 나를 자기들의 매혹적인 숲으로 초대해주었던 사뿐사뿐 분홍 무리는 다른 장소, 다른 시간에 쓰인 이런 시에서 언젠가 서글픈 위안을 찾을 수 있을까?

"어떤 낯선 하늘도 나를 보호해주지 못했고, 어떤 낯선 이의 품도 내 얼굴을 감싸주지 못했다. 나는 그 시간, 그 장소의 생존자로, 그 하찮은 운명의 증인으로 섰다."[8]

누가 이 끔찍한 진실을 밝힐 증언대에 설 수 있을까?

이스라엘이 레바논에서 자행한 범법행위를 조사한 국제 위원회인 맥브라이드 위원회MacBride Commission에 따르면 "1982년 9월 16일에서 18일 사이에 레바논 민병대가 자행한 사브라 샤틸라 난민 캠프 학살과 다른 살인행위에, 이스라엘 당국이나 군이 직접적으로든 간접적으로든 개입했다."[9]

이 위원회는 이렇게 보고했다.

"레바논 침공의 주요 목표 가운데 하나는 팔레스타인인 추방이었고, 그 목표를 달성하기 위해 난민 캠프를 파괴하고 사브라 샤틸라 대학살을 저질렀다. 민간인 거주지역, 특히 베이루트를 공격한 것도 부분적으로는 팔레스타인인을 쫓아내기 위해서였다. 그로 인해 팔레스타인인은 최악의 상황에 몰렸다. 티레와 사이다 해변으로 난민들이 몰려들면서 오랫동안 음식과 물이 부족했고, 병에 걸려도 치료받지 못했으며, 뜨거운 태양을 가릴 것도 없었다. 이스라엘은 수천 명을, 특히 14세에서 60세의 남자들을 고의적으로 감금했고, 그중 많은 사람을 이스라엘 감옥으로 보냈다. 이는 제네바 조약을 심각하게 위반하는 일이었다."[10]

이 위원회가 주장한 이스라엘의 목표는 이스라엘에서 나온 여러 기사들로도 확인이 되었다. 이 기사들은 이 전쟁의 목표가 레바논에 거주하는 팔레스타인인의 모든 자치 능력을 파괴하는 것이라고 밝혔다. 한편 이스라엘의 두 번째 목표는 레바논의 세력 관계를 바꾸려는 것이었다. "레바논 내부의 세력관계를 바꾸는 일이 최우선이다. 그런 다음에야 이스라엘과 공식적인 평화조약을 체결할 수 있는 이해 가능한 정권을 세울 수 있기 때문이다."[11]

이 보고서에 언급되지는 않았지만 세 번째 목표도 있었다. 사브라 샤틸라 대학살 후에도 무장을 유지하려는 우파 기독교 동맹을 이용해 레바논 남부를 통제하려는 이스라엘의 야심에서 나온 것이었다. 1982년 12월의 기사에서도 그런 의도를 엿볼 수 있다. "이스라엘이 레바논 남부에 설치하려는 40킬로미터에 이르는 안전지대에는 포, 로켓 발사대, 대공 미사일을 비롯한 모든 레바논 방어망이 접근할 수 없어야 한다고 이스라엘의 고위 간부가 오늘 말했다."[12] 안전지대는 또한 "유엔이나 다른 국제 군사력도 접근이 금지된다." 이스라엘의 요구는 거기에서 그치지 않았다. "이스라엘 공중 정찰기의 비행을 허가하고 이스라엘군이 주둔하는 감시 시설도 허용하기를 원했다."

네 번째 목표는 근본적으로 다른 종류로, 주권이나 재산이 아닌 기억을 파괴하고자 하는 것이었다. 1983년 2월 6일자 《뉴욕타임스》에 이런 기사가 보도되었다. "이스라엘 군대가 작년 9월 서베이루트 지역에 침공했을 때, 병사들이 팔레스타인 연구소로 들어가 기물을 파괴하고 책을 전부 내갔다. 히브리어, 아랍어, 영어로 된, 팔레스타인 아랍인과 팔레스타인 역사에 관한 2만 5000권에 이르는 책이었다. 팔레스타인 역사에 관한 한 전 세계에서 가장 방대한 기록물이었다."[13]

팔레스타인 사람들이 받은 고통은 이루 말할 수 없었지만, 이스라엘의 목표는 실패로 돌아갔다. 실패의 이유는 전쟁을 이끈 지도력의 관리능력 문제가 아니라 위선적인 정치적 전제에서 나온 전략 때문이었다. 이스라엘의 정략으로 레바논 팔레스타인인의 자치능력은 크게 억제되었으나 파괴되지는 않았다. 레바논 내부 세력 판세도 이스라엘 쪽에 급격히 유리하게 재편되지 않았다. 레바논 남부를 통제하기 위한 안전지대는 설치되었다. 레바논 내 친이스라엘 동맹이 수립되고 자금도 확보되었다. 그러나 이런 점령은 거센 저항을 불러왔다. 헤즈볼라와 좌파 민병대들은 연합하고 저항하여 2000년에 결국 이스라엘군을 물러나게 만들었다. 그런 움직임은 2006년 이스라엘의 재침공 목표가 될 정도로 더욱 거세졌다. 새로운 이스라엘 정부는 이전 정부가 세운 레바논에서의 목표를 재정의했다. 1982년에는 PLO가 목표였다면 2006년에는 헤즈볼라가 표적이 되었다. 레바논 정부와의 관계 수립에 있어서도 헤즈볼라를 지원하지 않도록 레바논의 태도를 바꾸는 것이 선결조건이었다. 하지만 레바논 정부는 그런 조건을 거부하고 더 야심차게 분투하는 일에 지원을 구했다. 아직은 곤경에 처해 있지만 이런 결정이 장차 레바논 국가와 사회의 성격을 결정지을지도 모를 일이다.

내가 교실을 나오려는데 레바논인 인턴교사 무함마드가 물었다.

"선생님은 힘 있는 분인가요?"

나는 촘스키 부부, 아사프 크푸리와 일행일 뿐이라고 설명했다. 그는 더 이상 자세한 것은 묻지 않았다. 그저 촘스키 교수에게 상황의 긴급함을 설명할 기회가 있었으면 좋겠다고 했다. 캠프의 처참한 상태를 개선하고, 계속되는 정치적 갈등을 해소하기 위해서는 힘 있는 사람의 도움이 절실히 필요하다는 말을 전하고 싶다고 했다. 한시가 급한 일이지만 개선되리라는 희망도 없어보인다고 덧붙였다.

　무함마드의 교실을 나온 후, 우리는 휑한 약국에서 일하고 있는 약사를 찾았다. 그는 캠프에 사는 사람들의 건강 상태 이야기를 하면서 샤틸라에 자원이 부족하다고 했다. 여기서 중병에 걸리면 부르지알바라즈네 캠프에 있는 병원으로 가야 한다고 했다. 대화는 팔레스타인 난민들이 겪고 있는 여러 가지 전반적인 제약으로까지 이어졌다. 난민들은 베이루트에서 일자리를 얻을 수 없고, 레바논 대학 입학시험을 치르는 데 필요한 학점을 얻을 방법도 없다고 했다.

　팔레스타인 노동조합 지도자가 들려준 이야기도 암울하기만 했다. 노동자들의 권익을 보호하기 위한 활동을 하는 데 제약이 많다는 것이다. 레바논 정부가 팔레스타인인을 외국인으로 보는 한은 레바논 노동조합과 함께 시위에 참여하는 것도 위험천만한 일이라고 했다. 파타 지도자와 대화할 때도 세부적인 상황이야 달랐지만 정치활동에 제약이 많음을 알 수 있었다. 팔레스타인 관리들은 팔레스타인 자치정부 기금에 의존해서 일을 한다. 하지만 하마스에 대한 이스라엘 정책으로 인해 팔레스타인 자치정부에 할당된 지원금은 삭감되었고, 레바논과 다른 지역 팔레스타인 난민에게 지급되던 배당금도 PLO 정책으로 제한을 받다가 지금은 아예 중단되었다.[14] 노엄 촘스키는 걸프 지역 난민의 경우처럼 자금 지원을 받을 다른 방법이 있지 않겠느냐고 물었지만, 파타 관리는 그런 자금 지원은 우선 이스라엘 점령지 난민에게 주어져야 한다고 대답했다. 촘스키가 제시한 자립 촉진 프로젝트도 쉽지 않아 보였다.

캠프에 사는 사람들은 어떻게 살아갈까? 노하드도 약사도 캠프 안에 영양결핍 문제는 없다고 했다. 그러나 나즈데 작업장에 필요한 물품이나 시리아 상인 노점상들이 파는 물건을 살 돈을 가진 사람은 누구인가? 1982년에 이스라엘의 레바논 침공과 사브라 샤틸라 학살이 있은 지 20여 년이 지난 지금도 캠프는 여전히 비참한 상태로 남아 있다.

샤틸라는 팔레스타인 난민 캠프 12개 중 하나다. 하나같이 가난에 찌들어 있는 난민 캠프에는 피난처가 필요한 여러 사람들과 더불어 빈곤한 레바논인들도 함께 살고 있다. 난민 캠프들은 각기 크기도 다르고 위치도 다르지만, 열려 있으나 감옥과 다를 바 없고 내전과 외국의 간섭에 희생된 기억으로 얼룩진 정치 수용소라는 면에서는 모두 닮아 있다. 내전과 침공의 역사는 길게 이어진다. 1948년 이스라엘과 팔레스타인 간 전쟁, 그다음으로 1956년 전쟁과 1967년 전쟁, 1970년에 벌어진 PLO와 요르단 간 분쟁, 1975년 레바논 내전, 1978년 이스라엘의 레바논 남부 침공. 이 1978년 전쟁은 4년이나 지속되었고 나중에는 베이루트와 그 주변 지역으로까지 확대되었다. 그다음으로는 1985년 아말 민병대(레바논의 시아파 이슬람교도 무장저항단체)와 PLO 간의 '캠프 전쟁'이 있다. 이스라엘은 다시 1991년과 1992년 내내, 1978년에 설치한 소위 안전지대 북쪽을 반복해서 침투했고, 아인엘힐웨와 라시디예에 있는 팔레스타인 난민 캠프에 직접 폭격을 가하기도 했다. 이어 1993년과 1996년의 침공으로 엄청난 수의 레바논 사람들이 안전한 땅을 찾아 삶의 터전을 옮겨야 했다. 이 침공들은 1993년 PLO와 이스라엘이 오슬로 협정을 진행한 기간과 체결한 이후 발생했고, 이스라엘 점령 지역 내 팔레스타인인을 특히 더 탄압했다는 점을 지나쳐서는 안 된다.[15] 레바논의 위기상황은 끝나지 않았다. 이스라엘은 계속해서 레바논을 침공했고 이 나라 상공을 활보했다.

전쟁이 계속되면서 피난처를 찾아 레바논으로 들어오는 팔레스타인인의 수는 늘어만 갔고, 1982년에 PLO가 베이루트에서 추방되면서 이들의 상황은 더욱 악화되었다. 레바논 정부는 그들을 [레바논 국민으로] 통합해 수용하는 것을 강하게 거부했다. 레바논 정치 엘리트들 간의 합의는 팔레스타인 난민이 캠프 내에서 사는 것을 묵인하자는 정도였다.

UNRWA의 추정치를 보면 2002년 레바논 내 팔레스타인 난민 수는 40만 2977명이었고, 이는 레바논 전체 인구의 10퍼센트에 육박하는 수치였다.[16] 1982년 이스라엘의 레바논 침공과 1985년 팔레스타인인들과 아말 민병대 간의 '캠프 전쟁'이 아니었다면 그 수는 틀림없이 더 늘었을 것이다. 레바논 정부는 팔레스타인 난민을 통합해 들이거나 시민권을 주는 것을 거부하며, 외국인으로 대하면서 이들이 고향으로 돌아갈 때까지만 머물도록 해주자는 입장을 고수하고 있다. 이로 인해 레바논 내 팔레스타인인의 존재는 오랫동안 레바논의 주요 긴장 요인이었다. 1948년, 10만 명이 넘는 팔레스타인 난민이 처음으로 레바논 땅에 들어왔을 때는 유엔 총회도 난민의 귀향 권리를 인정했다. 당시에는 미국도 팔레스타인 난민의 귀향 권리를 지지했다. 하지만 그로부터 50년 넘는 세월이 흐른 지금도 여전히 팔레스타인인의 귀향 권리는 요구사항으로 남아 있다.

　1949년 10월, 미국 국가안전위원회는 미국 대통령에게 올린 '이스라엘과 아랍 국가들에 대한 미국 정책' 보고서에서 "난민 문제 해결의 일차적인 책임은 이스라엘과 아랍 국가들에게 있다"고 했다. 이는 1948년 유엔 총회 결의안과도 일맥상통하는 말이다. 결의안은 "이스라엘은 귀향을 원하는 난민을 가능한 범위에서 최대한으로 받아들여야 한다는 원칙을 수용해야 하며, 아랍 국가들은 남기 원하는 난민을 위한 '후속적인 재정착 지원 원칙'을 받아들여야 한다"고 규정했다.[17]

　레바논 정치 엘리트들에게 팔레스타인 난민의 통합은 수용할 수 없는 정치적인 위험수였다. 종파별 안배주의로 보장되는 현재의 권력 체계를 뒤엎을 수도 있기 때문이다. 이로 인해 레바논 팔레스타인인들은 아무런 보호장치도 없이 심각한 위험에 처하게 되었다. 종파별 권력 안배와 이에 따른 정치적인 이해관계에서 팔레스타인 난민이 문제가 되는 것은 이들 대부분이 수니파 이슬람교도라는 점이다. 난민 집단을 통합 수용하면 드루즈파, 그리스 정교회, 그리스 가톨릭, 아르메니안 정교회, 아르메니안 가톨릭뿐 아니라 마론파 기독교, 수니파 이슬람교, 시아파 이슬람교 간의 민감한 권력 배분에 위협이 될 것이다.[18]

　팔레스타인 난민은 팔레스타인 자치정부의 지원도 부족한 데다 레바논 기존 정치 세력이 계속해서 이들의 통합을 반대하기 때문에 부족한 자원과 외부 원조에 의지한 채 궁핍하게 살아갈 수밖에 없다. 이들에게 건강관리, 교육, 사회복지와 같은 원조를 제공하는 주요 원조 제공자는 UNRWA와 비정부기구들이다.

2003년, 레바논에 있는 팔레스타인 난민 상황을 평가하면서 국제인권연합International Federation of Human Rights은 캠프 안의 주거여건을 이렇게 기술했다. "이루 말할 수 없이 끔찍하다. 좁은 공간에 밀집해 사는 팔레스타인 난민은 새 캠프를 짓기는커녕 기존의 집을 확장하거나 파손된 캠프를 다시 짓는 것조차 금지되어 상황이 더욱 악화되었다."[19] 이런 엄격한 금지 조항이 모든 캠프에 해당되는 것은 아니지만 전반적인 난민 캠프 상황은 더 나쁠 수 없을 만큼 비참한 상태다.

취업과 관련한 상황도 나을 것이 없었다. 2004년에 발표된 자료에 따르면 팔레스타인 난민은 "국적 요구사항과 외국인에게 적용되는 상호주의적 대우 원칙으로 인해 선택할 수 없는 직업군이 거의 70개에 달했다."[20] 최근 법률 제정으로 취업 제한이 일부 완화되기는 했지만 일자리를 얻기 위해 필요한 자격을 갖추기는 여전히 어려운 채로 남아 있다. 실제로 "레바논 국적을 취득한 지 최소한 10년이 되었거나, 외국인 상태지만 레바논 시민권을 행사할 수 있는 상호주의적 권리를 가진 사람만이 직업을 얻을 가능성이 있었다."[21] 한마디로 팔레스타인인은 레바논인이 되어야 하고, 이스라엘은 이스라엘에서의 취업과 관련한 레바논인 호혜reciprocity를 제공해야 한다. 이런 조건이 갖추어져야만 팔레스타인 난민은 "레바논에서 의사, 약사, 엔지니어가 될 수 있었다."

1982년 10월, 레바논 팔레스타인인인들이 두려움에 떨던 때, 레바논 전 총리 사에브 살람은 레바논에서 팔레스타인인인을 추방하자는 요청을 비현실적인 일이라면서 받아들이지 않았다. 대신에 그는 팔레스타인인들에게 '얼마든지 레바논 행정구역과 법 아래 머무르라'며, 그의 표현대로 하자면 '레바논 문제, 특히 팔레스타인인과 그들의 주거 문제'를 해결하기 위한 공식적인 정부 부서의 부활을 제안했다.[22]

오늘날 '레바논 문제'는 달라졌다. 그것은 이제 더 이상 전적으로 레바논 팔레스타인 난민의 문제라고만 정의되지 않는다. 레바논에서 헤즈볼라의 역할이고, 더 일반적으로는 레바논에서 시아파의 역할이다. 오늘날 레바논 문제에 핵심적인 것은 레바논이라는 국가의 미래다. 이런 시각으로 본다면 레바논 문제는 내부적인 문제다. 하지만 레바논의 미래가 더 넓은 지역 갈등과 떼려야 뗄 수 없으므로 그 문제는 국경을 넘어간다. 미국과 이스라엘, 그리고 소위 온건한 아랍 동맹국들은 그들의 헤게모니에 대한 저항에 직면할 수밖에 없다. 그들은 그 갈등을 시리아-이란 포용정책으로 해결하지는 못할 것이다.

레바논 팔레스타인 난민을 보는 레바논 정치 엘리트의 시각은 변한 것이 없으나 이 엘리트들이 당하는 곤경에는 분명 변한 것이 있다. 팔레스타인 난민들이 팔레스타인 자치정부의 도움도 받지 못하면서 레바논의 종파별 안배주의의 인질이 된 데다 레바논의 운명을 위태롭게 하는 지역갈등의 볼모로 붙들리면서 그들의 상황이 한층 더 악화된 것이다.

시간이 지나면서 레바논 국민운동^{Lebanese National Movement: LNM}과 야당들을 비롯한 일각의 움직임은 보수 진영과의 연대를 끊고 팔레스타인인의 존재를 인정하자는 방향으로 나아가고 있다. 최근 인터뷰에서 헤즈볼라 지도자 사이드 하산 나스랄라는 레바논 팔레스타인 난민의 지옥 같은 생존조건을 비판했다. 주거 환경을 개선해주고, 직업을 가질 수 있도록 해야 하며, 재산소유권을 인정해줘야 한다고 했다. 하지만 그도 기존의 레바논 종파별 안배주의로 인해 시민권은 생각하지 않고 있었다. 그 역시도 팔레스타인 난민은 귀향을 전제로 지원해야 한다는 입장이다. 하지만 나스랄라는 팔레스타인 난민 문제로 레바논이 떠안은 부담을 다른 아랍 국가들도 함께 나누어야 한다는 말을 잊지 않았다.[23]

2006년 이스라엘의 레바논 침공은 팔레스타인 난민과 레바논 전쟁 피난민 사이에 밀접한 연대를 이루게 하는 예기치 못한 결과를 낳았다. 랄레 칼릴리(런던 대학의 중동정치학 교수)의 말을 빌면 이스라엘의 침공 때 팔레스타인 난민 캠프들이 이스라엘의 손아귀에서 도망쳐온 레바논인들에게 피난처를 제공함으로써 '피난처를 제공한 피난민'이라는 사례를 남겼다. 티레와 사이다에 있는 캠프들과 베이루트 남부 교외 근처에 있는 캠프들은 레바논 피난민들을 받아들이고 도움을 주었다.[24] 그 기간 동안 샤틸라 캠프는 "수도에서 피난 온 수천 가족 중에 80여 가족의 피난처가 되어 주었다."[25] 헤즈볼라는 폭격받은 팔레스타인 캠프에 직접적인 도움을 주었다. 사이드 하산 나스랄라는 레바논에 있는 팔레스타인 난민 캠프 중에 난민이 가장 많이 밀집해 살고 환경이 열악하기로 손꼽히는 아인엘힐웨를 개인적으로 방문했다.

이런 상황의 장기적인 영향은 분명하지 않다. 하지만 피난처를 찾던 이들과 피난처를 제공한 난민의 이러한 생존방식은, 이 땅에서 버림받은 사람들 간의 연대감의 표현이었지 결코 종파가 이룬 일은 아니었다.

2006년 5월 13일 : 태양을 볼 수 있는 시간, 10분

태양. 빛. 공간. 그것은 한 치의 여유도 없는 감방, 그 영원한 밤의 세상에서 약속이자 위협으로 맴돌았다. 고문과 동의어가 되어버린 키암 수용소. 파괴된 후 박물관으로 개방된 이곳은 지금도 악명 높았던 과거의 흔적이 곳곳에 남아 있었다. 우리는 레바논 남부의 헤즈볼라 지도자 셰이크 나빌 카우크의 안내를 받아 감금과 고문의 역사가 담긴 장소를 침묵 속에 돌아보았다. 벽에 남겨진 글자와 액자에 담긴 사진으로 기억되는 이름들을 읽으면서.

당시 태양 아래 나설 수 있는 시간은 고작 10분이었지만 그마저도 모든 이에게 허락된 것은 아니다. 여자들에게는 10일마다 10분이 허락되었고 남자들은 20일에 10분이었다. 태양과 빛에 대한 약속은 '열린 공간'으로 나감으로써 지켜진다. 저들이 가진 힘이 하늘까지 뻗친다는 사실을 씁쓸하게 상기하게 하는 일이었다.

키암 수용소라는 공포의 집을 알리는 엉성한 표지판들에는 헤즈볼라의 상징 색깔과 같은 노란 색 바탕에 녹색 글씨의 아랍어와 영어가 쓰여 있었다. 어떤 것은 그곳이 무자비한 '독방'임을 알렸고, 철면피한 감시의 위협도 그대로 느끼게 했다. '제4수용소'라는 숫자에서는 불길한 느낌이, '고문실 06-05-06'에서는 절박한 두려움이 감돌았다. 이곳에서 매장, 발길질, 구타, 전기고문, 뜨거운 물 고문, 사나운 개 풀어놓기 등등의 고문이 끊임없이 자행되었다.

"1988년까지, 죄수는 한 달에 한 번씩 면회가 허용되었다. 그러나 그조차도 너무 많다고 중단되었다. 1995년 초, 면회가 재개되었지만 일부 죄수에 한해서였다."[26]

수년 동안 키암에 감금되어 고문받던 사람들은 주로 세속주의 좌파에 속하는 저항군들이었다. 그들 중에는 남부레바논군(South Lebanon Army: SLA, 대리전쟁을 치렀던 친이스라엘계 레바논 민병대) 수장을 죽이려 했다는 죄목으로 고문받았던 여성 죄수 소하 비샤라도 있었다. 그녀는 그 고통을 이겨내고 살아남았다.

이스라엘은 1985년 이후 다른 지역에서는 철수했지만 여전히 레바논 남부 점령은 풀지 않았다. 인권감시기구Human Rights Watch의 한 보고서는 키암 수용소 상태를 기술하면서 이런 말로 끝맺었다. "사로잡힌 게릴라들은 이스라엘군 점령지인 키암 마을에 있는 포로수용소로 보내졌다. 거기서 SLA가 그들을 고문했다. 가끔씩은 이스라엘 국내 정보국(이스라엘 비밀 정보기관 신베트Shin Bet) 장교들이 고문을 거들기도 했다."[27]

3년 후에 미국과 이스라엘은 정치, 군사, 경제, 그리고 정보 문제에 서로 협조하기로 합의한 '원칙선언문'에 서명했다. 키암은 알려지지 않은 게 아니라, 단지 더 큰 목적과 관련이 없을 뿐이었다.

키암에 수감된 사람들은 점령에 저항했거나, 점령 공모자에게 대항했거나, 저항군으로 밝혀진 헤즈볼라 같은 조직의 단원이라는 죄목으로 기소되었다. 요컨대 레바논 남부를 통제하려는 이스라엘 혹은 SLA와 같은 대리군에 저항했다는 죄목이었다.

누구에게 통제권이 있었는가, 즉 고문을 비롯한 점령정책을 책

키암 수용소 – 고문으로 목숨을 잃은 수감자들의 포스터 앞에 서 있는
셰이크 나빌 카우크와 노엄 촘스키 (캐롤 촘스키 찍음)

임져야 할 사람이 누구인가라는 질문에는 논란이 있다. 이스라엘 기자 아비브 라비는 키암에 관한 기사를 쓰면서 이 문제를 간단히 짚었다. "직접적으로 관여한 것은 SLA이지만 이들은 단지 지시받은 대로 한 것뿐이고, 이들에게 지시를 내린 거물은 바로 이스라엘이었다."[28]

여기서는 어떤 국제법도 필요치 않았다. 라비가 전하는 말에 의하면 "키암에서는 판사도 재판도 변호사도 증거도 논박도 없었다. 법도 사법부도 없었다. 이스라엘군 지프차나 SLA의 메르세데스를 집 앞에 멈추고, 할 말이 있으니 같이 가자고 명령하면 그만이었다. 명령을 받은 사람은 돌아오더라도 1년이나 5년, 아니면 10년 후가 될 것이고, 다시는 돌아올 수 없을지도 몰랐다. 여자와 아이도 예외가 아니었다. 이런 만행이 심각하던 때에는 키암 특수동에 여자도 수십 명이 감금되어 있었다. 알려진 바에 의하면 가장 어린 수감자는 12세 라바 샤루르였고, 이 아이는 끌려가 형이 있는 곳을 대라는 심문을 받았다. 아이는 8개월 후에 집으로 돌아왔다."

키암의 끔찍했던 실상은 공공연한 비밀이었지만, 국제 구조기관이건 기자들이건 완강하게 접근이 막혔다. 키암은 지리적으로는 존재했지만 정치적으로는 더 이상 아니었다. 키암은 사실상 제거되었다. 잔혹한 운명에 고통을 겪으며 수용소 벽 안에 갇혀 있던 사람들과 키암 주민들만 빼고는.

왜 키암인가? 이유는 명백했다. 이스라엘, 레바논, 팔레스타인에서 나온 증거가 모두 하나같이 뚜렷한 목표를 드러냈다. 키암은 레바논에서 이스라엘의 목표를 완수하기 위한 곳이었다. 이스라엘 통제구역인 '안전지대'의 일부로, 이스라엘의 주권을 침범하려는 집단에게 대항하고 이스라엘의 안전을 보장하기 위해 반드시 필요한 곳이라고 합리화되었다. 이스라엘 관료가 시인했듯이 처음에는 그곳에서 저항하는 팔레스타인 민병대를 몰살했다. 그다음에는 헤즈볼라가 저항했지만 이들은 쓰러뜨리기가 만만치 않았다.

국제사회는 이스라엘이 저지른 짓의 법·도덕·군사·정치·사회적인 면을 분명히 하는 일에 관심이 없었다. 심지어 이런 정책의 비인간적인 면조차도 밝히려 들지 않았다. 이런 일을 만천하에 고발하고 비난하는 증거기록이 있는데도. 그리고 그 무관심이 결국에는 수감자들을 저버리는 일임에도.

레바논인과 팔레스타인인들은 정중하게 '억류자'라고 불리면서 이스라엘 정책상의 여러 목적에 이용되었다. 그들은 2000년 이스라엘군이 철수하기 전까지 발생하던 이스라엘 포로와 교환될 수단으로 간신히 목숨만 부지한 채 감금되어 있었다. 또한 리타니 강까지 레바논 남부를 통제하려는 더욱 야심찬 목표의 일부이기도 했다. 이스라엘은 초토화 작전을 통해 대규모로 인구를 이동시킬 계획이었다. 그렇게 되면 레바논 정부가 더 동조적으로 태도를 바꿀 수밖에 없어 이스라엘 정책을 수행하기 수월할 거라는 계산이었다.

그러나 여러 이스라엘 정치인과 군인들이 수년에 걸쳐 주장해온 것처럼, '안전지대'는 안전보다 무한 전쟁을 보장했다. 안전지대 옹호론자들은 레바논 주권을 경시하고 파괴하는 정책을 펴면서도 강한 레바논 정부를 구실로 들어 남부 전선을 강화해야 한다고 주장했다. 레바논 전체를 영원히 점령할 때까지 계속 전쟁을 벌이려 들던 이들에게 레바논 남부의 반복적인 침략은 군사적 우위를 자랑하는 일일지는 모르나 정치적으로는 실패임을 보여주었다.

2000년 5월 23일, 민중 해방을 맞아 이스라엘의 지원을 받던 SLA가 쫓겨 가면서 '점령의 가장 증오스러운 상징'은 무너졌다. 키암 주민 500여 명은 감옥으로 달려가 144명의 죄수를 해방했다.[29]

2006년 5월 29일, 국제사면위원회 파견단이 키암을 방문했다. 키암 수용소는 박물관으로 변했고, 마당에는 이스라엘 탱크가 전시되었다. 키암 재활센터도 건립되었다.

그 후 2006년 7월에 이스라엘과 미국이 레바논을 침공했다. 그때 악명 높은 키암 수용소는 이스라엘의 폭격으로 붕괴되었다. 워싱턴은 공격을 멈추도록 이스라엘에 압력을 가했으나, 사실 이스라

키암 수용소 – 노엄 촘스키, 셰이크 나빌 카우크(왼쪽), 아사프 크푸리(가운데)가 2000년 5월 이스라엘군 철수에 환호하는 저항군들을 찍은 사진을 보고 있다 (캐롤 촘스키 찍음)

엘 뜻대로 용인할 작정인 것은 의심의 여지가 없었다. 공식적인 애도도 이어졌다. 그해 9월, 레바논 남부에서 유엔이 벌이던 지뢰대책 활동에 대한 레바논 위기상황 보고서에 따르면 파괴한 무기 중에 1만 3871개의 집속탄 자탄이 있었다. 다음은 유엔 자료 중에서 키암에 관한 내용이다.

유엔 인도주의업무조정국^{OCHA}에 따르면 전체 거주민 1만 명 중에서 7000명이 마르자윤 지구 키암 마을로 돌아왔다. 초기의 피해 추정치를 보면, 750채의 가옥이 전파되었고, 1000채는 심하게 파손되었지만 보수는 가능한 정도며, 그 외에도 1000채의 집이 경미하게 파손되었다. 현재 키암 사람들은 전기도 없이 지내며, 수도와 하수 망도 파괴되어 발전기를 이용해 자연 샘에서 물을 품어 올려 쓰고 있다.

당사자가 아닌 사람들에게 그 과거는 묻혔다. 그러나 그 쓴 기억은 묻히지 않았다.

2006년 5월 13일 : 레바논 남부의 역사가 말해주는 것들

우리는 키암에서 다른 역사적 장소로 향했다. 촘스키를 맞이하는 나바티예는 그야말로 열광의 도가니였다. 미리 준비한 프로그램에는 정성 들인 레바논 스타일의 야외 오찬도 포함되었다. 간소하지만 품위 있고, 입이 딱 벌어지게 만드는 음식들이 풍성하게 있었다. 오찬 후 잠시 휴식시간을 가진 후에 비공식적인 토론이 이어졌다.

나바티예에 있는 남부 레바논 문화위원회는 그 지역의 명망 있는 좌파 지식인들로 이루어진 역사적으로 중요한 모임이라서 이 회합 자체로도 의미가 깊었다. 그날 모임에는 듣고, 참여하고, 무엇보다도 촘스키에게 경의를 표하려고 몰려든 사람들로 넘쳤다. 기념식 같은 것은 없었다. 공간은 열려 있었고, 몰려든 학자, 교육자, 작가, 활동가들 간에 분위기는 친근했으며 모두들 한마음이 되어 결속을 다졌다. 오랫동안 존경받으며 활동해온 하비브 사덱은 노엄 촘스키를 따뜻하게 환영하며 소개하는 말을 했다. 촘스키의 공헌과 그가 나바티예 남부 레바논 문화위원회를 찾은 의미를 이야기하면서는 숙연한 어조로 고ᵗᵗ 에드워드 사이드를 추억하기도 했다.

우리는 야외 식당으로 안내되었다. 둘러앉은 사람들의 미소 지은 얼굴들이 친근하게 느껴졌다. 이른 오후 햇빛을 받은 나바티예는 생명력을 얻은 한 폭의 그림 같았다. 레바논 배경의 향연을 담은 르누아르 그림 같은 풍경. 너그러운 이웃들과 한 탁자에 앉아 있는 내 기분은 꼭 만화경 속에 들어가 있는 느낌이었다. 봄의 초록빛 팔레트는 작열하는 태양에서 나온 붉은빛, 오렌지 빛과 경쟁을 펼치고 있었다. 모두들 사회적 지위나 종교 분파와는 아무런 상관도 없는 동지애와 흥분으로 들떠 있었다.

그러나 이런 들뜬 분위기 가운데서도 르누아르의 풍경보다는 고야의 전쟁화에 더 가까운 전쟁과 고통의 이미지를 상기시키는 것들이 꿈틀거렸다. 레바논 남부 나바티예의 풍경은 전쟁으로 얼룩졌고 피난민으로 인구는 줄었다. 5월 13일, 온 세상이 작열하는 태양빛에 물들어 있던 그날 오후에 나는 나바티예의 역사적 장소들을 둘러보자는 한 손님의 제안에 응했다. 이스라엘군과의 전투에서 목숨을 잃은 한 저항군의 이름이 적힌 표지판도 보았다. 그 이름에 '샤히드'라는 칭호는 없었다. 나와 동행한 사람은 순교자란 의미의 그 칭호는 헤즈볼라 전사에게만 주어진다고 설명했다.

이곳 사정을 잘 아는 사람이라면, 레바논 남부라는 말에 키암뿐 아니라 나바티예에서 5킬로미터 떨어진 안사르 수용소도 떠올리지 않을 수 없다. 나바티예와 더불어 티레와 사이다가 떠안았던 역사적인 역할과 이스라엘군이 짓밟고 지나갔던 길, 1970년대 후반에서 2000년까지 그리고 2006년에 다시 일어난 저항의 발자취가 있는 수많은 다른 장소도 기억하지 않을 수 없다.

레바논 이야기에서 레바논 남부는 다른 의미를 갖는다. 그 이름은 중앙정부로부터 외면받은 채 오랜 세월 겪던 가난과 박탈의 동의어다. 이 땅에는 봉건적인 역사 그리고 권력과 땅을 가진 지배가문이 착취해온 예가 많다. 레바논 남부는 담배, 농장 노동자, 저항의 고장이다. 레바논의 서비스 경제에서 소외되고 정치에서도 관심 밖에 있던 남부의 빈곤은 북쪽으로의 인구 이동을 초래했고, 그로 인해 베이루트를 감싸고 있는 소위 '고통의 벨트^{belt of misery}' 지역이 형성되게 만들었다. 그러는 중에 남부는 1970년대부터 좌파 야당들의 근거지가 되었다. 민병대, 과격단체와 더불어 1973년에 수립된 레바논 국민운동^{LNM}과 같은 세속주의 정당들이 남부로 몰려들었다. 그 결과 팔레스타인인의 저항을 지원하고 남부의 사회·경제 발전을 이루기 위해 종파별 안배주의를 폐지하자는 약속을 하기에 이르렀다. 이런 좌파단체들은 내전이라는 인고의 세월 내내 그리고 1982년 이스라엘의 레바논 침공 당시에도 활발하게 활동했다.

1982년 이스라엘의 침공으로 나바티예는 혹독하게 강탈되고 공격받았다. 병원도 공격 목표가 되었다. 의사 크리스 지아누와 외국 의료인들은 당시 자신들이 경험한 일을 나중에 미국에서 증언했다. 1982년 침공 후에 세워진 가장 큰 이스라엘 감옥 중 하나인 안사르 수용소에는 한때 약 1만 1000명의 레바논인과 팔레스타인인이 감금되기도 했다. 심문 시설을 두느라 거대해진 이스라엘군 본부는 이스라엘의 침공과 점령에 대항하는 무장 운동이 일어난 티레, 사이다, 나바티예 등 곳곳에 기지를 설치했다. 이런 상황에서 헤즈볼라가 부상^{浮上}했다. 헤즈볼라는 좌파 정당들과 함께 이스라엘의 점령과 침공에 저항했다. 1993년과 1996년 전쟁 당시도 헤즈볼라가 대항했다. 이 전쟁들은 안전지대에서 저항하는 세력을 모조리 없애버리려는 목적으로 이스라엘이 일으킨 것이었다.

　우리는 5월 13일 오후 늦게 나바티예를 떠났다. 그로부터 두 달 후, 이스라엘의 2006년 레바논 침공은 남쪽에서부터 시작되었다.

전사와의 조우

— 사이드 하산 나스랄라와의 만남

아사프 크푸리

사이드 하산 나스랄라와의 만남은 헤즈볼라당 국제관계부 부장이자 정치국 위원인 나와프 무사위의 주선으로 이루어졌으며 그도 이 자리에 동석했다. 이 글의 초안은 2006년 10월 2일 '카운터펀치Counterpunch'(www.counterpunch.org)와 '지넷Znet'에 게시되었다.

1996년 4월, 이스라엘이 레바논 남부에 17일 동안 공격을 퍼부었던 '분노의 포도 작전Operation Grapes of Wrath' 당시 서방 신문에는 헤즈볼라와 이 조직의 사무총장 사이드 하산 나스랄라에 관한 기사가 봇물을 이루었다.[1] 당시 이스라엘의 군사작전은 미국 정부의 압력으로 끝이 났다. 피난민 100명이 학살된 1996년 4월 18일 카나 대학살을 비롯하여 레바논 민간인 사망자 수가 급증하면서 정치계에 미칠 파장을 우려한 때문이었다. 그러나 레바논 희생자에 대한 인도주의적인 동정심도 헤즈볼라에 대한 편향된 이미지를 감해주는 데까지는 미치지 못했다. 특히나 서구 대중매체에 그려지던 '어둠 속에 가려진 과격한 반서방 테러 조직' 이미지는 조금도 변하지 않았다.

극히 소수였지만 예외적인 기사도 나왔다. 영국 언론에서는 《인디펜던트》의 로버트 피스크와 《파이낸셜타임스》의 데이비드 가드너가 각각 1996년 5월과 7월에 나스랄라 인터뷰 기사와 함께 솔직하고 사실적인 기사를 냈다.[2] 이런 기사들 중에 가장 눈에 띄는 글은 에크발 아마드의 〈전사와의 조우Encounter with a Fighter〉였는데, 나스랄라와의 만남을 무척 신중하고 정직하게 적었다.[3] 영어로 된 아마드의 기사는 1998년 7월에 이집트 영자 주간지《알 아람 위클리》에 실렸고, 서방 주류 언론의 검열로부터(그리고 자기 검열로부터도) 비교적 안전한 거리를 확보했다. 그러나 이런 기사들은 매우 드물었고, 반대로 나스랄라를 무자비한 악마로 그리는 저널리스트와 정치 논평가가 훨씬 더 많았다.

미국 언론에서는 2000년 이후에야 헤즈볼라를 향한 보다 객관적인 시각이 간간이 보이기 시작했다. 서방에서도 얼마간 관심과 존경을 얻을 수 있었던 헤즈볼라의 몇 가지 활약으로 얻어낸 결과였을 것이다. 헤즈볼라는 1990년대 레바논 남부에서 이스라엘군에 대항한 게릴라 작전에 더해 점차적으로 강력한 정치·사회운동 집단으로 부상했다. 이들은 다른 레바논 정당들과도 활발히 교류했고 레바논 국회에 의석을 확보하기에 이르렀다. 그에 못지않게 중요한 것은 레바논 국민들의 대중적인 지지를 확보한 것이다. 2000년 5월에 (거의) 종식된 이스라엘 점령에 대해 헤즈볼라가 주도적으로 저항활동을 한 덕이었다.

2003년 7월, 탐사기자 시모어 허시는 시리아 상황과 그 주변 국가들의 격동에 관한 기사를 썼다. 미국의 이라크 점령, 팔레스타인 점령지에서 일어난 피의 인티파다(이스라엘 점령에 대한 팔레스타인인들의 저항운동), 그리고 레바논에 만연된 폭발 직전의 불만에 관한 것이었다.[4] 허시의 기사에는 나스랄라와의 인터뷰도 포함되었는데, 정보 면에서도 유익했고 거센 분노에 찬 인종차별주의적인 말도 없었다. 《네이션The Nation》의 문학 편집자인 애덤 샤츠가 《뉴욕 서평 The New York Review of Books》에 기고한 서평도 눈에 띄었다. 헤즈볼라에 관한 몇 권의 책을 다룬 이 서평을 위해 그는 2003년 10월에 레바논으로 가서 나스랄라와 인터뷰했다.[5] 이 서평에서 샤츠는 자기의 편견을 반영하는 판단을 내린 경향이 있긴 했지만, 몇 가지 문제에 있어서 헤즈볼라가 지속적으로 잘못 비쳐지고 있다는 나스랄라의 말을 인용했다.[6]

나스랄라에 관해 언급한 사람이 어떤 인물이냐를 놓고 따져볼 때 가장 놀랄 만한 사람은 아마도 에드워드 펙일 것이다. 펙은 전 미국 외교관이자 레이건 정부에서 백악관 대對테러 태스크포스 팀의 부팀장으로 일했던 사람이다. 또한 그는 미국 대표단의 일원으로 2006년 2월에 나스랄라와 만나 면담했다. 펙의 나스랄라에 대한 평가는 미국 공직자의 입에서 나온 말 치고는 특이하게 정중했고, 심지어는 나스랄라에 공감하는 면을 보이기까지 했다. 이전에 그가 하마스와 파타 지도자들을 만나서 받은 인상과는 사뭇 대조적이었다.

나스랄라와의 만남은 무척 흥미로웠습니다. 팔레스타인 국회의원 선거 전후로(2006년 1월) 우리는 이미 하마스 지도자들과 파타 지도자들을 만나봤지만, 나스랄라의 논지는 매우 명쾌하더군요. 전 미국 외교관들인 우리와 대화하면서 나타낸 그의 관심은 어떻게 하면 자기 나라를 외압에서 해방하고, 몇 십 년간 겪은 고통을 딛고 국가를 재건하느냐 하는 것이었습니다.

그의 설명은 매우 논리 정연하고 합리적이더군요. 소리를 지르거나 억지를 쓰지도 않았습니다. 고등교육을 받은 지식인답게 자기가 중요하다고 생각하는 문제들을 이야기했습니다. 아주 흥미로운 사실은, 미국에서는 그가 피를 뒤집어 쓴 미치광이처럼 그려지지만 그는 절대 그런 사람이 아니라는 겁니다. 어디에나 실제로 그런 미치광이가 있기도 하지만요.[7]

직접 나스랄라를 만나본 다음 우리는 펙이 받은 인상에 공감했다. 그는 무척 논리적이고 사려 깊은 사람이었으며, 감정적인 제스처를 보이거나 과장된 표현을 쓰지도 않았다. 그런 그의 성품은 헤즈볼라의 역할과 레바논에서의 정치활동을 설명하고 옹호할 때 가장 돋보였다.

2006년 5월 11일, 나는 노엄 촘스키와 캐롤 촘스키, 아이린 겐지어와 함께 베이루트의 남쪽 외곽 다히에에 있는 경계가 삼엄한 헤즈볼라 본부에서 나스랄라를 만났다. 하지만 몇 주 후면 그곳은 이스라엘군의 폭격을 받아 잿더미로 변할 운명이었다. 나스랄라의 집무실이 있는 건물 입구와 그 주변의 경비는 무척 삼엄했다. 있는 둥 마는 둥 하는 이 도시 다른 지역의 경비태세와는 전혀 다른 풍경이었다.

나스랄라는 남자에게는 악수로 여자에게는 미소로 우리를 따뜻하게 맞아주었다. 머리에는 터번을 두르고 짧은 제복 상의를 걸친 전형적인 시아파 성직자의 옷차림이었다. 그는 자기가 두른 터번 색깔(검은색)이 선지자의 후예로 간주되는 사람의 시각적인 상징이고, 시아파 사회가 검은색 터번을 두른 사람에게 기대하는 역할이 있다고 알려주었다. 잘 모르는 외국인에게 그런 사실을 설명해주는 것이 기쁘다는 듯 친근한 태도였다.

나스랄라와의 만남은 두 시간 반가량 이어졌다. 처음에는 여러 가지 일반적인 주제로 대화를 시작했고, 가끔씩은 사소한 이야기도 나누다가 끝 무렵에는 이 지역 문제에 대한 구체적이고 의미 깊은 대화가 이어졌다. 이라크와 팔레스타인에서 벌어지는 사건들부터 천천히 이야기를 풀어간 다음 레바논 남부와 레바논 전반에 걸친 상황에 이르자 대화는 그 문제로 집중되었다. 우리는 그의 견해를 듣고 싶어 많은 질문을 했다.

우리는 나스랄라에게서 이란을 비판하는 말을 들으리라고 기대하지 않았고, 실제로도 그런 말은 전혀 듣지 못했다. 이라크 문제를 이야기할 때는 '아야톨라 시스타니(1930~, 이라크의 시아파 종교지도자)와 무크타다 알 사드르(1974~, 이라크 시아파 급진 세력의 지도자) 간의 이견은 현명한 70대 노인과 혈기 넘치는 30대 젊은이의 의견 차이와 같은 것'이라는 말로 시아파 간의 갈등에서 어느 한쪽 편을 들지 않으려는 입장을 보였다.

우리는 아제르바이잔과 이란의 후제스탄을 비롯한 석유매장 지역에서의 분리주의 운동에 대한 전망도 물었다. 후제스탄에서 나타난 '아와지 자유운동'에 대한 일부 보도의 예도 들었다. 나스랄라는 이란의 다른 소수민과 마찬가지로 아와지도 잘 통합되어 있고 군과 정부에도 그들의 의견이 잘 반영된다는 말로 그런 전망을 일축했다.

미국이 이란을 공격할 가능성이나 무력으로 이란 정권을 교체하려는 움직임이 있다는 시각에 대해서도 물었다. 나스랄라는 그런 가능성을 점치는 것은 심각한 계산착오라고 답했다.

"우리 모두는 미국이 이라크를 침공해 일으킨 혼란과 파괴를 보았습니다. 후세인 정부는 비교적 무너뜨리기도 쉬웠어요. 하지만 이란을 침공하는 것은 말할 것도 없고 이란 정부를 전복시키기는 훨씬 더 어려울 겁니다. 이란 상황은 이라크와는 전적으로 달라요. 후세인의 정부와 군대는 이라크 사람들을 압제하기 위한 도구에 불과했지만 이란 사람들은 이란이슬람공화국을 지지합니다."

나스랄라는 헤즈볼라가 이란이나 시리아와 좋은 관계를 유지하고 있다는 사실을 인정했지만, 의사결정에 있어서 헤즈볼라가 독립성을 유지하고 있다고 주장했다. 우리는 굳이 헤즈볼라가 이란의 경제적인 지원을 받고 있다는 것을 내세워 그 독립성의 정도를 추궁하지는 않았다. 1996년에 이미 데이비드 가드너는 이런 기사를 썼다. "헤즈볼라는 서아프리카 지역 레바논계 시아파와 걸프 지역 시아파들이 내는 기부금, 그리고 이슬람교도의 십일조로 상당 부분 독자적으로 운영해왔다." 가드너는 계속해서 이렇게 적었다. "사원, 병원, 학교, 연구센터까지 갖추어 1억 달러의 가치가 있는 다히에의 헤즈볼라 본부는 쿠웨이트의 부유한 시아파가 지원한 것이다. 서방의 정보망은 이란에서 들어오는 돈이 1년에 6000만 달러로 추정된다고 했지만 헤즈볼라 내부자는 이란에서의 지원이 1년에 4000만 달러를 넘지는 않는다고 밝혔다."[8]

헤즈볼라가 이란과 영합하고 있다는 혐의는 끊이지 않았고, 이는 주로 '새로운 중동'을 창조하려는 무모한 계획을 추구한 미국 정부의 추궁이었다.[9] 하지만 헤즈볼라 지도부는 계속해서 이런 혐의를 부정해왔다. 나스랄라와 만난 지 며칠 뒤에 헤즈볼라 부지도자 나임 카셈은 한 인터뷰에서 "헤즈볼라는 레바논 외부에서 벌어지는 어떤 전쟁에도 개입하지 않을 것"임을 다시 천명했고, 반복해서 "헤즈볼라는 공격에 대한 방어를 하려는 것"이라고 강조했다. 그리고 다시 한 번 "헤즈볼라는 이란의 도구가 아니고, 레바논의 요구를 실행하는 레바논 프로젝트"라고 주장했다.[10]

이런 문제에 관해 더 해두고 싶은 말은 오랫동안 헤즈볼라를 주시하던 이들이 이 집단을 이란의 대리군으로 그리려던 시도를 포기했다는 것이다. 몇 년 동안 헤즈볼라를 연구해온 베이루트의 정치학자 아말 사드 고라옙은 헤즈볼라가 "외국 권력이 자기의 군사전략을 좌지우지하도록 내버려둔 적이 없다"고 했다.[11] 뉴욕 시립대학교의 역사학 교수이자 이란 문제 전문가인 에르반드 아브라하미안도 "헤즈볼라 지도자는 다른 곳에서 명령을 받을 성격이 아니다"라고 못 박았다.[12]

이란에서는 오랫동안 개혁파와 보수파 간의 싸움이 있어왔고 지금 보수 집단이 다시 권력을 장악했다. 우리는 그 문제는 논의하지 않았다. 나스랄라는 이란이라는 나라는 몇 번이나 언급했지만 이란 정부나 야당의 구체적인 인물이나 파벌을 비교하지는 않았다. 이번 만남에서 논의하지 않은 또 다른 문제는 알 카에다와 탈레반 문제였다. 그러나 1998년 데이비드 가드너와의 인터뷰에서 나스랄라는 그 두 집단의 활동에 강한 반대를 표명했고, 이 지역의 현대화와 민주회를 이끌 대안으로 이란이슬람공화국을 제시했었다. 당시 그는

"많은 모델이 있습니다. 그중에는 탈레반처럼 아주 위험한 것도 있죠" 하고 말했다.[13] 2006년 2월 데이비드 이그네이셔스와의 인터뷰에서도 나스랄라는 헤즈볼라가 이라크에서 수니파와 시아파 간의 분쟁을 부채질하는 알 카에다와는 다른 조직이라고 확실하게 선을 그었다. 그 인터뷰에서 그는 "내가 믿기로 우리가 직면하고 있는 가장 위험한 일은 소위 자르카위 현상(알 카에다 지도자로 알려진 자르카위에 대한 구체적 정보 없이 유언비어만 난무하고 테러의 주범으로 몰아가는 현상)입니다. 이것은 어떤 책임감도 없이 무조건 죽이자는 주의죠. 여자도 죽이고, 어린아이도 죽이고, 사원, 교회, 학교, 식당을 공격하자는 주의 말입니다" 하고 말했다.[14] 이스라엘에 대한 저항활동에서도 시아파 조직인 헤즈볼라가 수니파 하마스와 팔레스타인인과도 연대하여 활동하고 있는 점을 나스랄라는 곧잘 언급했다. 예를 들면 이스라엘과 포로교환 협상을 할 때도 헤즈볼라는 레바논인과 팔레스타인인 억류자를 모두 포함해 협상했다. 2004년 1월에도 그랬고, 2006년 7월 12일에 헤즈볼라 전사들이 이스라엘 부대를 공격해 이스라엘 병사 둘을 납치하고 협상을 벌일 때도 이스라엘에 붙들려 있는 레바논인과 팔레스타인인 모두와 교환하겠다고 했다.

팔레스타인 문제로 넘어가서, 우리는 가자와 서안 지구에서 최근에 일어난 일과 더불어 하마스와 이스라엘 간의 교착 상태에 관해서 질문했다. 나스랄라는 "팔레스타인의 상황이 견디기 힘든 지경이라면 우리는 우리가 할 수 있는 만큼, 그리고 팔레스타인이 우리에게 도움을 원하는 만큼 도울 것입니다" 하고 대답했다. 그리고 나스랄라는 딱 잘라서 이렇게 말했다.

하지만 우리의 전투는 레바논 국경에서 멈춥니다. 팔레스타인 형제와 이스라엘 정부가 어떤 협상 결과를 도출하건 그것은 그들의 책임이며 우리는 그 뜻에 따를 것입니다. 그 협상 내용이 우리가 바라던 바가 아니라도 마찬가지입니다.

헤즈볼라가 몇 년 동안 레바논과 전 세계 사람들을 향해 천명한 입장이 바로 그것이다. 그런 예로 2003년에 이스라엘과 팔레스타인 간에 이루어진 협상에 관해 시모어 허시가 그의 의견을 물었을 때 나스랄라는 이렇게 답했다.

"다른 사람과 마찬가지로, 나 역시도 지금 이 일이 옳은지 그른지 생각은 해볼 것입니다. …… 내가 다른 판단을 내릴 수도 있겠지요. 하지만 결국엔 그 누구도 팔레스타인을 대신해 전쟁에 나설 수는 없습니다. 그것이 팔레스타인인이 동의하는 일이 아니라도 어쩔 수 없어요."[15]

애덤 샤츠와의 인터뷰에서도 그는 '이스라엘과 팔레스타인이라는 두 국가 공존'이라는 해결방안에 동의할 준비가 되었느냐는 질문을 받자 팔레스타인 문제에 끼어들 생각은 없다고 대답했다.[16]

이날 우리는 나스랄라를 만나기 앞서 베이루트 남부 외곽에 있는 사브라 샤틸라 캠프에서 몇 시간을 보냈다. 1982년 9월의 학살 현장이었다. 만나는 사람들마다 우리를 따뜻하게 환영해주었지만, 가난하고 비위생적인, 너무 많은 사람들이 밀집해 살아가는 캠프의 암울한 환경을 보자니 마음이 언짢았다. 잘사는 베이루트 시내의 번쩍이는 모습과는 너무나 대조적인 풍경이라 도저히 같은 나라라는 생각이 들지 않았다. 우리는 나스랄라에게 레바논 다른 지역이나 난민 캠프에 사는 팔레스타인인을 어떻게 생각하느냐고 물었다.

그는 이렇게 대답했다.

"팔레스타인 난민 캠프는 우리의 수치입니다. 레바논 사람은 자기가 키우는 개도 난민 캠프 같은 비참한 환경에 두지 않을 겁니다. 레바논에 살고 있는 팔레스타인인에게도 레바논에 사는 다른 아랍인이 누리는 권리를 주어야 합니다. 일할 권리, 사회적인 혜택을 받을 권리, 자기 재산을 가질 권리를요."

우리는 팔레스타인 난민을 레바논 사회로 흡수하는 문제에 관해서도 물었다. 그는 레바논의 현 상태(종파별 안배주의)에서는 팔레스타인 난민을 흡수할 수 없다고 답했다. 팔레스타인인에게 레바논 시민권을 줄 수는 없고, 팔레스타인인 그대로 남아야 한다고 했다. 우리는 다시 이스라엘과 팔레스타인 분쟁이 해소될 때까지 난민들을 어떻게 도울 수 있을지 그의 의견을 물었다. 그는 레바논 혼자서 팔레스타인 난민이라는 짐을 다 질 수는 없다고 하면서 다른 아랍 국가들도 나서야 한다고 답했다.

우리는 레바논 내부 문제로 넘어갔다. 나스랄라는 레바논 사람 대부분이 헤즈볼라의 정치적인 활동을 지원한다고 했다. 기독교도이건 이슬람교도이건 레바논인의 거의 75퍼센트가 헤즈볼라를 지지하고 헤즈볼라의 레바논 방어 역할을 인정한다고 했다. 그는 이런 대중적인 지지가 비非시아파를 포함한 것임을 강조했다. (2006년 7월에서 8월까지 이스라엘이 레바논에 공격을 퍼붓고 있던 와중에는 레바논 내에 일치단결하는 분위기가 퍼져 있었다. 2006년 7월 말에 시행된 한 여론조사에서는 레바논인의 87퍼센트가 이스라엘 공격에 대한 헤즈볼라의 저항을 지지한다고 응답했다. 하지만 이것은 외부의 침략에 대한 헤즈볼라의 저항을 지지한다는 것이지, 꼭 헤즈볼라의 정책을 지지한다는 의미는 아니다. 이 문제에 관해서는 전반적으로 레바논 사람들 간에 의견이 분열되는 양상을 보였다. 그보다 5개월 앞서 시행된 비슷한 조사에서는 레바논인의 58퍼센트가 헤즈볼라의 무장권리를 지지했으며, 그들이 저항활동을 계속해야 한다고 답했다.)[17] 나스랄라는 이스라엘 점령에 대한 헤즈볼라의 저항활동이 성공을 거둘 수 있었던 원인은 지역 민간인에 뿌리를 둔 덕택이라고 설명했다. 그는 이츠하크 라빈(이스라엘 전 총리)과 다른 이스라엘 군인들이 "침공할 수는 있으나 점령할 수는 없는 땅"이라고 하면서 레바논 남부를 통제하는 데 따른 어려움을 호소했다고도 했다.[18]

대화를 나누는 중에 민간조직으로서 헤즈볼라와 PLO를 비교하는 말을 직접적으로 하지는 않았지만, 나스랄라는 과거에 상비군 차원에서 무장저항단체를 조직하려 했던 PLO의 시도를 은근히 비난하기도 했다. 1996년, 로버트 피스크와의 인터뷰에서는 나스랄라가 명백하게 둘을 비교하는 말을 했다. 헤즈볼라 게릴라 활동이 성공을 거둔 이유 중 하나는 "헤즈볼라 전사들이 전투에서 돌아오면 레바논 팔레스타인인인들처럼 군 기지나 막사로 가지 않고 고향으로 돌아갔기 때문"이라고 한 것이다.[19] 팔레스타인 운동의 전개과정을 밀접하게 추적했던 파키스탄 저널리스트인 에크발 아마드도 헤즈볼라가 1970년대와 1980년대 초반 레바논에 군대를 주둔했던

PLO와 대조되는 면이 있다는 점에 주목했다. 처음 다히에에 있는 헤즈볼라 본부에 발을 들여놓았을 때 아마드는 무척 놀랐다고 했다.

베이루트에 있던 이전의 PLO 본부나 사무실과는 사뭇 다르게 군복을 입고 무장한 군인은 주변에 몇 명밖에 보이지 않았다. 중동에서 가장 효율적으로 무장한 조직의 요새는 전적으로 민간단체의 외양을 하고 있었다. 정보 면에서나 효율 면에서 안전조치가 원활하게 이루어지고 있음을 암시하는 사실이었다.[20]

두 조직의 차이는 2006년 7~8월 레바논 전쟁 중에도 입증되었다. 1982년 이스라엘이 레바논을 침공했을 때 PLO 군대는 며칠 만에 전세가 소모되어버렸다. 2006년 헤즈볼라 전사들은 34일 동안 전투를 치렀다. 1982년에 이스라엘군은 6월 6일에 공격을 시작하여 무장차량을 동원해 순식간에 리타니 강에 도달했고, 이어서 재빨리 베이루트를 향해 밀고 올라갔다. 2006년에는 이스라엘군이 전쟁 마지막 이틀 동안 3만이라는 막대한 수의 군사를 동원하여 지상 작전을 펼쳤지만 견고하게 막아서는 게릴라들에 의해 옴짝달싹 못한 채 리타니 강에 닿지도 못했다. 그 이틀 동안 33명의 병사가 목숨을 잃었다(전체 34일간의 전쟁 중 전사자 수는 모두 119명이었다).[21]

우리는 나스랄라에게 레바논 내부상황을 어떻게 보느냐고 물었다. 그는 선거제도와 국가기관을 개혁해야 한다고 대답했다. 기독교도이건 이슬람교도이건 모든 레바논 국민이 정부가 제공하는 혜

택을 골고루, 공정하게 받을 수 있도록 개혁이 필요하다고 했다. 하지만 나스랄라를 비롯한 헤즈볼라 지도자들은 레바논에 이슬람공화국을 세우려 한다는 비난을 받고 있다. 1980년대 헤즈볼라 초기 시절의 성명과 글에 근거를 둔 이런 비난은 오랫동안 끊이질 않고 있다. 당시 헤즈볼라는 이슬람공화국이라는 목표를 공개적으로 밝혔다. 하지만 1990년대부터 헤즈볼라 지도자들은 이런 비난을 잠재우려고 노력하고 있다. 2003년 애덤 샤츠와의 인터뷰에서도 나스랄라는 그런 비난을 단호하게 물리쳤다.

> 우리는 이슬람 국가의 건설이 민중이 압도적으로 원하는 일이라고 믿습니다. 과반을 겨우 넘긴 숫자를 말하는 것이 아니라 그야말로 대다수의 바람이에요. 하지만 이것은 레바논에서 가능한 일이 아니고, 아마도 이런 일은 앞으로도 가능하지 않을 것입니다.[22]

이슬람교의 성격이나 보수주의의 도덕적 코드를 비치지 않고 헤즈볼라는 세속주의당이나 비非시아파당을 비롯한 다른 당들과 사실상의 연대를 구축했다. 정부 내에서 더 큰 세력을 확보하기 위해서였다. 지난 의회선거에 헤즈볼라가 후보자를 내보낼 때 후보자 명단에는 기독교도도 있었다. 헤즈볼라당은 전체 128개 의석 중에서 14석을 차지했다. 중동문제 전문가 찰스 글래스는 나스랄라 지도하에 있는 헤즈볼라의 특징은 변화에 능하고 적응력도 뛰어난 유연성이라고 했다.[23]

우리가 나스랄라에게 마지막으로 한 질문은 헤즈볼라의 무장에 관한 것이었다. 레바논인들이 이 문제로 몇 달 동안이나 논쟁을 벌이고 있는 상황에서 헤즈볼라가 무장을 포기할 수 있느냐고 물었다. 그는 곧바로 그 문제는 이스라엘의 셰바팜스 점령보다 더 넓은 맥락에서 보아야 한다고 말했다. 그가 그런 말을 한 것은, 많은 레바논 사람들이 헤즈볼라가 이스라엘의 셰바팜스 점령을 구실 삼아 무장을 정당화하려 한다고 비난하고 있었기 때문이다. 나스랄라는 더 큰 문제, 더 근본적인 문제는 이스라엘 공격으로부터 어떻게 레바논 땅을 지켜낼 것인가라고 했다. 그는 몇 가지 이스라엘의 공격적인 정책을 들었다. 거의 날마다 이스라엘은 공중과 해상을 통해 레바논 영공과 영해로 레바논을 침공해오고, 레바논 팔레스타인 민병대를 살해하고 있으며, 이스라엘 감옥에 수감된 레바논 억류자들의 석방을 거부하고, 레바논 남부에 묻어놓은 지뢰 지도를 내놓지 않으며, 셰바팜스 점령을 풀지 않는다. 그는 이런 문제들을 해결하지 않고는 더 크고 근본적인 문제들도 해결되지 않는다고 하면서 이것은 레바논 남부를 방어하는 문제만이 아니고 레바논 전체에 관련되는 문제라고 했다. 그는 또한 다음과 같이 '국가방어전략'의 필요성도 언급했다.

우리는 국민대화협의회에서 이 문제를 제기했고, 다른 사람들도 모두 국가방어전략이 필요하다는 것에는 동의했습니다. 일부는 레바논 저항 세력(예를 들면 헤즈볼라의 군사력)이 모두 해산하거나 레바논군으로 통합되어야 한다고 주장했죠.

하지만 레바논군은 규모도 작고 허약합니다. 현재 상황으로 보았을 때 레바논 저항 세력이 모두 레바논군으로 통합되는 순간, 저항에 관한 모든 정보가 미국 정부의 귀에 들어갈 겁니다. 그것은 곧 이스라엘 정부의 귀에도 들어간다는 결론이죠. 그렇게 되면 이스라엘 군사력 앞에 레바논을 통째로 내주는 꼴이 되고 말 것입니다.

나스랄라에게 우리가 나눈 대화를 인용해도 좋은지 물었다. 그는 "그럼요. 제가 한 말은 어떤 일에나 인용해도 좋습니다. 그래도 좋고말고요" 하고 말하며 자기 말이 모두에게 전해지길 원한다고 했다. 시간이 얼마 남지 않아서 나스랄라에게 마지막으로 질문이 있냐고 물었다. 그는 헤즈볼라의 생각을 미국에 전달하기 위한 방법을 알고 싶어 했다.

나스랄라가 촘스키에게 물었다.

"우리보다도 교수님이 미국 사정을 더 잘 알 것입니다. 좀더 공평한 미국 정책을 위해 우리가 할 수 있는 일이 있다면, 우리 상황을 설명할 방도가 있다면, 그 방법이 무엇인지 알고 싶습니다."

촘스키는 이렇게 말하면서 대화를 마쳤다.

"미국 정치가들이 아니라 미국의 대중에게 다가가야 합니다. 전반적으로 미국 대중은 정치가들보다 앞서 갑니다. 종종 대중의 의견이 워싱턴에서 나온 정책들과 갈등을 일으키는 경우도 있죠. 미국 정치가들은 보통 소수의 대표단에 의해 선출

됩니다. 근본적인 문제에 있어서는 거의 같은 생각을 갖고 있는 두 당을 대표하는 사람들에 의해서요. 만일 레바논이 미국 대중에게 정보를 주고, 레바논의 상황을 이해시킬 수 있다면 대중은 정치가들에게 압력을 가하여 극도로 파괴적인 정책의 실행을 막을 수도 있을 것입니다. 미국 내 대중의 압력 없이는 미국 정책이 중대하게 변하는 일은 없을 것입니다."

미국과 이스라엘의 레바논 침략에 대하여

노엄 촘스키

이 글은 베이루트에 본부를 둔 문화·정치 계간지, 《알 아답》 2006년 7-8-9월
호에 아랍어로 실린 것이다. 《알 아답》의 편집장 사마 이드리스의 청탁을 받아 쓴
글로, 영어판은 2006년 8월과 9월에 '지넷Znet'을 비롯한 여러 웹사이트에 게시
되었다.

많은 복합적인 요인이 있지만, 최근에 시도된 미국과 이스라엘의 레바논 침공에 관련된 현안 문제는 과거 네 번의 침략 이유와 크게 다르지 않다. 이스라엘과 팔레스타인 간의 갈등이 주된 원인이다. 특히 1982년 미국의 지원을 받은 이스라엘의 레바논 침공은 이스라엘에서는 서안 지구를 차지하기 위한 전쟁이라고 공공연히 얘기됐다. 요컨대 짜증스럽게 외교적 해결을 요구하는 PLO의 입을 막아버리려는 전쟁이었고, 레바논에 꼭두각시 정부를 세우는 것은 이차적인 목표였다. 물론 다른 식으로 해석하는 평론가들도 많다.

2006년 7월의 침략은 물론 실제 상황은 많이 다르지만, 전반적인 면에서는 과거의 틀에서 거의 벗어나지 않았다. 미국의 주류 평론가들은 부시 행정부의 정책을 비판한다면서도 "우리는 이스라엘과 그 이웃국가들 간의 갈등에 언제나 균형잡힌 시각으로 접근해왔고, 협상을 위한 중재자 노릇을 얼마든지 떠맡을 수 있다"며 호의적인 해석으로 일관했다. 그러나 전임 외교관이자 중동전문가이며 대표적인 온건주의자인 에드워드 워커에 따르면, 부시는 유감스럽게도 중립적 자세를 포기하면서 미국에게 커다란 골칫거리를 안겨주었다.[1] 실제 기록도 평론가들의 평가와 무척 다르다. 30여 년간 가끔 약간의 변화가 있기는 했지만 워싱턴은 평화적인 정치적 해결을 일방적으로 방해했다.

미국의 일관된 거부주의rejectionism는 1971년 2월 이집트가 이스라엘에게 완전한 평화조약을 제안한 때까지 거슬러 올라간다. 이때 이집트는 팔레스타인에 대해서 어떤 언급도 하지 않았다. 이스라엘도 이집트의 평화 제안을 받아들이면 안보에 관련된 위협이 종식된다는 것을 알았지만, 이스라엘 정부는 안전을 포기하고 시나이(이집트의 북동 국경)의 북동쪽으로 침투했다. 워싱턴은 이른바 키신저의 '교착 상태stalemate' 원칙, 즉 외교적 타협이 아닌 무력 시위라는 원칙에 따라 이스라엘의 이런 결정을 지지했다. 결국 끔찍한 전쟁을 치러 지역민들에게 8년간이나 엄청난 고통을 안겨준 후에야 워싱턴은 그 지역에서 철수하라는 이집트의 요구를 받아들였다.

그 사이에 팔레스타인은 국제사회의 공론에 뛰어들었고, 1967년 6월 이전의 국경을 기준으로 한 '두 국가'론을 찬성하는 폭넓은 국제적 합의가 이루어졌다. 1975년 12월에는 유엔 안전보장이사회도 아랍권의 인접국가들이 유엔 결의안 242호의 기본 골격을 유지하면서 몇 가지 조항를 덧붙여 제출한 결의안을 심의하기로 합의를 보았다. 하지만 미국이 그 결의안을 거부했고, 이스라엘은 그런 결의안을 제출한 데 대한 보복으로 레바논을 폭격해 나바티예에서 50여 명의 목숨을 앗아간 후 '예방적' 차원의 공격이었다고 주장했다. 결의안의 심의를 위한 유엔 회의를 '예방'하겠다는 뜻이었겠지만, 그 회의는 예정대로 열렸고 이스라엘은 참석 자체를 거부했다.

미국과 이스라엘의 일관된 거부주의에서 유일하게 의미 있는 예외가 있었다면, 2001년 1월 이스라엘과 팔레스타인의 협상가들이 이집트 타바에서 진행한 협상이었다. 당시 협상가들의 노력으로 거의 합의에 이르렀지만, 당시 이스라엘의 국무총리였던 에후드 바락이 예정보다 나흘 앞서 협상을 중단하는 바람에 그간의 노력이 수포로 돌아가고 말았다. 그 후에도 비공식적이었지만 고위층의 협상이 계속돼 2003년 12월 제네바 조약을 체결하기에 이르렀다. 대부분의 국제사회가 제네바 조약의 내용을 환영했지만, 이스라엘은 거부했고 워싱턴은 아예 무시해버렸다. 미국의 언론과 지식인 사회도 마찬가지였다.

협상이 진행되는 동안에도 미국의 지원을 받은 이스라엘의 정착 및 기반시설 확장 프로그램은 착착 진행됐다. 훗날 팔레스타인의 국권을 인정해야 할 경우에 대비해 이스라엘이 '사실상의 지상권'을 요구하기 위한 조치였다. 오슬로 회담에 진행되던 시기에도 이 프로그램은 꾸준히 진행됐고, 클린턴과 바락의 마지막 해인 2000년에 최고조에 달했다. 요즘 들어 이 프로그램은 가자 지구에서의 '철수'와 서안 지구로의 '집중'이라는 말로 미화된다. 서구 사회에서는 에후드 올메르트가 점령지역에서 철수하는 용기있는 결단을 내렸다고 미화되지만 현실은 전혀 다르다.

가자 지구에서 철수하면서 서안 지구를 확장하겠다는 계획이 공공연히 발표됐다. 가자가 이미 황폐한 땅으로 변했기 때문에, 방위군을 대거 동원해 보호하면서까지 수천 명의 이스라엘 정착자를 남겨둘 필요가 없음을 이스라엘의 강경파까지도 인정했다. 따라서 이스라엘 인권단체들의 표현대로 가자가 '세계 최대의 감옥'으로 전락하는 동안, 새로운 정착 프로그램이 시행된 서안 지구와 골란 고원으로 그들을 이주시키는 게 훨씬 현명한 일이었다. 서안으로의 '집중'은 병합과 구획화를 통한 고립정책이라 할 수 있다. 미국의 확실한 지원을 등에 업은 이스라엘은 서안에서 가치 있는 땅을 병합하고, 가장 소중한 자원인 물을 확보하는 데 집중하고 있다. 또한 정착촌과 기반시설을 주도면밀하게 건설하면서 팔레스타인 지역을 발전할 수 없는 구역들로 분할해 서로 직접적으로 왕래할 수 없도록 만들어놓았을 뿐 아니라, 나중에 팔레스타인에게 할애될 예루살렘 일부 지역과도 완전히 차단해놓았다. 이스라엘이 요르단 계곡마저 차지하면, 팔레스타인 땅은 완전히 감옥으로 변해버릴 처지다.

이런 모든 프로그램이 불법이다. 유엔 안전보장이사회의 많은 결의안에 위배된 것이고, 국제사법재판소도 정착촌을 지킨다는 명목으로 건설된 '분리장벽' 전체가 사실상 불법이라고 만장일치로 판결했기 때문이다(미국 출신의 재판관, 토머스 버겐설만이 소수의견을 냈다). 따라서 '집중' 프로그램 전체가 불법이고, 장벽의 80~85퍼센트가 불법이다. 그러나 자칭 초법 국가와 그 속국들에게 그런 사실은 조금도 중요하지 않다.

미국과 이스라엘은 2002년에 아랍연맹^{Arab League}이 선언한 베이루트 제안을 하마스에게 받아들이라고 요구하고 있다. 그 제안은 국제합의에 따라 이스라엘이 철수하면 모든 관계를 정상화하겠다는 것이었다. PLO는 그 제안을 이미 오래전에 받아들였고, 이란의

'초월적 지도자' 아야톨라 하메네이도 공식적으로 그 제안을 받아들였다. 사이드 하산 나스랄라도 그 제안을 팔레스타인 국민이 받아들이면 헤즈볼라가 그런 합의를 방해하지는 않을 거라는 뜻을 분명히 밝혔다. 하마스도 그 제안의 틀 안에서라면 협상할 용의가 있다는 걸 거듭해서 밝혀왔다.

그런데 엉뚱하게도, 《뉴욕타임스》의 논설위원들은 하마스 지도자들에게 베이루트 평화 제안의 공식적인 인정을 "현실 세계에 들어가는 입장권, 즉 무법을 일삼던 저항 집단에서 합법한 정부로 성장하는 데 반드시 거처야 할 통과의례로 생각해야 한다"고 훈수했다.[2] 다른 지식인들과 마찬가지로, 《뉴욕타임스》의 논설위원들도 이 제안을 단호히 거부하는 것이 이스라엘과 미국이라는 사실은 언급하지 않았다. 관련된 당사자들 중에서 미국과 이스라엘만이 거부하는 셈이다. 게다가 두 나라는 그 제안을 거부한다는 것을 말로 하는 데 그치지 않고 행동으로까지 드러냈다. 이쯤 되면, 누가 무법을 일삼는 저항 집단이고, 누가 그런 집단을 옹호하는지 충분히 짐작할 수 있을 것이다. 그러나 그런 결론은 지식인 사회에서 언급되지 않았고, 농담으로도 거론되지 않았다.

파멸에 직면한 팔레스타인 국민이 유일하게 의지할 곳은 헤즈볼라뿐이다. 이런 이유만으로도 헤즈볼라는 당연히 분쇄하고 힘을 빼놓아야 할 적이다. PLO가 1982년 레바논에서 쫓겨날 때와 다를 바가 없다. 그러나 헤즈볼라는 레바논 사회에 완전히 뿌리내려 절멸시키기란 불가능하다. 따라서 레바논 자체를 파괴해버려야 한다는 결론이 내려진다. 그렇게 레바논에 근거를 둔 방해 세력을 제거할

키암 수용소 - 2006년 이스라엘의 폭격으로 파괴된 독방 감옥 (아스 사피르)

때 미국과 이스라엘이 얻는 이익은 이란에 대한 위협의 강도를 더욱 높일 수 있다는 것이다. 그러나 그 어떤 것도 계획대로 진행되지 않았다. 이라크는 물론 다른 곳에서도 부시 행정부의 정책결정자들은 재앙을 불러일으켰고, 그 뒤를 봐주던 이익집단에게도 큰 손해를 끼쳤다. 부시 행정부가 이라크를 침략하기 전부터 미국의 대외정책 전문가들에게 유례없이 비난을 받은 주된 이유가 여기에 있다.

그 배경에는 지배 이데올로기의 '안정stability'이라는 것을 확보하려는 집요한 욕심이 도사리고 있다. 이를테면, 안정은 순종을 뜻한다. 명령을 따르지 않는 국가, 세속적 민족주의자, 통제권 밖에 있는 이슬람주의자 등이 안정을 해치는 불순분자들이다. 반면에 사우디 왕국은 군주국이지만 미국의 가장 오래된 동맹인 동시에 가장 소중한 우방이므로 괜찮다. 안정을 해치는 세력이 다른 집단에게 매력적으로 보이면 특히 위험하다. '바이러스'처럼 다른 집단에게도 못된 의식을 전파하기 때문에 그들은 하루빨리 박멸해야 할 대상이다. 따라서 충성스런 꼭두각시 국가들을 앞세워 안정을 도모해야 한다. 1967년 이후로 이스라엘이 다른 '변두리' 국가들과 더불어 그 역할을 해줄 수 있으리라 기대됐다. 그 후로 이스라엘은 미국의 해외 군사기지와 첨단과학 실험실이 됐다. 1971년과 그 이후 이스라엘이 안전한 길을 거부하고 확장정책을 선택한 것은 당연한 결과였다. 이런 정책은 국가권력을 쥔 사람들 사이에서 논의의 대상조차 되지 않는 당연한 것이다. 이런 정책은 전 세계에 적용되고, 특히 중동에서는 더 큰 중요성을 갖는다. 제2차 세계대전 이후로 미국 대외정책의 주요 원칙 중 하나, 즉 지난 60년 동안 '전략적 힘의 근원'이며 '세계사에서 가장 큰 물질적 보상 중 하나'로 여겨진 중동의 에너지원을 장악해야 한다는 원칙 때문이다.[3]

2006년 7월의 레바논 침략은 국경 부근에서 이스라엘 군인 둘이 피랍된 사건에 대한 이스라엘의 정당한 보복이라는 게 서구 사회의 일반적인 해석이다. 하지만 이런 해석은 기만에 불과하다. 미국과 이스라엘 및 서구 국가들은 레바논 군인의 피랍에는 이의를 제기하지 않는다. 심지어 민간인을 납치하고 민간인을 학살하는 훨씬 중대한 범죄에도 함구한다. 이스라엘은 레바논에서 오랫동안 그런 짓을 자행했지만, 누구도 이스라엘을 침략해서 대대적으로 파괴해야 한다고 주장하지 않았다. 팔레스타인 민병대가 지난 6월 25일 이스라엘 군인 길라드 샬리트를 납치한 후에 이스라엘이 팔레스타인 사람들에게 폭력을 휘둘렀을 때 서구의 냉소주의는 극명하게 드러났다. 모두가 분노를 터뜨리며, 이스라엘이 가자 지구에 가한 살인적 공격을 지지했다. 사상자의 수에서 폭력이 어느 정도였는지 짐작해 볼 수 있다. 6월에 36명의 팔레스타인 민간인이 가자 지구에서 살해되었고, 7월에는 사망자 수가 4배를 넘어 170명에 달했으며, 어린아이 수십 명도 목숨을 잃었다. 더구나 길라드 샬리트의 피랍이 6월 24일 가자 시민인 무아마르 형제를 이스라엘이 납치한 사건에 대한 보복이었던 것으로 명백히 증명되면서, 분노를 터뜨리던 서구 사회는 머쓱해지고 말았다. 두 형제는 재판도 받지 못한 채 수많은 다른 팔레스타인 사람들처럼 이스라엘의 감옥으로 사라졌다. 그들 중 대다수는 납치되었거나, 확실하지 않은 혐의로 유죄를 선고받은 민간인이다. 무아마르 형제의 납치 사건은 언론에 간략하게 언급됐지만, '우리 편'이 저지른 그런 범죄는 정당한 행위로 여겨지기 때문에 별다른 반응이 없었다. 만약 그 범죄가 이스라엘을 향한 살인적 공격을 정당화할 수 있다고 누군가 주장했다면, 그런 생각은 나치즘의 부활로 여겨졌을 것이다.

이런 차이는 역사적으로 흔히 있던 일이다. 투키디데스의 교훈을 쉽게 바꿔 말하면, "강한 나라는 뭐든 할 수 있는 자격이 있지만, 약한 나라는 고통 받아야 하기 때문에 고통 받는 것이다."

제국주의적 사고방식은 의식조차 못할 정도로 서구의 윤리의식과 지적 문화에 깊게 뿌리내려 있다. 우리는 이런 제국주의적 사고방식을 떨쳐내온 진전을 얕보아서는 안 된다. 또한 더 평화롭고 문명화된 세계를 만들기 위해 남북의 사람들이 연대하고 협력하면서 이뤄내야 할 많은 일을 잊어서는 안 된다.

후와이다의 푸른 눈은 왜 빛을 잃었을까

— 베이루트 전쟁일기

하나디 살만

■ **하나디 살만**Hanady Salman

레바논 일간지 《아스 사피르》 편집장. 1968년에 베이루트에서
태어났고, 내전으로 레바논을 떠났던 1981년부터 1986년까지
는 프랑스 파리에서 살았다. 베이루트 아메리칸 대학에서 정
치학 석사학위를 받았고, 1997년 조지타운 대학에서 아랍 정
치학으로 박사학위를 받았다.

레바논 일간지 《아스 사피르》의 편집장이었던 하나디 살만은 2006년 7월 이스라
엘이 레바논을 침공하자 전쟁일기를 쓰기 시작했다. 이스라엘의 무력 침공과 그로
인한 고통, 레바논 내의 악화되어가는 사회 상황을 알리기 위해서였다. 하나디는
이스라엘군의 손아귀에서 만신창이가 된 사람들, 도시, 건물 사진을 첨부해 자신
의 일기를 하루에 한 번 이상 이메일을 통해 배포했다. 국제적인 도움으로 전쟁이
중단되기를 바라는 마음에서였다. 하나디는 일기를 인터넷 블로그에도 올렸다
(www.worldproutassembly.org/archives/2006/08/from_hanady_in.html).
이 장은 하나디의 일기를 골라 편집한 것이다.

2006년 7월 16일

　이런 메일을 보내도 여러분은 저를 용서해주서야 합니다. 레바논 남부에서 이스라엘군에 의해 목숨을 잃은 아이들의 모습입니다. 아이들 시체가 불에 타 나뒹굴고 있습니다. 여러분의 도움이 필요합니다. 이 사진들은 연합통신에서 나온 것이지만 서방에서 보도되지는 못할 겁니다. 이 사진을 좀더 많은 사람들이 볼 수 있도록 퍼뜨려주세요. 이 사진 속의 사람들은 오늘 아침 그들이 살던 마을 마와힌에서 두 시간 내로 떠나라는 명령을 받았습니다. 하지만 곧 테이르하프라에서 총살되고 말았습니다. 총살을 모면한 사람들은 유엔 기지로 피했지만 거기서도 이들을 받아주지 않았습니다. 1996년 유엔 기지 대피소가 폭격받아 수많은 민간인이 목숨을 잃은 카나 대학살 사건 이후로 유엔은 민간인의 생명을 책임지고 싶지 않은 모양입니다. 바로 몇 분 전에 또다시 이스라엘군은 남부에 있는 알부스탄 마을 사람들에게 당장 집을 떠나라는 명령을 내렸습니다. 이스라엘군을 저렇게 내버려둔다면 저들은 이 학살을 멈추지 않을 겁니다. 두렵습니다. 제발 우리를 도와주십시오.

2006년 7월 17일

이스라엘은 어젯밤 레바논 전역에 최소한 60차례에 걸쳐 폭격을 퍼부었습니다. 북쪽 트리폴리, 동쪽 바알베크, 그리고 베이루트도 폭격받았습니다. 보건부 발표에 따르면 목요일 이후로 민간인 197명이 목숨을 잃었고, 350명이 부상을 입었다고 합니다. 하지만 이것이 최종 수치는 아닙니다. 완전히 연락이 두절된 마을과 도시가 많으니까요. 그곳 사람들과 연락해볼 방법도 없고, 그곳에서 지금 무슨 일이 벌어지는지 알 수도 없는 상황입니다.

어젯밤 남부에서 일어난 일을 보니 기가 막히더군요. 사람들이 한꺼번에 피난길에 올랐습니다. 남쪽 마을에 사는 사람들 수백 명이 떼로 뒤엉켜 베이루트로 향하는 바람에 사이다에서는 엄청난 교통 대란이 일었죠. 아무 데도 갈 곳이 없어 마지막 순간에야 살던 마을을 떠난 사람들입니다.

오늘 아침 베이루트 거리에는 소지품을, 아니 아직 남아 있는 물건을 챙겨 비닐봉지에 담아 든 피난민 행렬이 줄을 이었습니다. 베이루트의 아파트는 사람들로 넘치거나, 방이 있더라도 터무니없이 집세가 비쌉니다. 많은 사람들이 자기 집에 친척이며 친구들을 들였죠. 이 모두는 예상할 수 있는 일입니다. 지금은 전시니까요. 전쟁이 일어나면 사람을 죽이고, 건물을 파괴하고, 살던 집에서 내쫓고, 도시를 봉쇄하고, 기간시설을 파괴하는 행위들이 자행되기 마련입니다.

그러나 제발, 잠시 시간을 내어 이 사진을 다른 시각으로 보아주십시오. 어떤 나라는 레바논 재건을 돕겠다고 했습니다. (고맙습니다.) 사우디아라비아는 5000만 달러의 구조자금을 지원하겠다고 합니다. 지난 수요일과 오늘의 석유가격 차액을 얼른 계산해보아도 그것이 얼마나 '너그러운' 처사인지 당장 감이 오는군요. 더군다나 사우디아라비아는 이스라엘이 무슨 짓을 하건 용인하는 정치적 입장을 견지해오던 나라가 아닌가요.

아니, 제가 하려던 얘기는 이게 아닙니다. 여러분이 이 사진들을 제대로 눈여겨 보신다면 주저앉은 집을, 차를, 상점을 보실 수 있을 겁니다. 엿새 전만 해도 이것들은 실제 누군가의 소유였습니다. 다른 이의 차, 상점, 집이었죠. 집 안에는 어린아이들이 갖고 놀던 장난감이 있었고, 책도, 음악도 있었습니다. 하지만 모두 사라졌습니다. 그것을 보상받을 방법도 없습니다. 어차피 그들은 돌아오지도 못할 겁니다. 오로지 기억만이 남겠죠.

저 폐허로 변한 상점들은 그 사람들이 가진 전부였습니다. 간밤에 불타 버린 항구의 창고에는 누군가가 값을 치른 물건들이 있었습니다. 이제 저들은 가진 게 아무것도 없습니다. 폭격 목표가 된 곳은 레바논에서 가장 가난한 지역이었다는 말을 제가 했던가요? 빈곤에 허덕이던 남베이루트의 슬럼가였습니다.

2006년 7월 17일

오늘 이스라엘 정부는 이 '작전'이 최소한 일주일은 더 지나야 끝날 거라고 했습니다. 사람들은 앞으로 더 끔찍한 일들이 벌어질

카나 - 한 레바논 시민 구조대원이 폐허 속에서 갓난아이를 꺼내고 있다 (로이터)

거라며 두려움에 떨고 있습니다. 외국인이 모두 빠져나가면 이스라엘군은 우리를 더 멋대로 난도질할 거라고 걱정합니다. 오늘도 사람들은 미친 듯 빠져나가고 있습니다. 남부에서 피난 나온 사람들과 사이다를 무사히 빠져나온 사람들은 르메일레 다리가 공습받으면서 떼죽음을 당했습니다. 오늘도 티레는 폭격받아 많은 사람들이 목숨을 잃었지만, 붕괴된 집에 그대로 남아 있는 사람도 많다는군요.

2006년 7월 18일

안녕하세요. 어젯밤도 끔찍한 밤이었지만 그런 일은 이제 우리의 일상이 되어버렸습니다. 사망자 수는 220명에 이르렀고 부상자 수도 850명입니다. 하루 사이에 목숨을 잃은 사람이 100명도 더 됩니다. 남부에 있는 아이타룬이라는 마을에서 대규모 학살이 일어났습니다. 한 가족 14명이 폐허가 된 자기 집에 그대로 묻혀버렸답니다. 간밤에는 군부대 막사도 폭격받았습니다. 연합통신의 보도에 따르면 "간밤에 이스라엘이 레바논 군부대를 폭격해 11명의 레바논 병사가 죽고 35명이 부상을 입었습니다." 화요일에 이스라엘이 베이루트와 레바논 북부에 공격을 재개했다고 합니다. 문제는 레바논 군인들이 전투에 나서지 못한다는 것입니다. 병사들에게 막사에서 나오지 말라는 명령이 내려졌다는데, 거기서 죽음을 기다리라는 뜻인 모양입니다. 군인들이 명령을 받는다면 싸우라든가 아니면 집으로 돌아가라든가 하는 명령이어야 하는 것 아닌가요. 도대체 어찌된 영문인지 알 수가 없습니다.

2006년 7월 19일

오늘로 8일째입니다. 지난 수요일부터 시작된 일인데 엄청난 세월이 흐른 느낌입니다.

간밤에는 잠을 이룰 수 없었습니다. 저들은 언제나 새벽 1시경이면 베이루트 공습을 시작합니다. 하루 24시간, 한 주 7일 내내 공습 서비스가 제공되는 지역도 있죠. 매번 폭격이 있을 때마다 아파트 건물이 흔들리긴 했지만 잠을 못 잔 이유가 폭격 때문만은 아니었습니다.

'베이루트의 잠 못 이루는 밤에' 저는 내일을 생각했습니다. 내일이 꼭 다음 날 아침은 아닙니다. 미래입니다. 집은 폐허 더미로 변했고, 시체가 불에 타 뒹굴고, 가족들은 거리로 내몰렸으며, 도시와 마을은 봉쇄되었고, 사람들은 음식과 물을 구걸합니다……. 그런데 레바논 전력청에서는 전기요금을 받으러 다니는군요!

내일은 과연 어떤 모습일까요? 도대체 이런 일은 무슨 목적으로 일어나는 걸까요? 저들은 테러 행위를 근절하기 위해서라고 말합니다. 왜죠? 테러 행위가 지금 저들이 하고 있는 짓보다 더 나쁜 건가요?

출근하는 길에 근처 공원에서 네 살 난 아이 누르를 만났습니다. 부모와 함께 남베이루트의 우자이 지역에서 피난 온 아이인데 심장 수술을 받았답니다. 아이 아버지는 바람이 잘 통하는 곳을 찾아 공원으로 나왔다고 하더군요. 사람들이 너무 많이 모여 있는 공립학교는 심장병이 있는 아이에게 좋지 않을 것 같았답니다.

"저는 여기서 재밌게 지내고 있어요. 우리는 내내 놀기만 하고 이래라 저래라 하는 사람도 없어요."

아이는 카메라를 보고 웃으며 말하더군요.

신문사로 들어서다 울고 있는 경비원 무사를 만났습니다. 방금 전에 전화로 남부 고향 마을 메이스알자발 소식을 들었는데, 아내가 아이들에게 먹일 음식이 없다고 하더랍니다.

6층에서는 제 사랑하는 동료인 바히아가 전화를 하고 있었습니다. 바히아는 이틀 전에 하다스에 있는 집에 다녀왔습니다. 그런데 이제 그 집이 없어져버렸다고 하는군요. "아이들만 무사하다면……" 하고 말하는 친구의 눈에 눈물이 가득 고여 있었습니다. 어제 레바논-시리아 간 고속도로에서 폭격받은 트럭 네 대는 터키와 아랍에미리트연합국에서 보내온 음식과 의약품을 수송하던 트럭이었다고 AFP 통신사에서 확인해주었습니다. 로이터는 남부지역

마을 셀라가 간밤에 폭격받았다고 보도했습니다. 붕괴된 아파트 건물 잔해 더미에 묻힌 시체 열 구 중에서 다섯 구를 수습했고 나머지는 아직 찾고 있는 중이라고 합니다. 모두 한 가족이랍니다. 살아남은 사람이 없으니 적어도 뒤에 남아 가족을 그리워하며 고통스러워할 이는 없겠군요.

이런 이야기를 더 들려드릴까요? 아직 오전 11시입니다. 베이루트 기독교도들이 사는 지역인 아쉬라피에가 방금 폭격받았다는데 어떻게 되었는지 가봐야겠습니다.

2006년 7월 20일

이스라엘이 레바논을 공격할 때 국제적으로 사용이 금지된 무기를 쓰고 있는 것 같다는 우려들을 하고 있습니다. 하지만 아직 확인된 사실은 없습니다. 사이다에 있는 병원인 남부 메디컬센터에서 흉흉한 소식이 들려왔습니다.

프랑스 심장혈관학회 소속의 의사인 바시르 샴은 병원으로 들어오는 시신들이 매우 비정상적인 모습을 띠고 있다고 설명했습니다. 그런 현상은 특히 두에이르와 르메일레 공습으로 목숨을 잃은 시신에서 두드러진다고 하는군요. 언뜻 보면 화상을 입은 것 같지만 색깔이 진하고 몸이 부풀어올라 있으며 냄새도 몹시 지독하답니다. 반면 머리카락이 타 없어지지도 않았고 몸에 출혈도 없답니다.

샴은 7월 15일에 사이다 근처 르메일레 다리 공습 때 목숨을 잃은 희생자 8명을 검시했습니다. 그는 '출혈 없이 즉시 죽음에 이르게' 만드는 것은 오직 독극물이 든 화학물질밖에 없으며, 부상자 수

보다 사망자 수가 더 많은 것으로 보아 독성분이 무척 강한 물질인 것 같다고 했습니다.

샴은 그 비정상적인 물질이 무엇이든 간에 피부를 뚫고 들어가는 특징이 있거나, 아니면 미사일에 독성가스가 들어 있어 신경계 기능을 마비시키고 혈액을 응고시켰을 가능성도 있다고 했습니다. 이런 독성물질은 2분에서 30분 안에 즉각적으로 죽음에 이르게 만든다고 합니다. 하지만 샴은 이 모두가 추측일 뿐 증명이 불가능하다고 했습니다. 부검으로도 증명할 수 없답니다.

같은 병원의 병원장인 알리 만수르는 시신들을 처리한 후 12시간이 지나서까지도 냄새가 심해 숨을 쉴 수 없을 지경이었다고 했습니다. 그도 지난 월요일에 르메일레에서 들어온 시신 여덟 구 전부 출혈은 없었다고 했습니다.

만수르는 유럽연합 외교안보정책 담당 하비에르 솔라나와 유엔 사무총장 코피 아난에게 그런 사실을 보고했다고 했습니다. 샴은 레바논 의사협회에 나가 그 문제를 논의할 계획이라고 합니다.

2006년 7월 20일

사람들은 점점 더 두려움에 떨고 있습니다. 베이루트는 슬프고, 무섭고, 상처 입은 채 버려졌습니다. 유엔은 어제 아침까지 15만 명(외국인과 다른 나라 국적을 가진 레바논인)이 레바논을 떠났다고 발표했습니다. 금요일이면 대피가 완료될 거랍니다. 오늘은 유별나게 더 조용하네요. 미 해병대는 미국 사람들을 대피시키고 있습니다. 내일이면 이 나라에는 레바논 사람과 이스라엘의 포격만

남겠지요. 토요일쯤이면 베이루트에는 갈 곳이 없는 사람들과 여기 남고자 결심한 몇 사람뿐일 겁니다. 남부나 수도의 남쪽 외곽에서 피난 온 사람들도 있겠군요.

토요일이 되면 어떤 일이 벌어질까요?

방금 전에 친구에게서 전화를 받았습니다. 친구는 무섭다면서 같이 바브다트의 산속으로 숨자고 통사정을 하더군요. 그 친구는 워싱턴에 살면서 유엔에서 일하는 자기 친구가 전화를 걸어와 토요일이면 베이루트가 지옥으로 변할 테니 얼른 여기를 떠나라고 성화였답니다. 이스라엘을 막을 것은 아무것도 없습니다. 이 도시는 그들의 손아귀에 들어갈 것입니다. 나의 도시, 나의 정다운 도시, 내 집은 그들의 전투기와 포격에 무방비 상태입니다. 토요일이면 우리 어린아이들은 이스라엘의 포격 목표가 되고 말 겁니다. 그렇게들 말하고 있습니다.

토요일이면 고립되는 도시와 지역이 많을까 봐 걱정입니다. 아마 저들이 우리에게 폭탄을 떨어뜨리지는 않을 겁니다. 아마 우리를 도시와 마을에 가둬두어 굶주리고 말라비틀어져 죽어가게 만들겠죠. 무슨 일이 일어날지 알 수 없는 것보다도 더 나쁜 건 이스라엘이 무슨 짓을 할지 뻔히 알면서도 저들을 막을 수가 없다는 겁니다.

2006년 7월 21일

여러분 모두에게 고백하건대 저는 이 전쟁에 대해 모든 것이 뒤죽박죽인 이상하고 이해할 수 없는 기분을 느낍니다. 처음 삼사일은 특히나 이상한 기분이 들더군요. 베이루트의 냉방이 된 사무실에 앉아 레바논 남부와 베이루트 남쪽 외곽이 폐허로 변하는 장면을 지켜보았습니다. 아마 여러분이 팔레스타인과 이라크에서 벌어지는 전쟁을 지켜볼 때와 같은 기분일 겁니다. 좌절감이 느껴지고 염려스럽지만, 그들을 위해 해줄 수 있는 일은 많지 않습니다. 순전히 지리적인 이유 때문이지요. 적어도 그것이 자신을 위로할 변명은 됩니다. 하지만 지금 이 일은 불과 몇 킬로미터 떨어진 곳에서 일어나고 있는데, 저는 여기 앉아서 지켜보고만 있습니다.

제가 느끼는 또 다른 이상한 감정도 방금 말한 것과 같은 맥락입니다. 꼭 벌을 받고 있는 심정이에요. 죄의식이죠. 저는 언제나 팔레스타인인에게 죄의식을 느낍니다. 나중에는 이라크인에 대해서도 죄의식이 생겼죠. 그런데 이제 그런 기분이 조금 누그러졌습니다. 저는 팔레스타인인과 이라크인을 껴안고 그들에게 외치고 싶습니다.

"우리도 당신들과 같아요. 당신들과 같은 처지예요. 홀로 남겨졌고, 당신들과 같은 이유로 고통스러워하고 있습니다."

가끔씩은 분노로 울음을 터뜨리기도 합니다. 하지만 대부분의 시간에 저는 그저 '자동 기계'처럼 움직입니다. 아침 6시면 일어나 사무실로 나가 온갖 무시무시한 이야기들을 보고하고, 그런 일에 대해 아무런 감정도 없이 해야 할 일을 하죠. 기사들을 재확인하고, 핵심을 콕 찝은 헤드라인을 뽑고, 최고로 좋은 사진을 선택하고, 가능하면 최대한 프로페셔널하게 일하려고 합니다. 12시간이나 14시간을 그렇게 일하고 나서는 어머니 집에 가서 딸아이를 데리고 와 새벽 1시에 잠자리에 듭니다. 이스라엘군은 1시 10분이면 공습을 시작하죠. 가끔씩은 1시 5분에 공습을 시작하기도 합니다. 제가 침대에 든 시각이죠. 매일 밤 공습이 시작되면 발코니로 달려나가 연기가 어디서 올라오는지 살핍니다. 12층인 우리집에서는 매일 밤 달이 보입니다. 너무나 아름다운 달이죠. 폭탄이 터지면서 생긴 구름 속에 수줍은 듯 숨어 있는 달.

오늘 아침에는 정오까지 집에 있었습니다. 우리 가여운 두 살배기 딸 킨다랑 놀아주었죠. 킨다는 지금 무슨 일이 일어나고 있는지 모릅니다. 계속 사촌들이 어디 있느냐고 묻습니다. 사진을 쳐다보면서 이름을 잊지 않으려는 듯 이름을 되뇌면서요. 킨다에게 사촌들은 지금 산에 가 있어 만날 수 없다고 말해주었습니다. 그런데 킨다는 사촌 아이들에게서 전화가 오자 말을 하지 않겠다고 돌아서버리더군요. 그 아이들이 자기를 버렸다고 생각하나 봅니다. 처음으로 폭격 소리를 들었을 때 킨다는 제 품으로 달려들어 와 불꽃놀이를 하는 거냐고 물었습니다.

"아니야. 이것은 펑펑…… 하하하."

저는 말을 하다말고 웃어버렸습니다. 그래서 지금 킨다는 폭격 소리가 들리면 "펑펑" 하면서 노래를 부르고는 웃습니다.

오늘 제가 집을 나올 때 킨다는 졸려하면서도 잠을 자려고 하지 않았습니다. 한참 후에야 그 이유를 알아냈죠. 킨다는 제 품에서 잠이 들고 싶었던 겁니다. 7월 12일 전에는 킨다가 잘 시간이면 엄마가 어디에도 가지 않고 자기를 무릎에 안고 자장가를 불러주었죠. 지금 열흘째 킨다는 우리 어머니 집에서 유모차에 앉아 잠이 들고 있습니다. 그래야 엄마가 일이 끝나면 와서 자기를 데려갈 수 있다고 생각하는 거죠.

추신 두 가지 : 첫째, 다른 사람의 아이들은 목숨을 잃었거나 먹을 것도 없고 집도 잃어버린 상황인데 제 자식 이야기를 늘어놓고 있는 것이 부끄럽습니다. 하지만 저는 딸아이와 좀더 시간을 함께 해주지 못해 죄책감을 느낍니다. 두 번째로, 제 일기에 답글을 보내오고 있는 이스라엘 사람들에게 하고 싶은 말입니다. 나도 당신들 말에 동의합니다. 우리는 야만적이고, 피 보기를 좋아하고, 감정도 없으며, 희생된 이들의 사진을 즐깁니다. 네, 우리는 희생자 사진을 볼 때마다 파티를 열고 춤을 춥니다. 저는 오로지 글을 쓸 때만 감정이 있는 척하고 한심스럽게 감상적이 됩니다. 다 허풍이에요. 그래, 그렇다고 해두자고요. 서방의 모든 친구들에게도 말합니다. 제가 하는 말은 아무것도 믿지 마세요. 저는 지금 이슬람 근본주의자들의 테러 행위에 동정심을 유발하기 위해서 사악하게 당신을 이용하고 있는 겁니다.

2006년 7월 23일

포탄 소리에 잠이 깼습니다. 라디오와 텔레비전은 밤새도록 켜져 있었습니다. 눈을 뜨자마자 잠든 동안에 놓친 것을 보고 들었죠. 밤사이 사이다가 폭격받았다는군요. 우리 이모 집이 있는 곳입니다. 이스라엘은 북쪽의 악카르와 베이루트의 남쪽 교외도 폭격했습니다. 베카 서쪽 지역에 있는 공장과 동쪽 우리 고향 치메스타도 처음으로 폭격받았습니다. 자리에서 일어나 우리집에 머물고 있는 피난민들을 위해 아침을 준비한 다음 전화를 돌리기 시작했습니다.

요즈음 아침마다 하고 있는 일이죠. (이스라엘군에게 전화선이 살아 있다는 얘기를 해서는 안 됩니다!) 사이다에서부터 시작했습니다. 이모는 아무렇지도 않은 척하면서 폭탄은 집에서 먼 곳에 떨어졌다고 했습니다. 하지만 이모 아들은 폭탄이 집에서 아주 가까운 쇼핑몰에 떨어졌다고 하네요. 북쪽에 사는 친구에게도 전화를 했습니다. 그곳은 아무 일도 없다고 합니다. 베카 서쪽 지역에 사는 친구는 이스라엘 폭격으로 공장이 붕괴되었다는 소식을 전해주었습니다. 가건축물이나 격납고를 제작해 이라크로 수출하는 큰 공장이었죠. 하지만 그게 다가 아니었습니다. 오늘 아침 기적 같은 일이 일어났습니다. 많은 고아들이 살고 있는 알 하나네 고아원을 포탄이 비켜간 것입니다. 그 지역 전체가 폭격받아 아수라장이 되었는데도요. 베카 북쪽이나 서쪽에는 헤즈볼라가 없습니다. 그쪽은 수니파가 모여 사는 지역이니 제가 그런 말을 하지 않아도 다 아는 사실일 겁니다(어쨌거나 그들은 헤즈볼라를 좋아하지 않거든요).

고향 마을에 있는 우리 가족에게도 전화를 했습니다. 우리집 지하실에 지금 40명도 넘는 사람이 대피해 있다고 합니다. 어제 종일 이스라엘 군사들이 마을로 몰려와 사진을 찍고 가더니 새벽에 폭격을 했답니다. 그들은 우리 할아버지, 숙부들, 사촌들이 잠들어 있는 묘지도 폭격했답니다. 사촌은 병환이 깊은 할머니 상태가 지금 몹시 나쁘다고 전해주었습니다. 연세가 아흔이나 된 할머니는 지금 사흘째 아무도 알아보지 못하고 무슨 일이 벌어지는지도 모른답니다. 만일 지금 할머니가 돌아가신다면 장례식에도 참여하지 못할 판입니다. 거기까지 갈 길도 없거든요. 하지만 지금 돌아가신다면,

그래도 젊은 사람이고 어린아이고 할 것 없이 모두가 죽어가는 마당이니 가슴이 덜 아플 것 같네요. (7월 22일 토요일까지 170명의 어린이가 목숨을 잃었다고 합니다.)

그다음으로 산속으로 피난을 간 언니에게 전화를 걸었습니다. 모두들 무사하답니다. 마지막으로는 시리아에 가 있는 올케에게 전화를 걸었습니다. 시누이의 어머니는 시리아인입니다. 그들은 지금 다마스쿠스보다 레바논 국경에 더 가까운 마을인 블루단에 머물고 있습니다. 올케는 밤새 바알베크와 베카 지역에서 폭격 소리가 들려왔다고 했습니다.

하나디의 이상한 생각 : 제 이상한 생각들을 몇 가지 더 이야기하려고 합니다. 이 전쟁이 시작된 후로 줄곧 이런 정신 나간 생각을 합니다. 저는 하루 24시간, 주 7일을 정신없이 바쁘게 지내면서 다른 생각에 빠져 있을 시간을 없애버리려고 애쓰죠. 하지만 가끔씩은 저도 어쩔 수 없는 순간이 있습니다. 샤워를 할 때나 잠자리에 들 때가 특히 그렇습니다. 저도 모르게 이상한 생각에 빠져버리고 마니까요. 그런 생각을 하지 않으려고 애쓰지만 생각이 머릿속에 달라붙어 떨어지질 않습니다. 정말 싫은 생각들입니다.

어제는 제가 완전히 미친 줄 알았습니다. 마음 한구석에서 이 일이 모두 끝나면 무슨 일이 벌어질까 두려워하고 있는 저 자신을 보았기 때문이죠. 그때면 무슨 일이 벌어질까요?

우리는 죽은 사람들, 부상자들, 폐허 더미, 피난민, 질병, 가진 것을 전부 잃어버린 불행한 사람들 속에 남겨질 것입니다. 모든 것이 파괴되어버린 채 길도 없고, 전화도 없고, 물도 없고, 전기도 없이

요(전기는 얼마나 지나야 복구될까요?). 거기다 정부는 부패하고 무능한 채로.

그때면 지금 우리에게 집중되고 있는 관심마저도 사라져버릴 겁니다. 세계의 관심을 얻기 위해서는 범죄도 극악해야 합니다. 분쟁과 고통의 시간 중에도 우리가 서로에게 얼마나 무관심한지 보십시오. 우리를 흔들어 정신 차리게 하려면 르완다에서 일어난 학살과 같은 대참극이 필요할 겁니다. 지금 아프리카를 기억하고 있는 사람이 얼마나 있습니까?

다시 현실 이야기로 돌아오자면 문제는 이 모든 파괴행위가 너무 순식간에 일어났다는 것입니다. (고효능 무기를 개발하려고 애쓴 모든 과학자들에게 축하의 말을 올립니다. 그들은 누구도 감사해하지 않을 일을 정말 멋지게 해냈습니다.) 이 일이 모두 끝났을 때 우리가 목숨을 부지하고나 있을까요? 우리 고향 마을과 연락할 방법도 없을 겁니다. 정신 차릴 겨를도 없이 일이 벌어지고, 모든 상황이 그대로 보도되는 것이 무슨 영화를 보는 것처럼 현실감 없게 느껴집니다. 이 일이 모두 실제상황이라는 것이 믿겨지지가 않습니다. 이게 무슨 증상이죠? 현실 부정?

제 과거 이야기를 해보자면, 제 이런 정신 나간 감정과 생각을 설명해줄 만한 기억이 있습니다. 저는 지금 서른여덟 살인데, 일곱 살 때 전쟁을 처음으로 경험했죠. 그리고 1982년 이스라엘이 레바논을 침공했을 때는 열네 살이었습니다. 폐허로 변한 마을, 무참히 변을 당한 사람들, 타오르는 불길, 죽은 사람들과 부상자들을 다 보았습니다. 그 장면들과 흡사한 눈앞의 이 모습들이 저를 다시 그 시

카나 – 죽은 아이를 안고 있는 남자 (로이터)

간으로 데려가고, 지금 일어나고 있는 일이 아니라는 생각을 하게 만드는 겁니다. 지금 이 장면은 그 옛날 전쟁이 끝나고 다시 짓지 못한 옛날 집들 사진이라는 착각에 빠집니다. 저 자신에게 그렇게 말하고 있습니다. 그럴 수밖에 없거든요. 저는 이것이 지금 여기서 실제로 일어나고 있는 일이라는 사실을 깨닫게 되는 순간이 두렵습니다. 그렇게 되면 저는 말 그대로 폭발하고 말 것 같거든요.

12일 전만 해도 우리가 전쟁 말고 다른 기사를 다루었다는 사실을 믿기 어렵습니다. 그때는, 이혼 후에 자녀양육권이 아버지에게 돌아가는 가족법을 개정하자는 소규모 캠페인을 담당한 두 기자와 회의를 했죠. 외국인과 결혼한 레바논 여성의 자녀에게도 레바논 국적을 주어야 한다는 운동을 취재한 두 기자와도 최종 회의를 앞두고 있었습니다.

2006년 7월 24일

후와이다는 실제로 보면 훨씬 더 예쁜 아이입니다. 저들이 이 아이에게 저지른 짓에도 불구하고 말이지요. 다치지 않은 초록빛 왼쪽 눈은 슬퍼 보이면서도 아름답습니다. 오른쪽 눈에서 목 아래까지 길게 이어지는 흉터는 눈빛만큼이나 깊습니다.

침대에 조용히 앉아 있는 아이 모습이 자그마합니다. 너무나 자그마한 아이입니다. 아이 이모가 아이에게 뭘 좀 먹여보려고 애쓰고 있었습니다. 젤리, 커스터드, 치즈, 초콜릿, 갓 짠 오렌지 주스 등 쟁반에는 아이가 먹고 싶어 하는 것이 한가득이었습니다.

하지만 아이는 제 동료가 갖다 준 책을 보았을 때만 잠깐 눈빛이 반짝이고 말았습니다. 하나만 남은 눈에.

후와이다는 파트마와 한 병실을 쓰고 있습니다. 파트마는 그나마 운이 좋은 편입니다. 옆에 엄마와 동생도 함께 있으니까요. 하지만 그들도 다쳐서 바로 옆 병실에 입원해 있습니다. 층은 다르지만 가족 전부가 이 병원에 있습니다. 하지만 후와이다의 부모는 여기 없습니다. 아빠, 언니 아블라 그리고 오빠 아마드는 이스라엘군이 사냥을 나왔을 때 남부 마르자윤에 있는 자기 집 뜰에 있다가 변을 당했습니다. 후와이다는 엄마와 다른 언니와 함께 집 안에 있어 목숨을 건질 수 있었죠. 누가 후와이다를 베이루트로 데려왔는지는 모릅니다. 아마 지금 함께 있는 이모가 데려왔을 테지요. 후와이다의 엄마와 언니는 서베카에 있는 병원으로 후송되었습니다. 아무도 후와이다에게 무슨 일이 있었는지 설명해주지 못하고 있습니다. 아이는 엄마와 전화로 얘기를 나누는 동안 계속해서 오빠 아마드는 어디 있느냐고 물었습니다. 아마드는 동생을 남겨두고 이 세상을 떠나버렸지만 후와이다는 아직 그런 사실을 모르거든요.

아이는 붕대가 감긴 손에 작은 샌드위치를 들고 있지만 먹지 않겠다고 했습니다. 마음이 다른 곳에 가 있는 아이의 눈은, 하나밖에 남지 않은 아이의 눈 너무나 깊어 보여서 도저히 일곱 살짜리 아이의 눈이라는 생각이 들지 않았습니다. 꼭 노인의 눈 같았습니다. 현명하고 경험이 많은. 다른 사람은 생각조차 해보지 못한 일들을 겪은 사람의 눈 말입니다.

파트마의 눈에 담긴 표정도 후와이다와 같았습니다. 파트마는 오늘 열두 살이 되었습니다. 우리는 케이크를 가져왔습니다. 초를 함께 가져왔지만 파트마의 폐에 나쁠 것 같아 불을 붙이지는 못했습니다. 파트마는 온몸에 화상을 입었습니다. 가족 모두가 블리다에서 티레로 피난을 가다 차 안에서 공격을 받았답니다. 모두들 재빨리 마을을 떠나라는 이스라엘군 말을 믿었죠. 하지만 그렇게 순진해서는 안 되었습니다. 피난을 가든 가지 않든 어디든 쫓아와 총격할 거라는 사실을 알았어야 했던 거죠.

현명함은 눈에만 담긴 것이 아니었습니다. 두 아이가 우리를 대하는 태도도 현명했습니다. 우리가 생각 없이 가져간 저 케이크를, 선물을, 우리의 거짓된 미소를 대하는 태도도 다 현명했습니다. 마치 아무 일도 없는 것처럼 행동하는 우리를 부끄럽게 만듭니다. 슬픕니다. 이런 일을 표현하기에 더 나은 말을 찾을 길이 없습니다. 슬픕니다. 너무나도 슬퍼서 가슴이 아립니다. 우리의 믿음도 흔들리고 맙니다.

2006년 7월 25일

오늘 유엔 평화유지군이 남부 여러 마을에서 민간인을 대피시켰습니다. 하지만 서구 나라 국적을 가진 사람들뿐이었습니다. 레바논 여권을 가진 사람들이 자기도 데려가 달라고 유엔군에게 사정해 봤지만 소용없었습니다. 그들은 거기서 그냥 죽도록 방치되었죠.

여러분 나라의 신문에도 그런 기사가 났던가요? 레바논을 돌아보러 온 유엔 인권사절이 피난민에게 아주 거만한 어조로 연설을 늘어놓았다는 얘기요. 부드럽고 자애로운 모습을 보이려고 애쓰면서도 자기와는 다른 종족을 보는 듯한 눈빛을 감추지 못했죠. 오늘 목숨을 잃은 사람들이 1년 동안 번 돈보다도 훨씬 더 많은 돈을 월급으로 받고 있는 그 사절이 우리나라의 인권 상황을 돕기 위해 겨우 1억 5000만 달러가 필요하다는 결론을 내렸다는 얘기도 들었나요? 그 사람은 키프로스(지중해 동부에 있는 섬나라)에 당도하자마자 이 모든 일이 헤즈볼라 때문에 벌어졌다고 했다지요.

그들이 우리는 거지가 아니라는 얘기는 하던가요? 우리는 자선을 바라는 것이 아니란 얘기도 해주던가요? 우리 역시 먹고살기 위해 일을 하고 있었다는 얘기는요? 우리가 갖고 있던 것이 무엇이건 그것은 우리 힘으로 마련한 것이었다는 사실도요. 우리도 땀 흘려 일하고, 노래 부르고, 책을 읽고, 공부하고, 숨 쉬고, 사랑하고, 증오하면서 살았다는 것을요.

후와이다의 이모는 거지가 아닙니다. 그녀는 온몸에 상처를 입은 조카와 단 둘이 베이루트 병원에 남겨졌습니다. 4일 전에는 그녀도 집을 갖고 있었고, 가족이 있었습니다. 4일 전에는 그녀에게도 삶이 있었습니다. 어제, 필요한 사람에게 주라고 롤라가 제게 맡긴 100달러를 후와이다의 이모에게 주자 그녀가 너무 슬프게 울어서 저는 죽고 싶은 심정이었습니다.

인간의 존엄성. 이것은 바로 그런 문제입니다.

2006년 7월 27일

어제는 특히나 더 힘든 하루였습니다. 저는 완전히 망연자실한 상태였지만 해야 할 일이 많았습니다. 우선은 75세 된 이집트 할머니 움 무스타파 문제를 처리해야 했습니다. 이 할머니는 70년대부터 레바논에서 가정집 청소 일을 하며 살았습니다. 제 친구 레일라는 외국인이 여기 남아 우리와 같이 이런 일을 다 겪을 필요가 없다면서 움 무스타파 할머니를 레바논에서 내보내야 한다고 했습니다. 자기 몸도 간신히 가누는 노인을 고용하려는 사람도 없었으므로 어차피 무스타파 할머니는 여기서 살기도 점점 더 어려워져만 가는 처지였습니다. 그 할머니가 사는 방을 구구절절 설명하기를 원하진 않겠지요. (그나저나 이것을 방이라 할 수 있을까요? 그저 위에 지붕이 얹혀 있을 뿐 도저히 집이라 할 수도 없는 지경입니다.)

대사관에 근무하는 친구 야세르에게 도움을 받으려고 전화를 걸었습니다. 그러자 우리가 모르고 있던 사실이 있더군요. 그 할머니는 레바논 정부의 수배 대상자였습니다. 대사관에서 안전하게 국경까지 데려간다고 해도 곧 체포될 판이었습니다. 우리는 이틀 동안 그 할머니가 무슨 죄를 지었는지 알아보았습니다. 어떤 죄를 지었기에, 삶에서 선택할 수 있는 것이 여기 머물러 이스라엘의 포격에 목숨을 잃거나 아니면 일흔다섯의 나이에 감옥에 갈 수밖에 없는 것일까? 자세히 알아보니 그 할머니가 지은 죄는 2000년부터 고용허가서 등 몇 가지 서류를 갱신하지 않은 것뿐이었습니다. 체포되지 않으려면 미화 1200달러를 내거나 여기서 죽어야 하는 거죠.

그래도 우리는 대사관의 도움으로 그 할머니를 무사히 탈출시킬 수 있었습니다. 여기서 일하는 이집트인 노동자 대부분은 고용허가서를 갖고 있지 않았습니다. 대사관에서 무슨 조치를 취하지만 않으면 레바논 당국도 그 돈을 거둬들일 기회를 잡지 못할 것입니다.

이렇게 해서 움 무스타파 할머니는 시리아로 보내졌습니다. 지금 고향으로 향하고 있기를 바랍니다.

2006년 7월 27일

오늘 신문에는 온통 슬픈 얘기뿐이군요. 제 동료는 베이루트에 있는 자라 병원으로 어느 가족을 만나러 갔습니다. 이 가족은 남부 티레 마을에서 피난을 나오다 끔찍한 변을 당했습니다. 집이 폭격받아 식구 중 몇이 무너진 집 아래 묻혀버렸다고 합니다. 남은 가족들은 이웃집으로 피신했지만 그 집도 폭격받아 그 집 잔해 더미에 또 가족들이 묻혀버렸답니다. 남은 가족이 피난길에 올랐지만 그 차가 피격되어 몇 명이 또 목숨을 잃었다는군요. 그들은 길에서 유엔군 호위대를 만나 살려달라고 애원했답니다. 하지만 유엔군 병사는 사진만 찍더니 데려갈 수 없다고 소리를 지르며 떠나버렸답니다. 지금 그 가족의 아버지와 두 자매는 남부에 있는 병원에 있고, 나머지 생존한 가족은 베이루트에 있습니다.

제 다른 동료는 의사들과 함께 난민을 수용하고 있는 학교들을 돌아보았습니다. 피난민 사이에 질병이 급속히 퍼지고 있답니다. 물도 세면도구도 없는 데다 한 교실에 수십 명에서 수백 명까지 모여 있는데 질병이 퍼지지 않을 수가 없는 노릇이죠. 거기다 서른 명 정도는 공립학교에서마저도 쉴 곳을 찾지 못해 빈 집 정원에서 지내고 있더랍니다. 거기서 먹을 것을 모조리 아이들에게 줘버리고 자기는 굶고 있는 여든 살 된 할머니를 만났다고 합니다. 그 할머니는 아이들이 굶주리고 있는데 자기가 무엇을 먹는다는 것은 낭비라고 하더랍니다.

오늘 보건부 장관은 7월 12일 이스라엘이 침공한 이후로 600명이 목숨을 잃었고, 1300명이 부상 입었다고 발표했습니다. 조지 부시는 문제의 근원을 뿌리 뽑지 않는 한 전쟁을 중지하는 것에 반대한다고 했습니다. 글쎄요, 그에게 그의 바람대로 되고 있다고 전해주세요. 우리는 뿌리째 없어지고 있거든요.

2006년 8월 1일

오늘 사다를 비롯한 제 동료 세 사람이 티레에 다녀왔습니다. 그들이 보고 쓴 모든 이야기를 할 수는 없지만 꼭 들려주고 싶은 이야기가 하나 있습니다. 사다는 자발아말 병원에서 네 살 된 남자아이 하산 샬롭을 만났답니다. 그 아이는 간밤을 시체들 틈바구니에서 보냈다는군요. 그 전날 밤에 하산은 여섯 살 먹은 누나 제이나브와 함께 카나에 있는 대피소에서 잠이 들었습니다. 엄마도, 휠체어에 앉아 지내는 아빠도 함께 있었답니다. 카나의 많은 사람들은 1996년

대학살에서 살아남은 사람들입니다. 이스라엘군이 유엔 기지 대피소를 폭격해 민간인 110명의 목숨을 빼앗고, 100명 이상의 부상자를 낸 사건이죠. 그런 일을 당한 카나에는 특별한 보호가 필요한 이들이 많습니다. 여러분은 이 말이 무슨 뜻인지 알까 모르겠습니다.

하산은 토요일 밤, 그 난리 속에서도 잠을 자고 있었답니다. 하산의 어머니는 부상을 입었지만 폐허 더미에서 가까스로 기어나와 자식들을 찾았답니다. 하산은 어머니가 부르는 소리에 대답했습니다. 어머니는 하산에게 어디 다친 데는 없느냐고 물었고 하산은 아무렇지도 않다고 대답했죠. 안심한 어머니는 딸과 남편을 찾으러 갔습니다. 폐허 더미 아래서 딸의 손을 발견하고 끌어내려고 했지만 끌어낼 수 없었습니다. 이어 남편을 발견해 기어서 다가갔습니다. 하지만 그전에 어머니는 딸의 손을 잡고 "널 끌어낼 수가 없구나, 부디 나를 용서해주렴" 하고 속삭였답니다.

어머니는 다른 사람들이 이미 하산을 구조했으리라 믿고 남편을 구해내었습니다. 하산의 어머니는 남편과 함께 민간인 방위대가 데려다 준 근처 집에서 그날 밤을 보냈고, 그 다음 날 병원으로 옮겨졌습니다. 한편 사람들은 하산이 죽었다고 믿었습니다. 그래서 하산을 죽은 아이들 틈에 같이 두었죠. 하산은 아침에 일어나 옆에 두 살 된 여자아이가 누워 있는 것을 보고는 자는 줄 알았답니다. 주변을 둘러보는데 다행히 아는 사람이 보였습니다. 하산이 "아모, 왜 내가 여기 있는 거죠?" 하고 물었습니다. 그 남자는 자기 눈을 믿을 수 없었답니다.

그는 하산을 부모에게 데려갔습니다. 하산은 엄마를 보자마자 소리를 질렀답니다.

"엄마, 왜 나를 다른 집 아이들과 같이 자도록 두었어? 어떻게 그럴 수가 있냐고? 무섭지만 않았으면 엄마 따라 집에 가는 건데. 깜깜하고 폭탄 터지는 소리가 들려서 갈 수가 없었어. 그래서 다시 잠을 잤지. 그런데 제이나브는 어디 있어?"

하산의 어머니는 하산에게 말했답니다.

"제이나브는 천국에서 재미있게 놀고 있단다. 거기에는 이스라엘군도 없거든. 제이나브는 거기서 행복하단다."

2006년 8월 1일

우리 신문사 선임기자인 후세인 아욥의 어머니가 남부에 있는 아이나타 마을에서 목숨을 잃었다는 소식을 들었습니다. 후세인의 어머니는 오늘까지 5일째 행방불명 상태였습니다. 다른 이웃들과 함께 마을에서 안전하다고 생각되는 집에 대피해 있었는데, 닷새 전에 한 블록 떨어져 있는 동생 집에 가보겠다며 그 집을 나왔답니다. 후세인은 그로부터 이틀 후에 이모와 통화를 할 수 있었고, 어머니가 오지 않았다는 말을 들었습니다. 오늘 아이나타 근처 숲에서 다른 두 시신과 함께 그의 어머니를 발견한 것 같다고 적십자에서 알려왔습니다. 그들은 걸어서 마을에서 도망치려 했었답니다. 후세인의 아버지도 1978년에 이스라엘군에게 죽임을 당했습니다.

2006년 8월 2일

우리 신문사 사람들은 후세인 어머니 소식에 모두 충격에 빠졌습니다. 후세인을 위로하러 가면서도 그의 어머니가 죽은 게 아니란 말을 듣기 바랐죠. 확실히 후세인 어머니의 시신을 찾은 것도 아니니까요. 다른 희생자들이나 그 친척들도 모두 같은 처지입니다. 너무 많은 시신이 마을의 폐허 더미 아래 깔려 있고, 병원에 있는 시신은 대부분 이미 심하게 부패해서 알아볼 수 없을 지경이므로 누가 죽고 누가 살았는지 알 수도 없는 노릇입니다.

사실 우리는 후세인의 어머니가 어디 있는지도 모릅니다. 우리가 마지막으로 들은 말은 그의 어머니가 티레로 옮겨진 시신들 가운데는 없다는 말이었습니다. 적십자는 포격 때문에 아직 수습하지 못한 네 구의 시신이 아이나타 적십자센터에 있다고 했습니다. 후세인은 오늘 티레에 갔습니다. 티레 시내도, 그곳으로 들고 나는 길도 모두 포격이 극심하답니다. 우리는 모두 숨도 쉬지 못할 만큼 불안합니다. 어제는 목숨을 건지기 위해 아이타룬 사람들이 아이, 노인, 가난한 남자와 여자 할 것 없이 고향을 떠나는 장면을 보았습니다. 그저께도 똑같은 장면을 보았습니다. 빈트지베일 피난민들이었죠. 차마 눈뜨고 보기 힘든 광경입니다.

2006년 8월 4일

안녕히 주무셨는지요? 우리는 무사히 간밤을 보냈고 여전히 목숨을 부지하고 있습니다. 이스라엘군은 밤새 가자, 레바논 남부, 바알베크에 폭격을 퍼부었습니다. 그리고 새벽 3시 14분에 드디어 베이루트 외곽을 폭격하기 시작했지요. 폭격이 열두 번인지 열세 번인지 있었습니다. 저는 열두 번째까지 세다가 잠들어버렸습니다.

아이타룬 – 레바논 남부 아이타룬을 떠나는 레바논 피난민 (AP)

그 상황에 어떻게 잠이 들 수 있었느냐고 묻지 마세요. 저도 왜인지는 모르겠거든요.

제 남편과 우리 집에 머물고 있는 피난민들은 새로운 목표가 어딘지 찾아내려고 모두들 발코니에 나가 있었지만 저는 심한 편두통으로 침대에 누워 눈도 뜰 수 없는 지경이었습니다. 폭격 소리가 들릴 때마다 눈을 떠서는 몇 번째 폭격이 어디로 떨어졌는지 보도하는 텔레비전 소리에 귀를 기울였습니다. 폭격은 모두 베이루트 남쪽인 우자이로 떨어졌습니다.

오늘 아침 우리는 저들이 폭격 장소를 제대로 골랐다는 것을 알았습니다. 특별한 보호가 필요한 사람들이 사는 곳과 고아원 두세 군데, 그리고 라밥 사드르 자선협회가 옷가지나 약품 같은 기부 물품을 둔 곳을 폭격했으니까요. 얼마나 많은 사람들이 다쳤는지는 모릅니다. 우리 기자들이 아직 거기 있습니다.

오늘 아침에는 저들이 베이루트 북쪽에 있는 다리 네 군데를 폭격해서 5명이 목숨을 잃고 15명이 부상을 입었습니다. 폐허 더미 아래 묻힌 사람들이 모두 수습된 것은 아니라서 이것이 최종 수치는 아닙니다. 이 폭격으로 이 지옥에서 시리아로 나갈 수 있는 유일하게 남은 길마저 막혀버렸습니다.

오늘 아침 각국 신문 헤드라인은 '나스랄라가 텔아비브를 폭격하겠다고 위협하다'입니다. 신문이 3시 14분 이전에 인쇄에 들어가 그런 헤드라인이 나갔다고 변명할 수도 있겠군요. 그렇다 쳐도 왜 CNN이나 BBC 같은 텔레비전 방송 역시 아직도 그런 헤드라인을 고수하는지 이해할 수 없습니다. 나스랄라가 한 말은 "너희가 베이루트를 폭격하면 우리도 텔아비브를 폭격하겠다"였습니다. 그런데 이스라엘은 지금 베이루트 외곽에 폭탄을 퍼붓고 있습니다. (참 현명합니다. 그렇지 않나요?)

보도에 따르면 앞으로 3일이 가장 힘들 거라고 합니다. (더 힘들다고?)

그렇지 않아도 우리는 지난 3일 동안 해결하기 복잡한 문제로 힘들었습니다. 100만의 피난민 중에는 특별한 보살핌이 필요한 사람이 많습니다. 거기에는 한 가지 중요한 이유가 있죠. 그들 대부분이 남부에서 왔고 남부에는 이전의 전쟁으로 부상 입은 사람이나 지뢰 피해자가 많기 때문입니다. 거기다 태어날 때부터 특별한 요구를 갖고 태어난 사람도 많습니다.

이 사람들은 공립학교 피난소에서 지옥 같은 생활을 하고 있습니다. 그런 곳에 장애인을 위한 시설이 있을 리도 없고, 너무 많은 사람들이 북적거려서 자폐나 간질을 앓고 있는 아이들은 상태가 더욱 악화될 수밖에 없습니다. 피난민들은 대부분이 시골에서 왔고 교육을 받은 사람들이라 해도 이런 특별한 상황에는 속수무책입니다. 자폐나 간질이 있는 아이들이 발작을 일으키면 다른 아이들은 무서움에 떨고, 심지어는 불평까지 합니다. 이런 상황이니 그런 아이들의 부모는 자기 자식을 감추어두려고 합니다. 자폐증을 앓는 자식을 데리고 화장실에서 산 어머니도 있었습니다. 장애인협회 사람들이 와서 아이 상태를 살펴보자고 할 때도 그곳에서 나오기를 거부했죠. 이 어머니는 줄곧 자기 아이의 장애를 인정하지 않았습니다. 자기 아이를 빼앗길까 봐 두려웠기 때문이죠.

2006년 8월 6일

어젯밤에는 계속해서 악몽을 꾸었습니다. 잠에서 깨어 꿈이었다는 걸 알고 가슴을 쓸어내린 것이 몇 번인지 모릅니다. 현실 부정은 여기서 아주 큰 문제입니다. 지금 벌어지는 일을 우리가 샅샅이 다 알게 된다면, 이스라엘은 우리 모두를 폭파하려고 미국 납세자의 돈을 쓰지 않아도 될 것입니다. 심장마비 같은 자연적인 원인으로 우리 모두 죽어버릴 테니까요.

제가 왜 이 전쟁이 끝난 후가 두렵다고 하는지 이유를 이야기하겠습니다. 첫째, 이 작은 나라 안에는 이미 난민 수가 100만이나 됩니다. 어떤 주, 국가, 정부가 100만이나 되는 난민을 데리고 살림을 제대로 꾸려나갈 수 있겠습니까? 두어 달만 지나면 11월이고, 겨울이 닥칩니다.

두 번째, 폭격이 휩쓸고 간 마을을 생각해보십시오. 그 폐허 더미를 누가, 언제 다 치우지요? 재건을 생각하는 사람은 지금 아무도 없습니다. 이전 전쟁 피해를 복구할 때도 15년이 걸릴 일이고 400억 달러의 부채를 들여야 한다고 했습니다. 그 부채를 상환하지도 못했고, 재건이 아직 끝나지도 않은 상태입니다.

세 번째로, 지금은 피난민들이 여기저기 뿔뿔이 흩어져 전쟁이 끝나면 사랑하는 가족을 찾을 수 있을 거라는 희망으로 살고 있습니다. 그런데 결국 사랑하는 이가 죽었다는 사실을 알게 되면 어떤 일이 일어날까요? 이 모든 사람들이 한꺼번에 울음을 터뜨리면 어찌 될까요? 가족 한 사람을 잃고 우는 것도 힘든 일인데 한 사람만 잃은 것이 아니니 그 힘겨움은 이루 말할 수 없을 것입니다. 그들의 울음소리가 어디까지 들릴까요?

네 번째 이유는 남부든 어디든 시체들이 여기저기 널려 있어 질병이 퍼지기 시작했다는 사실입니다. 이 피비린내 나는 전쟁이 끝날 때쯤이면 이 질병 때문에 죽어가는 사람들이 더 많아질 것입니다.

제가 지금 당장 바라는 일은 죽은 사람을 매장하고 병원 시체 안치실을 비우는 데 필요한 24시간 휴전 협정입니다. 그다음 다시 시작하라지요. 우리의 현실 부정이라는 벽이 무너질 날을 가능한 한 뒤로 미루면서 원하는 만큼 해보라지요.

2006년 8월 10일

오늘은 일찍부터 지옥이 시작되었습니다.

레바논 전체가 지옥처럼 느껴집니다. 30분 전에 이스라엘이 베이루트를 폭격하기 시작했습니다. 언제 지어졌는지 아무도 모를 만큼 오래된 등대가 폭격으로 무너져 내렸습니다. 그 등대와 우리집 사이에는 건물이 일곱 개 정도 밖에 없습니다. 하리리의 집에서는 네 집 건너죠.

그 등대 아래는 소규모 부대가 주둔해 있었고, 레바논 공영 라디오방송LPR의 전파 안테나도 있었습니다. 베이루트 북부 암시트에 있는 전파 안테나도 폭격받았습니다. 오랫동안 사용하지 않은 낡은 레바논 공영 라디오방송 건물 위에 설치된 것이죠. 거기도 소규모 부대가 있었습니다. 이스라엘은 동쪽의 바알베크에도 북쪽의 베다 위에도 폭격을 가했고 남쪽으로는 티레에서 나쿠라까지 모든 마을을 공격했습니다. 병원들은 그동안 저장해두었던 연료가 모두 바닥났다고 합니다. 알제리에서 연료를 싣고 온 선박은 레바논 연안에서 며칠째 이스라엘의 허가를 기다리고 있습니다. 발전기 두 대도 고장이 나버려 15분 뒤면 전기가 끊어질 거라고 합니다. 지금 이 글도 서둘러 쓰고 있습니다.

2006년 8월 10일

티레에 있는 알바스 팔레스타인 난민 캠프가 남부에서 온 시아파 난민을 받아들여 주었습니다. 팔레스타인 사람들은 레바논 피난민들이 편안하게 지내도록 배려해줬다고 합니다. 돈을 빌려주기도 하고, 먹을 음식을 사도록 기꺼이 자기 돈을 내주기도 했다더군요. 15년 동안이나 이 땅에 살도록 해준 사람들에게 보답할 수 있는 최소한의 일이라고 하면서요. 이번 일로 레바논 피난민들은 하나가 된다는 것이 어떤 의미인지 알게 되었습니다.

2006년 8월 15일

이번이 마지막 편지가 될 것 같습니다. 저는 여러분 모두를 그리워할 것입니다. 한 번도 본 적은 없지만 제게는 여러분이 아주 가까운 사람으로 느껴졌거든요. 아니, 이미 느끼셨겠지만 제게는 여러분이 그 이상의 의미였습니다. 여러분이 없었다면 저는 이 지옥을 견뎌내지 못했을지도 모릅니다. 여러분이 곁에 있어 제가 강인하게 버텨낼 수 있었습니다. 매일매일 여러분은 이 모든 일을 의미 있게 만들어줬습니다. 우리 이야기를 들어주고, 우리의 고통을 나누어 주었습니다. 우리 국민들이 어떤 수난을 겪고 있는지 알리는 것이 제가 할 수 있는 유일한 일이었습니다. 여러분이 이 이야기에 귀 기울일 것을 알고, 염려한다는 것을 알았기에 가능한 일이었죠.

어제까지도 새로운 이야기가 들려왔습니다. 찾으러 돌아왔지만…… 아무것도 찾지 못한 사람들, 폐허 더미 아래서 사랑하는 이를 찾고자 돌아왔던 사람들의 이야기죠. 그래도 그들은 돌아옵니다. 월요일(8월 14일) 아침 오전 7시에 공식적으로 정전이 이루어졌습니다. 오전 7시 정각, 사람들은 거리로 나왔습니다. 저는 자랑스럽습니다. 슬프고 가슴이 아프지만 자랑스럽습니다. 우리 국민이 자랑스럽고, 우리의 저항이 자랑스럽고, 우리의 헌신과 위엄이 자랑스럽습니다.

제 동료 후세인 아욥은 오늘 드디어 어머니 시신을 찾았습니다. 사실 바로 10분 전에요. 오늘 아침 아이나타에서 구조단이 어느 집 잔해 더미 아래서 그의 어머니 시신을 수습했습니다. 그 집에 그의 어머니와 다른 사람들 17명이 피신해 있었답니다. 우리는 그의 어머니가 언제 목숨을 잃었는지 모릅니다. 하지만 최소한 그는 자기 어머니를 알아볼 수는 있었습니다. 그의 어머니 나이는 일흔다섯이었습니다.

우리는 잘 해나갈 수 있을 겁니다. 그렇기를 빕니다. 우선은 죽은 사람들을 매장해줄 것입니다. 마땅히 장례를 치러주어야지요. 살아 있는 한은 그들을 잊지 않을 것입니다. 우리는 그들의 이야기를 우리 자식에게 전할 것입니다. 우리 자식들은 그 이야기를 또 자기 자식에게 전할 것입니다. 그 모든 범죄행위와 고통과 부당함에도 신념을 잃지 않았던 위대한 사람들의 이야기, 싸움을 그치자마자 재건을 시작했던 사람들의 이야기를요. 다시 짓자마자 적들이 달려들어 또다시 파괴한다고 해도 우리는 재건을 시작할 겁니다. 과거에도 몇 번이나 당한 일이죠.

우리는 또한 우리의 적에 관한 이야기도 할 것입니다. 그들이 어떻게 우리 아이들과 노인을 죽였는지, 그들이 어떻게 우리를 하늘에서, 바다에서 공격해왔는지, 우리가 어떻게 이겨냈는지, 우리는 말할 것입니다. 그들이 어떻게 우리 가족을 굶어 죽도록 만들고, 길거리에서 목숨을 앗아가고, 집과 보호소와 병원을 폭격했는지도 전할 것입니다. 심지어 저들이 빵을 실은 차량에도 폭탄을 떨어뜨렸지만 우리는 절대로 포기하지 않았습니다.

우리 할머니는 제1차 세계대전 때 굶주린 이야기를 하곤 했습니다. 저는 그때 제 딸에게 그런 얘기를 들려줄 일은 없을 거라고 여겠죠. 저의 영웅 킨다, 제 예쁜 꼬마 영웅은 비행기 소리만 들어도 제 품으로 달려듭니다. 하늘을 가리키면서 "이스라엘, 워이 워이!" 하면서요.

제 아기 킨다는 첫 번째 이스라엘 공격에서 살아남았습니다. 언제나 이 사실에 감사할 테지만 살아남지 못한 다른 아기들도 절대로 잊지 않을 것입니다. 그 아이들을 위해서 저는 킨다에게 이야기해줄 겁니다. 그들을 위해 킨다는 절대로 이 나라를 떠나지 않을 겁니다. 킨다는 누가 적인지 알게 될 것이고, 그 적이 절대로 우리를 무너뜨리지 못한다는 사실도 알게 될 것입니다. 킨다는 자기를 위해 전선에서 싸운 사람들과 이 나라를 또다시 재건한 사람들에게 경의와 존경을 바치며 자라날 것입니다. 킨다는 또한 여러분이, 여러분 모두가 2006년 여름의 그 고통스러웠던 시간 동안 자기에게 얼마나 큰 도움을 주었는지 잊지 않고 자랄 것입니다.

폐허 속에 피어난 꽃을 미워 마라

― 베이루트 통신

라샤 샬티

■ **라샤 살티**Rasha Salti

독립 큐레이터이자 프리랜서 작가다. 판화 제작자이기도 하며,
2000년에 뉴욕 뉴스쿨New School For Social Research에서 인문학
석사를 받았다. 라샤의 에세이, 기고문, 편년사는 아랍어와 영
어로 이집트의 《알 아람 위클리》, 레바논의 《자와야》, 팔레스
타인의 《예루살렘 계간 리포트The Jerusalem Quarterly Report》,
알제리의 《나크드》, 미국의 《중동연구 및 정보 프로젝트
MERIP》와 《비둔Bidoun》 같은 잡지에 실리고 있다.

2006년 7월 11일, 나는 밤늦게 베이루트 공항에 도착했다. 뉴욕에서 8년을 지냈
고, 올여름 레바논에 있는 내 집으로 돌아오겠다는 계획을 실행에 옮긴 것이다.
그러니까 2006년 7월 12일은 내 삶의 새로운 장을 여는 첫날 아침이어야 했다.
하지만 그날은 악몽의 시작이 되고 말았다.

　나는 헤즈볼라가 두 명의 이스라엘 병사를 납치했다는 소식을 듣자마자 기자
친구 몇 명에게 전화를 걸었다. 친구들은 하나같이 이스라엘이 다시 침공해올 거
라고 했지만 나는 그 말을 믿지 않았다. 그래서 바로 어제 작별인사를 나눴던 뉴
욕 친구들에게 메일을 보내면서도 이스라엘의 보복은 제한적이고 금방 끝날 테니
걱정할 것 없다고 했다. 하지만 이튿날 나는 '어쩌면 이럴 수가' 하는 심정으로
현실을 받아들일 수밖에 없었다. 이스라엘은 무자비하게 공격해올 것이 분명했다.
납치된 군인 둘은 그저 구실에 지나지 않았다. 나는 두려운 마음으로 닥쳐올 재앙
을 인정하는 두 번째 이메일을 썼다. 레바논은 또다시 전쟁의 화마로 파괴되고 황
폐해질 것이다.

　내 이메일을 받은 많은 친구들은 다른 사람들에게도 내 메일을 전하고 싶다며
허락해줄 수 있느냐고 물어왔고 나는 그러라고 했다. 그렇게 해서 내 메일은 '베
이루트에 있는 친구 라샤로부터'라는 제목으로 퍼져나갔다. 그다음 보낸 메일도
사람들에게 전해졌다. 나는 내가 아는 사람 혹은 모르는 사람들로부터 수신자 목

록에 자기도 넣어달라는 부탁을 받기 시작했다. 전쟁 첫 주 동안은 날마다 메일을 보냈다. 하지만 곧 그러기가 불가능해졌다.

처음에는 친구들과 사적인 대화를 나누듯이 글을 썼지만 내 개인적인 기록만으로는 충분치 않다는 생각이 들기 시작했다. 다른 사람들이 겪는 이야기도 전해, 날마다 우리가 당하고 있는 부당함과 고통을 증언해야 할 것 같았다. 전쟁 발발 후 3주쯤이 되자 다른 사람들의 증언마저도 이곳에 넘치는 분노와 무기력을 내쫓는 데 충분치 않다고 느꼈다. 나는 '민간인 저항' 운동을 시작하려는 단체에 들어갔다. 우리는 이스라엘의 포위망을 뚫고 호송차량을 보내, 유린당하고 있는 레바논 남부에 음식과 의약품을 전달할 계획이었다. 그 일을 추진하는 데는 시간이 많이 필요해서 나는 더 이상 글을 쓸 수 없었다. 내 마지막 통신은 호송차량이 출발하기로 한 날로부터 일주일 전에 보내졌다. 이 장은 그때까지 내가 '베이루트에서 라샤가'로 서명해 보낸 메일들이다.

— 라샤 살티

2006년 7월 14일

서베이루트 함라 지구에 있는 카페에서 이 글을 쓰고 있습니다. 이곳은 24시간 전해지는 전쟁 소식의 중압감에서 도망치고 싶은 사람들로 가득합니다. 바로 나처럼요. 전기가 끊어진 지 한참이라 이 도시는 지금 발전기에 의존해 살아가고 있습니다. 발전기마저 돌아가지 않는 시간에는 전시가 아니면 볼 수 없는 옛 풍경들이 펼쳐집니다. 카페는 어둡고, 덥고, 습하군요. 에스프레소 기계와 커피 가는 기계 소리도 멎었습니다. 이 안에는 대화 소리, 소문, 좌절감만이 퍼져 있습니다. 생생한 소식을 따라잡기 위해서는 집보다 여기가 낫습니다. 우리가 처한 곤경을 바로바로 들을 수 있으니까요.

하늘을 가르는 이스라엘 비행기 소리가 간간이 들립니다. 이들은 심리전을 수행하기 위해 하늘에서 전단지도 뿌립니다. 어제는 남쪽 외곽지역에 거주하는 사람들에게 밤의 열기가 뜨거울 테니 도망치라고 충고를 하더군요. 오늘 뿌린 전단지에는 베이루트 주변의 모든 다리와 터널을 폭파하겠다는 경고가 담겼습니다. 사람들은 먹을 것을 마련해두려고 슈퍼마켓으로 달려가고 있습니다.

오늘 아침에 내 안부를 물어오는 사람들에게 메일을 쓰면서 이스라엘이 헤즈볼라와 그들의 근거지만을 목표로 삼고 있다고 썼는데, 성급한 판단이었습니다. 그들의 공격이 단계적으로 확대되고 있거든요.

몇 시간 전까지만 해도 저들은 피해를 줄이려는 생각인 듯 공항 활주로만 폭격했습니다. 하지만 곧 이어 폭탄 네 발이 우리의 반짝반짝 빛나는 새 공항 청사로 떨어졌습니다.

간밤에는 몹시도 고통스러운 시간을 보냈습니다. 저들이 공중에서 바다에서 남쪽 외곽지역과 공항에 연이어 폭격을 해댔거든요. 내가 살고 있는 아파트는 베이루트 항이 내려다보이는 경관이 무척 좋은 곳입니다. 지난밤에 바다를 내다보니 이스라엘 전함에서 신나는 놀이라도 하듯 폭격을 퍼붓는 광경이 보이더군요.

2006년 7월 14일

지금 베이루트는 밤입니다. 낮 동안에는 하늘과 바다에서 정신 없이 쏟아지는 포격으로 불안에 떨며 정신을 차릴 수 없었지만 밤이 된 후로 아직까지는 조용합니다. 우리는 오늘 밤 각오하라는 충고를 들었습니다. 하지만 지금 상황이 어떨지 분석해봤자, 찻잔 밑에 남은 잎 모양으로 쳐보는 점괘나 진배없을 겁니다.

이 전쟁에서 나같이 세속주의자에 평등주의자, 민주주의자인 사람을 대변해주고 이끌어줄 곳은 어디에도 없습니다. 나도, 우리 동지도 자리를 확보하지 못했거든요. 양쪽 진영에 우리 몫을 확보해

달라고 요구할 만한 세력을 키워두지도 못했죠. 이는 우리의 패배고 우리의 실패작입니다. 레바논에서 우리는 일제공세를 받고 한꺼번에 우르르 달아나는 꼴만 연출하고 있습니다. 나는 헤즈볼라 지지자가 아님에도, 상황은 대對이스라엘 전쟁이 되어가고 있습니다. 이 전쟁에서 나를 이스라엘군이나 이스라엘 국가 편에 서게 할 수 있는 것은 이 세상에 아무것도 없습니다.

어젯밤 '쇼'는 남쪽 외곽에 있는 헤즈볼라 지도자 하산 나스랄라의 집을 목표로 두고 벌어졌습니다. 폭탄이 터지자마자 신문과 방송이 앞다퉈 보도했고, 나스랄라와 그의 가족은 무사한 것으로 확인되었습니다. 약 30분 후에 뉴스 진행자는 하산 나스랄라가 레바논 국민과 아랍 세계에 전화로 연설을 할 거라고 발표했습니다.

나는 나스랄라가 카리스마 있는 사람이라고 생각해본 적이 없지만, 그렇게 생각하는 사람들이 아주 많더군요. 헤즈볼라 지도자라는 위치에 있기에는 그가 너무 젊지 않나 하는 생각도 듭니다. 나스랄라의 말은 솔직하지만 특별히 웅변적이라는 생각은 들지 않더군요. 그래도 그는 레바논 지지자들에게 호소력 있게 다가갑니다. 레바논뿐 아니라 아랍 세계 사람들의 마음에도 무시할 수 없는 영향력을 미치고 있죠. 아랍인들은 이스라엘을 패배시키고 위엄을 되찾겠다는 아랍 민족주의의 헛된 약속에 신물이 나고 낙담과 무기력에 빠져 있거든요. 나스랄라는 부패를 모르고 검소한 생활을 하며 스파르타적인 금욕주의 성향을 갖고 있습니다.

나스랄라는 이스라엘 공격에 전면전을 선언하는 것으로 연설을 시작했습니다. 헤즈볼라는 전면전을 두려워하지 않으며, 오랫동안이 전쟁에 대비해왔다고 말했습니다. 내 관심을 끌었던 말은 헤즈볼라가 이스라엘의 하이파까지 미칠 수 있는, 아니 '하이파를 넘어, 훨씬 더 멀리까지 날아갈' 미사일을 갖고 있다는 선언이었습니다. 그 말은 곧 하이파로 미사일을 발사한 것이 헤즈볼라라는 사실을 인정한 것이죠. (그전까지는 미사일 발사를 극구 부인했거든요.) 그나저나 그가 '하이파를 넘어'라고 한 말의 뜻은 무엇일까요? 텔아비브를 말한 것일까요?

2006년 7월 15일

오늘은 아주 상황이 나쁩니다. 아침부터 시작된 폭격이 아직까지 그치지 않고 있습니다. 오늘 밤 폭격은 다시 남쪽 외곽지역 하렛흐레이크와 비르엘아베드로 집중되고 있습니다. 헤즈볼라 본부와 아주 가까운 곳이죠. 이곳은 앞서도 여러 차례 공격 목표가 되었고, 지금 피해가 엄청납니다. 하지만 헤즈볼라 지도층은 무사하다고 합니다. 그곳의 많은 주민이 대피하긴 했지만 오늘 오후부터 폭탄이 민간인 거주지로 떨어지고 있습니다. 나는 걱정으로 잠을 이룰 수 없어 일어나 앉아 글을 씁니다. 그래야 내 소임을 다하는 것 같거든요.

외국 대사관들은 자국민을 대피시킬 계획에 한창입니다. 바다를 통해 대피시킬 계획이었지만 오늘 항구로 폭탄이 떨어지는 바람에 전략을 수정해야 할 것입니다. 나도 대피를 해야 할까요? 그렇게 되면 아랍과 이스라엘 전쟁이라는 역사적인 한 장에 등을 돌리는 일이 아닌가요? 나는 오늘 아침 이런 생각을 한 것에 부끄러움을 느낍니다. 지금 시간은 새벽 1시 30분, 이스라엘은 우리 하늘을 비행기로 채우고 있고 나는 다시 글을 쓰고 있습니다.

2006년 7월 16일

전투가 점점 더 격렬해지고 있습니다. 이스라엘의 하이파로도 미사일이 떨어졌고, 레바논 남부와 베이루트의 남쪽 외곽지역으로 가해지는 포격도 그칠 줄을 모릅니다.

하이파가 미사일 공격을 받자 이스라엘 총리 에후드 올메르트는 레바논 남부를 초토화하겠다고 선언했습니다. 헤즈볼라의 공격에 대한 이스라엘의 대응은 초토화 작전이니 남부 사람들은 모두 마을을 떠나라는 경고가 떨어졌죠. 주요 도로는 죄다 파괴되었고, 남부는 고립돼버렸는데 어떻게, 그리고 어디로 대피하라는 건지 모르겠습니다. 그러니까 헤즈볼라는 우리 의견을 묻지도 않고 우리를 이런 지옥으로 이끈 거군요. 우리는 모두 함께 지옥에 떨어져 일제포화를 받고 있습니다. 우리는 살아남아야 하고 최대한 많은 생명을 구해내야 합니다. 이스라엘은 지금 레바논이 스스로 무너지느냐 마느냐에 내기를 건 모양입니다. 하지만 그런 일은 일어나지 않습니다. 모두들 이스라엘이 하는 짓을 전적으로 부당하다고 여기고 있으니까요. 우리는 보여줄 것입니다. 아랍은 서로 의견이 갈리고 생각이 다른 사람들이 모여 살아도 모두 단결할 수 있으며, 이 새로운 아랍-이스라엘 전쟁의 위협에 맞설 것입니다.

2006년 7월 17일

우리는 '긴급 속보' 속에서 살고 있습니다. 나는 지금 카페에 한 시간째 앉아 있습니다. 아래는 지금까지 들은 소식입니다.

- 내 친구의 휴대전화로 들어온 문자 메시지 : 이스라엘군이 내린 명령에서 나온 속보. "헤즈볼라가 갈릴리와 이스라엘 북부 도시들에 대한 포격을 멈추지 않는다면 이스라엘은 레바논의 모든 전선망을 파괴할 것이다."
- 헤즈볼라는 하이파, 사파드, 그리고 골란 고원 남쪽 거주지를 폭격하고 있다.
- 다마스쿠스에서 레바논으로 오는 비행기를 타려던 외국인이 내 친구의 휴대전화로 보내온 문자 메시지 : "다마스쿠스에서 출발하는 모든 비행기가 취소되었다. 그에 대해 아는 것이 있는가?"
- 이스라엘군이 쏜 폭탄이 이 카페 바텐더의 집 근처로 떨어졌다. 그의 가족은 하다스의 폐허 더미 한가운데서 오도 가도 못하고 있다. 바텐더는 카페를 뛰쳐나가서 가족을 산으로 피신시킬 방법을 찾고 있다.
- 헤즈볼라가 F-16 이스라엘 전투기를 크파르시마(하다스 근처)에서 격추했다. 카페 안이 약간 승리의 분위기에 들떴다.

'긴급 속보'는 시간의 경과를 나타내는 시계가 되고 있습니다. 모두들 자기 하는 짓이 이상하다고 생각합니다. 긴급 속보를 들으면 다른 방으로 달려가 이미 그 소식을 들은 가족에게 전하고, 그것도 모자라 또 사람들에게 문자 메시지를 보내거든요. 그 선상 어느 지점에선가 나도 긴급 속보 전송자가 됩니다. 나도 모르게 긴급 속보를 수집하고 또 보내는 사람이 되어 있죠. 그 두 종류의 긴급 속보 사이에서 사실을 모으고 시나리오에 맞게 그것을 끼워 맞추려고 듭니다. 그런 다음에는 이전에 그렸던 시나리오를 상기해보죠. 그러고는 곧 아무것도 소용없다는 사실을 깨닫습니다. 이제 한숨을 내쉬고 정보를 지워버리죠. 다음번 긴급 속보가 전해질 때까지요. 이번 것은 더 흉악합니다. 밤이 두렵습니다. 몇 가지 이유로 밤이면 폭격이 더 심해진다고 믿습니다. 어둠이 모든 것을 덮어버려 제대로 보이지도 않을 때 말입니다. 하지만 사실 그것은 진실이 아닙니다. 폭격은 밤만큼이나 낮에도 극심하니까요.

어제와 오늘 사이 집중적인 외교활동이 있었습니다. 유엔 사절, 대사들, 유럽연합 사절, 온갖 남자와 여자들이 국제사회와 이스라엘에서 보낸 메시지를 레바논 정부에 전했습니다. 하지만 공식적으로 그들은 아무 성과도 내지 못했습니다.

내가 레바논 밖에 있는 친구들에게 이 통신을 전하기 시작한 이유는 내 정신을 멀쩡하게 지키고 내 안부를 전하기 위해서였습니다. 내 감정을 솔직하고 투명하게 담아서요. 내가 가진 감정도, 갖지 못한 감정도 다 보여주었습니다. 누가 내 통신을 읽고 있는지는 모르지만 세 번째 통신서부터 사람들에게서 답장과 박수와 비난을 받기 시작했습니다.

이스라엘 채널 2에서 일한다는 한 저널리스트가 이메일로 인터뷰를 요청해오기도 했습니다. 처음에는 그런 요청이 달갑지 않았죠. 내 말이 왜곡되거나, 내 순수하고 솔직한 감정이 내 뜻과는 다르게 논쟁에 이용될까 두려웠습니다. 그 기자는 좋은 사람인 것 같긴 했지만, 믿을 수 있는 사람인지 어떤지 어찌 알 수 있겠습니까. 그 기자도 내 거절을 이해했습니다. 그러고는 텔레비전 방송과 다른 보도자료로 쓰겠다면서 아래와 같은 질문을 보내왔습니다. 그 질문을 여러분과 나눌까 합니다(이스라엘 기자의 말과 질문은 강조체로 표시했습니다).

1. 아침에 일어나면 어떤 하루를 기대하십니까? 오늘은 무엇을 하셨어요? 커피는 드셨나요? 뉴스는 어떻게 듣습니까? 텔레비전을 통해서? 라디오? 인터넷?

우리의 일상은 완전히 변했습니다. 지금 우리는 포위공격 속에서도 살아남자는 전략으로 살아갑니다. 아직 다치지 않았거나 고립되지 않은 사람들은 내일까지 살아남기 위해 해야 할 일들을 합니다. 커피요? 네, 마셨습니다. 아침에도, 정오에도, 오후에도요. 나는 커피를 너무 많이 마시고 있는 것 같습니다. 내가 하는 일이라고는 뉴스를 듣고, 모두들 잘 있는지 확인하고, 불행한 상황에 있는 사람들을 돕기 위해 할 수 있는 일이 무엇인지 찾는 것입니다. 뉴스는 언제나 들려옵니다.

저는 지금 집에 있습니다. 라디오를 들으면서 동시에 이메일을 쓰고 있지요. 에어컨은 켜져 있습니다. 제가 사는 곳은 도시 한복판인데, 좀 있다가 사무실에 출근할 겁니다. 제 도시의 일상은 여전히 계속되긴 하지만 활기가 좀 떨어져 있는 상태입니다.

우리 도시에서는 생활이라는 것이, 아니 예전에 생활이라고 알던 것이 완전히 멈춰버렸습니다. 스포츠 강습도 없어서 몸에 지방만 불어나죠. 내 두 번째 남편을 구할 수 있는 가능성이 줄어버렸군요. (이스라엘군에게 그 보상을 해달라고 할 수 있을까요?) 에어컨은 전기가 들어오느냐, 아니면 발전기가 작동하고 있느냐 마느냐에 따라 달라집니다. 전기 공급 중단이야 예사고 발전기도 시간을 정해두고 가동합니다. 그러니, 에어컨도 없고, 전기는 중단되고, '셈족'의 곱슬머리인 내 머리 스타일은 지금 엉망이군요. 저는 엉망인 헤어스타일로 지금 이 포위공격을 견디고 있습니다.

2. 지금 살고 있는 곳은 어떤 지역인지 설명해줄 수 있습니까?

그래서 폭격하게요? 사양하겠습니다. 나는 아주 좋은 동네에 살고 있습니다. 남쪽 외곽과는 아주 먼 곳이죠. 외국 국적을 가진 사람들이(이중 국적자도) 모두 대피한 후에 사람들은 모두 최후의 시간이 닥칠 거라고 예상하고 있습니다. 만일 이스라엘이 남쪽 외곽 지역에 했던 것처럼 우리에게도 한 방 날려주겠다고 결정하는 날이면 내 삶은 심각한 위험에 처하겠지요. 내 가족도 마찬가지고, 여기 남겠다고 결정한 모든 사람들의 운명도 다 같은 처지가 될 겁니다.

3. 당신은 어떤 분인지 말해주실 수 있나요? 무슨 일을 하십니까?

나는 문화 행사를 조직하는 일을 하고, 프리랜서 작가이기도 합니다. 나는 뉴욕에 살다가 7월 11일 화요일에 베이루트로 왔습니다. 지금은 특별히 하는 일이 없습니다. 인터넷을 통해서 몇 가지

일을 해보려고 하지만 이것도 점점 더 어려워집니다.

4. 이스라엘 지도자들은 헤즈볼라와 레바논 몇 군데를 공격하면 레바논 사람들이 헤즈볼라에게 나쁜 감정을 품을 거라고 말합니다. 그 말이 사실인가요?

그건 정말이지 어리석은 생각이지만, 설령 그것이 사실이라 해도 그것은 정말로 끔찍한 전략입니다. 레바논을 내부적으로 붕괴시키려는 전략은 모두에게 악몽이에요. 레바논 사람뿐만이 아니라 모두에게요. 이스라엘은 이라크가 침공해오기를 원하는 건가요? 이제 이스라엘에서는 무력 침공에 대한 합의가 이루어진 것 같군요. 이렇게 된 건 이스라엘 국민이 자기 정부와 군부에 현명하게 묻고 따지지 않은 탓 아닌가요? 당신들은 정말로 레바논에서 시아파를 제거할 수 있다고 믿나요? 시아파가 이 지역에서 그리 쉽게 주저앉을까요? 당신들은 미국이 엎드리라면 엎드리고, 전진하라면 전진할 건가요? 최근에 미국이 저지른 근시안적이고 형편없는 작태들을 내가 일일이 들어야 하나요? 베트남, 중앙아메리카, 소말리아, 아프가니스탄, 이라크에서 벌인 짓들을요. 당신들이 제국주의자의 말을 들어야만 한다면, 덜 어리석은 나라를 찾으세요. 적어도 역사 감각을 갖고 있는 나라로요. 럼스펠드가 당신 나라 사람들의 복지를 책임지고 있다면 우리 모두에게 신의 가호가 있길 바랄 뿐입니다. 이 전쟁은 우리 모두를 파멸로 몰고 갈 것입니다. 그만두세요. 모두가 잃기만 할 짓은 그만두세요. 사망자 숫자가 도저히 보아 넘기기 어려운 정도가 되기 전에, 혹은 나라 전체가 폐허로 변해버리기 전에 이 전쟁은 중지되어야 합니다.

5. 베이루트 거리 분위기는 어떻습니까?

베이루트는 조용하고, 동면 중인 듯 모두 몸을 움츠리고 있습니다. 우리는 우리에 갇힌 신세지만 마음은 모두 하나입니다. 당신은 우리가 이스라엘로부터 정당하지 않은 공격을 받고 있다는 사실을 알아야 합니다. 군인 두 명을 포로로 잡은 일이 이스라엘의 이런 공격을 정당화하지는 않습니다.

6. 사람들 간의 분위기는 어떻습니까?

우리의 일치된 생각은 단결해야 한다는 것입니다. 우리나라는 지금 공격받고 있으니까요. 극히 다양한 사람들이 모여 살고 각자 나름의 생각과 의견이 있지만, 서로를 너그럽게 보아주면서 함께 공존해나갑니다.

당신네 나라가 우리를 더 이상 악몽으로 밀어넣지 말고 어서 빨리 정신을 차렸으면 합니다. 하루라도 빨리 총격을 멈추기만 바랄 뿐입니다. 이스라엘이 이스라엘 국민의 인간성을 소중히 여기듯 우리의 인간성도 존중해주기를 바랍니다.

2006년 7월 18일, 밤 11시 30분

발전기가 중단되기 전까지 30분 정도 시간이 있습니다. 베이루트는 대부분 어둠에 잠겨 있죠. 이 나라가 어찌될지 감히 상상하지는 않으려 합니다.

베이루트 다히에 – 두 여자가 붕괴된 건물 잔해 위를 걷고 있다 (AFP)

오늘은 특별히 더 이상한 기분이 드는 날이네요. 내일 아침 이 나라를 떠날 수 있는 기회가 주어졌기 때문인가 봅니다. 차로 시리 아까지 가서 그다음에는 요르단으로 가고, 거기서부터는 비행기로 내가 가고 싶은 곳 어디든 갈 수 있답니다. 며칠 동안 나는 이 나라를 떠나고 싶다는 마음이 간절했습니다. 내 일을 하고 싶고, 마감일에 쫓겨도 보고 싶고, 내 삶을 계속하고 싶었기 때문이죠. 며칠 동안이나 이 전쟁이 주는 양가감정에 갈등했습니다. 내 삶을 다시 일으키고 싶은 열정과 이 상황을 함께해야 한다는 의지 간의 갈등입니다. 내일 아침 7시까지 준비를 마쳐야 한다고 알리는 전화가 왔을 때 나는 잠깐 생각할 시간을 달라고 했습니다. 그러고는 결국 주저앉아버렸죠. 인간이든 물건이든 모두 처참하게 파괴된 광경, 거의 250명에 이르는 사망자 수, 800명도 넘는 부상자, 집을 떠난 사람이 40만 명, 이런 것들이 내게 의무감을 버려서는 안 된다고 하더

군요. 이것은 애국심도 아니고, 그저 이스라엘을 물리쳐야 한다는
의지입니다. 저들은 이런 짓을 해서는 안 되었고, 나를 쫓아낼 수도
없습니다. 그들은 나를 쫓아내지 못할 것입니다.

나는 여기 머물기로 결정했습니다. 언제 또 떠날 수 있는 기회가
생길지는 모르죠.

2006년 7월 22일

내 절친한 친구이자 사랑하는 언니인 마리아가 이틀 전에 떠났
습니다. 영국 대사관의 지시에 따라 대피한 것입니다. 언니는 대피
하기 몇 시간 전까지도 도저히 떠날 수가 없을 것 같다고 했습니다.
언니에게는 아홉 살과 다섯 살 된 두 아들이 있습니다. 언니와 남편
은 런던에서 오래 살았기 때문에 영국 시민권을 갖고 있었고, 언니
를 소중히 여기는 사람은 모두 언니에게 전화를 걸어 영국 사람들
과 함께 떠나라고 성화였죠. 언니는 베이루트 공습 이틀째 되던 날
산으로 피난을 갔습니다. 우리는 전화로 서로 대화를 나누면서 온
전한 마음을 지킬 수 있었고, 예전의 우리 모습, 예전에 우리가 살
았던 삶을 떠올릴 수 있었습니다. 우리는 같은 질문을 하고 또 했습
니다.

"정말 내가 떠나야 할까?"

"정말로 떠나야 하는 거야?"

언니는 떠나고 싶지 않지만 아이들을 위해서는 떠나야 할 것 같
다고 했습니다.

언니는 결국 이틀 전에 떠나기로 결심했습니다. 나는 두 아들과

부두에서 출항을 기다리는 언니에게 전화를 걸었습니다. 언니 남편은 여기 남는답니다.

"이건 너무 끔찍한 일이야, 너무 끔찍해."

언니는 그 말만 되풀이했습니다. 나도 언니 말을 따라 했습니다.

"그래, 이건 너무 끔찍한 일이야, 너무 끔찍한 일."

언니는 다시 사정하듯 말했습니다.

"내가 지금 옳은 결정을 한 걸까?"

나는 전혀 주저하지 않고 대답했습니다.

"그럼, 물론이야."

언니가 보고 싶을 거라는 말을 하지 않을 수 없었습니다. 나는 자기중심적이고 의존적인 아이마냥 돌보아줄 사람이 필요하다고 느꼈습니다. 사실 나는 언니 없이 여기서 살아갈 일이 너무 두려웠습니다. 내 마음 한 귀퉁이가, 커다란 한 뭉텅이가 부두에 두 아들과 함께 서 있는 것만 같았습니다. 베이루트가 좋았던 이유는 언니가 있었기 때문인데······.

2006년 7월 23일

이틀 전에 저널리스트들과 동행해 하렛흐레이크에 다녀왔습니다. 나는 아직도 그 파괴의 현장을 목격하며 받은 충격에서 벗어나지 못했습니다. 그런 파괴 현장을 본 것은 정말 처음이었거든요. 서방 기자들은 묵시록 후의 광경을 본 듯하다고 했습니다. 미국 기자들은 거기서 그라운드제로(Ground Zero, 원자폭탄이나 수소폭탄 등 핵무기가 폭발한 지점)를 떠올렸습니다. 땅에 구덩이가 팬 정도가 아니라 아예 지역 전체가 납작 짜부라져 버렸더군요. 콘크리트 더미, 철근, 섬유류, 이곳 사람들의 삶을 이루었던 갖가지 물건의 잔해 더미가 여기저기 검게 그을린 채 쌓여 있었습니다. 사진, 옷가지, 그릇, CD, 컴퓨터 모니터, 칼과 포크, 책과 공책, 테이프, 알람시계. 수백 가족의 삶을 이루었던 것들이 연기가 올라오는 잔해 더미 사이에서 나뒹굴고 있었죠. 새벽에 폭격받은 건물들은 여전히 연기를 피워 올리고 있었습니다. 천천히 무너져 내리기도 했고요.

너무나도 무섭더군요. 병원과 사회복지 사무실이 있던 건물 앞에서 발걸음을 멈추었습니다. 사방에 CD와 DVD가 널려 있었습니다. 헤즈볼라 선전물일 거라고 생각하며 몇 개를 주워 살펴보았습니다. 첫 번째 것에는 '사흐 엘 놈 1', 두 번째 것에는 '사흐 엘 놈 17'이라고 적혀 있더군요. 1960년대 시리아 텔레비전에서 인기리에 방영되었던 시트콤 제목입니다.

하렛흐레이크도 헤즈볼라 사무실이 많이 있는 곳입니다. 알 마나르 방송국은 '안전구역'이라고 알려진 곳에 있죠. 헤즈볼라의 연구센터와 정책연구실, 이 당과 관련된 다른 기관들은 한 구역에 밀집되어 있었습니다. 그런데 이 구역 35개 이상의 건물이 전부 붕괴되었다고 합니다.

한 건물에서는 아직도 불길이 치솟고 있었습니다. 그 황폐한 광경 위로 연기구름이 피어오르고, 붕괴된 건물 콘크리트와 금속 더미 위를 지나는 내 발은 뜨거웠습니다.

2006년 7월 26일

내 허접스런 메일이 퍼지기 시작했습니다. 날마다 쓰겠다는 스스로의 약속을 지키긴 어렵군요. 세상이 그립습니다. 내 삶이 그립고, 내 자신이 그립습니다. 내 주변 사람들도 감정의 기복을 겪고 있는 듯하지만 그래도 나보다는 더 빨리 회복하고, 더 안정되어 보이고, 더 용기 있는 것 같단 생각이 듭니다. 절망 속에 사는 사람들을 보면서 내 자신이 좀먹어 들어가는 것만 같습니다. 이것은 그리 현명한 짓이 아니죠. 다시 말하자면 현명한 생존전략이 아닙니다.

나는 폐허 더미 아래에 깔려 있거나 잔해 더미 사이에 묻힌, 이름도 얼굴도 모르는 사람들의 유령에 시달리고 있습니다. 언제쯤 되어야 이들 시신을 적절히 매장이라도 해줄 수 있을까요?

2006년 7월 26일, 같은 날 나중에

전에 하던 일의 감각을 잃지 않고 내 능력을 최대한 발휘해보기 위해 애쓰고 있습니다. 그러기가 거의 불가능하긴 하지만 여기서 중단해버리면 영원히 뒤처지고 말 거라는 걸 알기 때문이죠. 일을 하면서 메일까지 쓴다는 것은 현실적으로 불가능합니다. 바깥세상은 그야말로 멀기만 하군요. 뉴욕에 있는 내 아파트의 형상을 떠올리는 것도 힘듭니다. 길모퉁이에 있던 정육점 '에비뉴 A'와 그곳 주인인 예멘 사람도 모두 기억에서 사라졌습니다. 당신도 포위공격을 받고 있는 상황이라면 이렇게 될 겁니다. 내 친구 크리스틴은 내게 미치지 않기 위해서라도 억지로 사무실에 나간다고 했습니다. 하지만 전쟁이 벌어지기 전에 뭘 했었는지 가물가물하다고 하더군요.

나바티예 – 붕괴된 나바티예 진입 고속도로 (아스 사피르)

하루에도 몇 번씩 낮고 으스스한 이스라엘 비행기 소리가 공포감을 불러일으킵니다. 한편 매일 이곳으로 들어오는 피난민 행렬이 이 도시의 공간을 바꿔놓습니다. 그들의 비참한 모습은 이 전쟁의 가슴 아픈 표식입니다.

나는 어제 오후를 아쉬라피에(동베이루트의 기독교도 지역, 올리브 숲이라는 뜻) 근처에 있는 캄엘제이툰에서 보냈습니다. 그곳 학교들은 남부와 베이루트 남쪽 외곽에서 온 피난민들을 수용하고 있습니다. 거기서 한쪽 팔에 석고붕대를 하고 눈은 장난기로 반짝이는 여섯 살짜리 아이와 카드놀이를 했습니다. 몸이 뚱뚱한 한 할머니가 R에게 와서 자기와 자기 여동생이 머물 방을 알아봐 달라고 부탁하더군요. 자기처럼 늙고 병든 사람은 이런 더위와 모기를 도저히 견딜 수 없다고 하면서요. 그 할머니는 거의 사정하다시피 했습니다. 위엄 있게 죽고 싶지, 이렇게 학교 매트리스 위에서 죽고 싶지는 않다는 말을 하면서 그 할머니는 간신히 눈물을 참고 있었습니다.

그들을 떠나오는 내 마음은 무겁기만 했습니다.

2006년 7월 28일

포탄이 쏟아지고, 포위공격 받고, 비애와 슬픔이 내리누르는 전쟁 중에도 부겐빌레아(분꽃과의 열대성 덩굴 식물) 꽃은 만개하여 황홀한 자태를 자랑하는군요. 활짝 피어난 자줏빛 붉은색, 뽐내듯 강렬한 붉은색, 눈부신 흰색, 그리고 가끔씩 보이는 카나리아 같은 노란색 꽃무리가 눈을 어지럽힙니다. 이 꽃들은 물, 태양, 열, 바람 같은 자연적인 요소의 객관적인 결과지만, 나는 이 꽃을 볼 때마다 마음이 불편합니다. 이 전쟁으로 모든 것이 변해버렸는데, 저 만개한 부겐빌레아만 멀쩡하거든요. 다른 꽃을 피우는 나무들은 정원사나 보호자가 정성껏 돌봐주지 못해서, 아니면 주인이 이중국적자라 배를 타고 떠나버려서 시든 채 고개를 숙이고 있습니다.

사이다로 가는 길에 만개한 부겐빌레아를 보니 어처구니가 없더군요. 짜증이 일고 속이 상했습니다. 그 풍요로운 이파리와 꽃들 사이로 보이는 폐허의 풍경에다, 자줏빛과 붉은빛으로 활짝 꽃을 피운 부겐빌레아 사이로 무너진 다리도 나타났습니다.

우리는 구﹡도로를 따라 달렸습니다. 이 도로라고 상처입지 않고 살아남은 것은 아닙니다. 길 가운데 작은 구덩이가 군데군데 나 있고, 바위 덩어리도 나뒹굴었으며, 시멘트 조각이며 무너진 건물에서 나온 쓰레기들로 어지러웠습니다. 구불구불 돌아가는 내부도로에서 보니 새로 만든 고속도로에는 큰 구덩이가 패어 있더군요.

해변도로는 보통 지금 같은 여름철이면 외국인, 해외 거주 레바논인, 여름방학을 맞은 학생들, 관광객으로 북새통을 이룹니다. 여기는 사람들이 가장 많이 찾는 남쪽 해변이거든요. 호화로운 곳부터 소박한 곳까지 분위기도 다양합니다. 여름 이맘때쯤이면 이 도로들은 도시의 잘생긴 젊은이들, 수영복을 입고 멋지게 태운 몸매를 자랑하려는 사람들, 이 지역 멋쟁이들로 붐빕니다. 하지만 지금은 모든 것이 기괴할 정도로 황량합니다. 여기저기서 경계근무를 하는 군인은 언제라도 엄호물을 찾아 몸을 사릴 태세로 조심스럽게 돌아다니고, 주변의 모든 생명은 시들었거나 짐을 꾸려 떠났습니다.

문과 창문이 잠기고 셔터까지 내려진 집을 지나다가 그 집에 살던 사람들이 마지막 눈길을 던지며 현관에서 머뭇거리는 것을 보았습니다. 모든 것을 잘 치우고 챙겼나 확인하고, 마지막 작별인사를 하는 거겠지요. 아니 모든 일이 다 잘되게 해달라고 기도를 올리거나 신에게 자비를 베풀어달라고 애원하는 건지도 모르겠습니다. 그들도 이제 서둘러 차에 타고 임시 대피소로 떠났습니다.

사이다 만灣이 나타났습니다. 경치가 멋진 해안 절벽을 따라서 이어지는 도로도 적막하기만 했습니다. 고속도로에서 절벽 도로로 넘어가는 다리는 산산조각이 나 있었습니다. 고철덩이가 된 차들이 널브러져 있고 콘크리트 더미 아래에 박힌 차들도 보였습니다. 우리는 사이다로 들어갈 수 있는 길을 찾으려고 돌고 돌다 샛길을 찾아 사이다로 들어갔습니다. 오렌지 과수원에서 진한 향기가 풍겨왔습니다. 시내는 무척 붐비더군요. 도로에 차가 가득하고 보도도 사람들로 꽉 들어차 있었습니다.

이틀 전까지 사이다로 10만이 넘는 피난민이 들어왔답니다.

피난민들은 밤이슬을 피하기 위해 건물 입구나 차고라도 빌린다고 합니다. 지금 85군데가 넘는 학교가 피난민들을 수용하고 있답니다. 옛날 교도소나 법원 건물도 마찬가지고요.

우리가 방문한 피난민 수용 건물은 사이다 전경과 옛 성채가 내려다보이는 언덕에 서 있었습니다. 언덕 위에 서니 부드러운 바람이 불고 모든 것이 더 고요하게 느껴지더군요.

우리는 행정직원의 안내로 여러 방을 돌아보았습니다. 방바닥으로 햇빛이 눈부시게 쏟아지고, 복도까지도 볕이 잘 들었습니다. 방은 넓어 침대가 네 개씩 들어가고도 여유가 있었습니다.

다음 방으로 들어가니 할머니 둘이 누워 있었습니다. 한 할머니 옆에 아들이 앉아 어머니를 돌보고 있었습니다. 다른 할머니는 장애가 있어 걷지 못한다고 했습니다. 그 할머니는 압바시예에서 왔는데 모두들 떠나면서 이 할머니만 놓아두고 갔다고 합니다. 그 마을의 이장이 할머니만 내려놓고 떠나버렸다네요. 할머니가 말을 하지 않아서 그 할머니에 관해 아는 사람은 아무도 없었습니다. 신분을 알려줄 만한 어떤 것도 갖고 있지 않았고요. 할머니는 침대에 누워 뜰만 바라보고 있었습니다. 한 곳으로만 고정된 시선이 무척이나 강렬하더군요. 나는 그렇게 날카롭고, 순수하고, 집중된 슬픔을 본 적이 없습니다. 우리가 방에서 돌아다니는데도 할머니는 움쩍도 하지 않았습니다. 병원 행정가가 인사해도 대꾸도 하지 않더군요.

우리는 온 길을 다시 운전해 돌아왔습니다. 마음에 오가는 생각들이 너무 많아 마음이 무겁기가 이루 말할 수 없었습니다. 하지만 그립던 오렌지 꽃향기를 맡았고, 이제 만개한 부겐빌레아를 용서합니다.

팔레스타인, 끝나지 않은 고통

— 가자 전쟁일기

모나 엘 파라
라일라 엘 하다드

■ **모나 엘 파라**Mona el-Farra

가자 지구 자발리아 난민 캠프에 있는 알 아우다 병원의 의사
이자 공동 설립자다. 현재 모나는 건강 상담사, 지역사회 조직
전문가, 인권활동가로 일하고 있다.

■ **라일라 엘 하다드**Laila el-Haddad

저널리스트라는 직업 때문에 여행을 자주 한다. 여행을 하지
않을 때는 남편 야신이 일하는 미국과 부모가 살고 있는 가자
를 오가며 지낸다.

모나와 라일라는 팔레스타인 사람으로, 이모와 조카 사이다. 모나 엘 파라는 팔레
스타인 가자 지구 자발리아 난민 캠프에 있는 알 아우다 병원의 의사이자 공동 설
립자다. 라일라 엘 하다드는 여행을 자주 하는 저널리스트로 남편 야신이 일하는
미국과 부모가 살고 있는 가자를 오가며 지낸다. (야신의 부모는 1976년 8월 베
이루트 외곽지역 텔자타르 학살이 있기 몇 주 전에 바알베크에 있는 와벨 난민 캠
프로 피신해 그 학살을 모면했다. 와벨 캠프는 야신이 태어난 곳이기도 하다.) 모
나와 라일라는 인터넷 블로그에 일기를 썼다. 모나의 〈가자에서, 사랑으로From
Gaza, with Love〉(fromgaza.blogspot.com)는 2006년 3월부터 시작되었고, 라일
라의 〈유수프를 키우며Raising Yousuf〉(a-mother-from-gaza.blogspot.com)는
2004년 11월에 처음 문을 열었다. 일기에서 모나와 라일라는 가자 등 레바논에
사는 가족 이야기와 더불어 서로의 이름을 자주 언급했다.

7월 12일부터 8월 14일까지 34일간의 레바논 전쟁이 벌어지기 전부터도 가자
는 정치적인 면에서나 경제적인 면 전반에 걸쳐 극심한 압박과 제재를 받아왔다.
2006년 1월 하마스가 팔레스타인 국회의원 선거에서 다수 의석을 차지한 이후
6개월이나 이어진 압제는 6월에 이스라엘이 공격을 감행하면서 정점에 달했다.

　이 장은 2006년 6월에서 8월까지, 모나와 라일라의 일기를 두 저자와 상의하에 발췌하여 편집한 것이다.

　(모나의 일기는 검은 글자로, 라일라의 일기는 회색 글자로 쓰고 제목에 곁점(●)을 찍어 구별했다.)

2006년 6월 9일 : 가자 해변

오후 4시경, 열두 살 호다는 언니, 오빠와 함께 즐겁게 깔깔거리며 바다를 향해 달려가고 있었습니다. 호다의 아빠와 엄마도 소풍 바구니를 들고 뒤따라오는 중이었죠. 그날은 금요일이었고, 호다의 가족도 다른 팔레스타인인처럼 힘겨운 일상에서 잠시 벗어나 즐거운 시간을 보낼 예정이었습니다.

팔레스타인인들은 이스라엘, 유럽연합, 미국이 가하는 경제 제재와 군사적인 봉쇄로 이루 말할 수 없는 고통 속에 살고 있습니다. 16만 공무원은 4개월이나 월급을 받지 못했고, 팔레스타인 경제는 이미 무너지고 피폐해졌죠. 실업률은 높고 정치상황은 불안정하며 분파별 파벌 싸움도 심각합니다. 의료서비스는 취약하고 필수 의약품도 부족한 상태이며 정신건강 문제도 심각한 데다 어린아이들은 영양실조 상태로 고통을 겪고 있습니다.

한순간에 호다의 가족은 산산조각이 나버렸습니다.

느닷없이 이스라엘의 무장 헬리콥터가 나타나 해변에 무차별 사

격을 퍼부었습니다. 아파치 헬리콥터가 하늘을 가르는 동안 땅에서
는 탱크부대가 포탄을 쏘아댔죠. 이날 민간인 10명이 목숨을 잃었
고, 40명이 부상을 입었습니다.

저는 텔레비전에서 호다가 놀라 울면서 "아, 아악! 아빠, 아빠!"
하고 울부짖는 장면을 보았습니다. 모래 언덕에 쓰러진 호다 아빠
의 몸은 이미 숨이 끊어져 그 어린 것의 애타는 부름에 대답할 수
없었죠. 호다의 엄마도, 그리고 언니와 오빠 셋도 그 자리에서 목숨
을 잃었습니다.

호다는 다른 부상자, 사망자 수십 명과 함께 알 아우다 병원으로
실려 왔습니다. 병원에 도착했을 때 호다는 너무 큰 충격으로 모든
것을 부정하고 있었습니다. 계속해서 "엄마랑 아빠는 안 죽었어요.
엄마 아빠는 다른 병원으로 갔어요!" 하고 울부짖었죠.

호다의 가족은 단 한순간에 파괴되었습니다. 그런데 제가 들은
말이라고는 "이스라엘군은 이 사건을 조사할 것이다"였고, 미국은
그 사건을 두고 "이스라엘은 자국을 방어할 권리가 있다"고 하더군
요! 제가 무슨 말을 할 수 있겠습니까? 그저 가자에 사는 많은 사람
들처럼 울음을 터뜨릴 수밖에 없었습니다. 병원의 제 동료들은 그
아이 병실에 들어가지도 못했습니다. 병원에서 이 사건을 취재하던
카메라맨마저 주저앉고 말았죠.

친구들이여…… 지난주에는 알 아우다 병원으로 실려온 부상 입
은 응급구조대원들을 찾아갔습니다. 대원들은 이스라엘군과 저항
군 간에 벌어진 전투에서 숨진 저항군들의 시신을 수습하다가 공격
받았습니다. 우리 병원 응급실 직원인 스물일곱 살 디아 할라비도

다쳤습니다. 라디오 뉴스 리포터도 부상을 입었고, 민간인 부상자도 열 명이나 됩니다. 그들은 응급구조단 차량이라는 것을 뻔히 알면서도 공격했죠. 저는 디아와 다른 부상자들에게 들은 이야기를 써보려 했지만, 차마 글로 옮길 수가 없네요. 이스라엘군은 응급구조 팀도 가리지 않고 공격합니다. 점령치하에 사는 우리의 운명이란 게 비정상적인 일을 당하고도 그것이 의례적인 일인 양 여겨야 하는 것인가요? 친구들이여, 부디 제가 이 모든 일을 꿋꿋하게 견딜 수 있도록 도와주세요. 그래야 제가 다른 사람들을 돕는 일을 계속할 수 있습니다.

2006년 6월 9일 : 피의 금요일 — 포격과 음속폭음 공격이 계속되는 가운데, 가자에서 10명이 학살되다●

메릴랜드로 막 돌아와서 제 나머지 여행기를 올리고 에이미 굿맨이 진행하는 〈데모크라시 나우Democracy Now〉의 오늘 제 분량도 준비하려고 앉았다가, 가자 북부 해변에서 팔레스타인 사람 열 명이 목숨을 잃었다는 소식을 접했습니다. 이스라엘군이 소풍 나온 사람들을 향해 포격을 가했다는군요. 사망자 중 셋은 어린아이고, 둘은 두 살도 안 된 아기였다고 합니다. 아이의 어머니도 목숨을 잃었고, 다른 민간인도 40여 명이나 부상을 입었답니다. 가자 북부 알아우다 병원에서 일하는 모나 이모에게 전화를 걸었습니다. 이모는 완전히 정신이 없더군요. 평소에 이모는 어지간해서는 이성을 잃는 사람이 아닙니다.

이모는 피로 난장판이 되고 몸이 절단 난 사람들 이야기를 했습

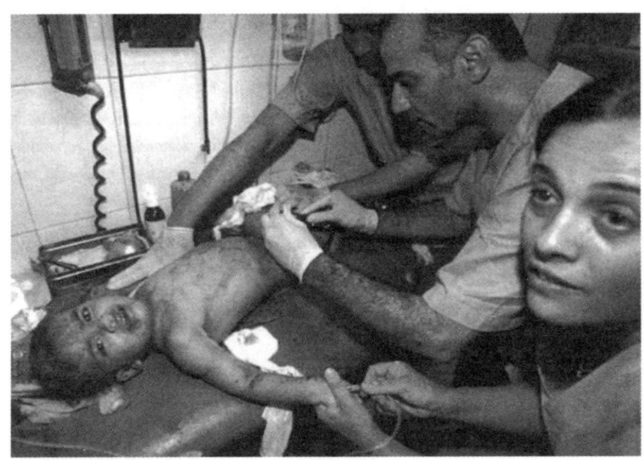

베이루트 시아 - 이스라엘 공습 후 응급실 상황 (AP)

니다. 총격을 받아 피투성이가 된 여자아이가 아빠를 찾으며 울자 감정을 이기지 못해 취재 카메라를 떨어뜨려버린 카메라맨 이야기도 해주었습니다.

가자에서 벌어지는 일을 사람들에게 전하는 것만으로도 그들에게 조금이나마 보탬이 되는 일을 하는 기분이라고 말한 게 겨우 일주일 전입니다. 헌데 지금 저는 제 자신이 너무 무익하고, 너무 무능하다는 생각과 함께 분노가 치밀어오릅니다. 그저 울부짖고만 싶습니다.

이모는 끔찍한 음속폭음(sonic boom, 제트기가 음속을 돌파하며 비행할 때 발생하는 폭발음) 공격이 재개되었고, 이스라엘 전투기들이 칸유니스 지역에 폭격을 가하고 있다는 말도 했습니다. 바로 어젯밤에 제가, 공식적인 선언은 없었지만 인권기구들의 압력으로 음속폭음 공격은 중지된 것 같다고 말했는데, 너무 성급한 판단이었습니다.

우리의 공포는 가시질 않건만, 야후 사이트의 주요 헤드라인은 "하마스가 이스라엘에 공격을 재개했다"입니다. 이것이 오늘 아침 에이미 굿맨이 제게 물었던 다음과 같은 질문에 대한 적절한 대답일 것 같군요.

"이 모든 일을 대중매체가 어떻게 다루고 있다고 생각하십니까?"

2006년 6월 13일, 오후 12시 30분 : 가자의 낮

이스라엘의 아파치 무장 헬리콥터가 가자 시 동쪽 지역에서 팔레스타인 민간인을 향해 세 차례나 로켓포를 발사했습니다. 목표는 이슬람 지하드 대원이었죠. 그도 목숨을 잃었지만 민간인이라고 해서 죽음을 면할 수는 없었습니다. 최소한 9명이 목숨을 잃었고, 35명이 부상을 입었습니다. 부상 정도가 심각해 사망자 수는 더 늘어날 것입니다. 사망자 중 2명은 부상자들을 후송하던 응급구조대원이었습니다.

저는 지금 집에서 이 글을 쓰고 있습니다. 하늘을 가르는 F-16 제트전투기 소리에 겁에 질린 막내딸을 안심시키느라 집중하기가 어렵습니다. 전기도 언제 끊길지 모르는 상태죠. 매번 공격이 있을 때마다 전기가 끊어져서 지금 급히 서두르고 있습니다.

친구들, 이웃들, 동료들이여…… 여러분에게 긴급히 소식을 전합니다. 이스라엘은 미국의 전적인 경제·정치·군사적 지원을 등에 업고 팔레스타인에서 우리를 마음껏 유린하고 있습니다. 민주주의를 이야기하고 있나요? 제발 잊어주세요. 미국은 절망적인 범죄 국가입니다.

우리 모두 함께한다면 많은 일을 이룰 수 있습니다. 우리에게는 미래가 있습니다. 언젠가는 우리도 평화로운 세상을 볼 수 있을 것입니다. 우리는 이겨낼 것입니다. 여러분 모두를 사랑합니다.

2006년 6월 13일 : 가자의 밤

글을 쓰고 있는 지금도 하늘을 가르는 제트전투기 소리가 들립니다. 죽음과 공포를 불러오는 소름 끼치는 소리죠. 지금은 밤 10시 30분, 저도 다른 사람들과 마찬가지로 저들이 가자에 폭격을 퍼붓지 않기만을 바라고 있지만 공습은 언제 시작될지 모릅니다. 그 결과는 참담할 것입니다. 저항군 전사들도 전투 준비를 하고는 있지만 어느 쪽이 승리할지는 불을 보듯 훤합니다. 저항을 하든 하지 않든 이스라엘은 쉬지 않고 우리를 공격합니다. 많은 민간인이 목숨을 잃을 것입니다. 지금 라디오 방송을 듣고 있는데 이스라엘의 공격이 칸유니스부터 시작된 것 같습니다. 아파치 무장 헬리콥터와 제트전투기의 엄호 아래 포병대가 포격을 가하기 시작했다는군요. 지금은 글을 쓸 수 있지만 다음 순간 무슨 일이 벌어질지 알 수 없는 노릇입니다. 전기도 곧 끊어질 것입니다. 내 귀여운 아이들 무함마드와 손도스는 아까 두세 시간 전에 집에 돌아오다 하마터면 목숨을 잃을 뻔했습니다. 우리집으로부터 150미터 앞에서 차 한 대가 폭발했거든요. 한 사람이 목숨을 잃었고 네 명이 다쳤습니다. 걱정 외에 무슨 수가 있을까요? 저는 엄마인데도요.

전 강인함을 잃어서는 안 된다고 마음을 다집니다. 내일은 적신월시(Red Crescent Society, 붉은 초승달 모양의 표장을 사용하는 이슬람권의 적십자사) 사무실에 가서 알 아우다 병원 응급실에 필요한 의약품을 가져올 예정이었습니다. 그런데 국경이 폐쇄되어 의약품 수송이 중단되었습니다. 이 문제가 세계보건기구WHO의 도움으로 얼른 해결되기를 바랍니다. 너무 늦지 않게 의약품을 받을 수 있도록 노력은 계속해볼 생각입니다.

하늘에서 들리는 비행기 소리가 점점 더 커지고 있습니다. 글이라도 쓸 수 있는 것이 제게는 큰 위안입니다. 저는 세계 모든 어린이의 안전을 위해 기도합니다. 이스라엘 어린이도 포함해서요.

2006년 6월 14일 : 말조차 할 수 없을 때●

팔레스타인 사람들은 너무나 힘든 시간을 견디고 있습니다. 특히 가자 사람들의 고통은 이루 말할 수 없습니다. 저는 제 동족이 포탄 세례를 받고 옴짝달싹 못하게 봉쇄된 채 살고 있는 모습을 머나먼 땅에서 지켜보는 것 외에 할 수 있는 일이 아무것도 없습니다. 제가 무슨 말을 해야 할지조차 모를 때면 이 상황을 전 세계에 알리는 다른 사람들을 보면서 위안을 얻습니다.

여기 기돈 레비와 대니 루빈스타인의 정곡을 찌른 두 기사 일부를 인용합니다.

이제는 지난 주말에 벌어진 사건들에 놀라는 사람도 없다. 몇 주째 상황은 악화일로다. 우리가 지적해야 하는 것은 이스라엘이 카삼 로켓에 대적하기 위해 해야 하는 일이 아니라 그들이 해서는 안 되는 일이다. 많은 사람들이 오가는 거리로 미사

일을 발사하고, 해변에 있는 사람들을 향해 탱크를 동원해 포
격을 가하는 군대가 무고한 민간인을 해할 의도가 없었다고
주장하는 것은 어불성설이다.　　　　　　　　　　—기돈 레비

이스라엘이 정책을 바꾸겠다고, 완전한 정전停戰을 원하고 순
수하게 대화를 하겠다고 발표하지 않는 한 이런 상황은 계속
될 것이다.　　　　　　　　　　　　　　—대니 루빈스타인

에이미 굿맨이 진행하는 뉴스 프로그램 〈데모크라시 나우〉에서
의사이자 지역사회 활동가이며 〈가자에서, 사랑으로〉 블로그를 운
영하는 우리 이모 모나 엘 파라를 인터뷰했습니다. 그 인터뷰에서
는 여러 가지 다른 문제와 더불어 해변 학살은 이스라엘 소행이 아
니었다는 주장에 대해 이야기했습니다.

2006년 6월 27일 : 최악의 상황에 대비하기 — 정전停電, 교각 폭파, 음속폭음 공격●

가자의 친구와 가족들은 평화를 간구하는 기도를 올리는 한편
최악의 경우에도 대비하고 있다고 합니다. 이스라엘군의 잔학행위
를 당한 것이 한두 번이 아니니까요. 라파 난민 캠프에서는 무장한
불도저에 집을 잃었던 팔레스타인인 1만 6000명이 언제 쏟아질지
모르는 포격에 대비하여 집 안에 굴을 파놓고 삽니다.

이스라엘이 라파 통행로와 공항을 포함한 국경지역을 통제하고
있습니다. 저랑 미 북동부를 함께 여행했던 제 동료이자 팔레스타

인 인권운동가인 피다 키쉬타는 이집트로 가는 중입니다. 거기서 라파에 있는 집으로 돌아오려면 이스라엘군이 허가할 때까지 기다려야 하죠. 이스라엘군은 가자 지구를 완전히 봉쇄해버렸습니다. 저는 피다가 무사한지 걱정입니다. 피다는 비행기가 런던 공항에서 지연되었을 때 급히 전화를 걸어왔습니다. 어제 예루살렘에서 온 CNN과 BBC 취재 팀도 가자 지구로 들어가는 에레즈 검문소에서 통과를 허락받지 못했다고 하더군요.

이스라엘의 F-16이 북부 가자와 남부 가자 사이에 놓인 가자의 중요 교각을 폭격했습니다. 우리 아버지 농장이 바로 그 옆이죠. 가자의 하나뿐인 발전소도 폭격받았습니다. 가자 지구 전기는 끊기고 말았죠. 방금 칸유니스에 사는 할머니와 통화를 했는데 가자 지구 전역이 암흑에 빠져버렸고, 사람들은 식료품과 생활필수품을 사들이고 있다고 합니다. 병원에도 전기가 끊겼다는데 발전기로 얼마나 견딜 수 있을까요.

가자 사람들은, 이스라엘과 미국을 포함해 세계 대부분의 나라에서 금지되고 있는 음속폭음 공격으로 두려움에 떨며 지냅니다. 전투기들이 민간인 거주지역 상공을 낮게 날며 초음속을 전력으로 돌파하면서 위력이 전보다 더 세졌다고 합니다.

2006년 6월 28일 : 대규모 공격을 받고 있는 가자

알 아우다 병원에는 지금 의약품이 일주일 분량밖에 남지 않았습니다. 이스라엘의 공격이 계속되어 사상자가 더 늘어난다면 의료 재앙을 피할 수 없는 상황이죠.

새벽 1시 30분 : 가자 다리가 폭파되었고, 제트전투기는 여전히 하늘을 가르며 폭격을 가하고 있습니다. 가자 발전소로 떨어진 미사일 수만 해도 최소한 일곱 개는 됩니다. 우리집 창문 밖으로 엄청난 불길이 치솟는 광경이 보이고 사이렌을 울리며 달려가는 응급차량도 보입니다. 전함에서도 포격을 시작했습니다. 해변에 있는 우리집에서는 그 광경들이 모두 보입니다.

아침 7시 : 간밤에는 전기가 나가 컴퓨터를 켤 수 없었습니다. 저는 아들과 딸과 함께 마룻바닥에서 몸을 떨었습니다. 가자의 다른 사람들처럼 우리도 전혀 잠을 자지 못했습니다. 제트전투기들이 끊임없이 음속폭음을 일으키고 있기 때문에 도저히 잠을 잘 수 없었죠. 폭발음이 얼마나 크고 무서운지 모릅니다.

2006년 7월 1일 : 저는 괜찮습니다!

저는 정당하고 고귀한 명분을 전하고 있습니다. 저를 위협해 물러서게 할 것은 없습니다. 팔레스타인을 포함하여 세계 구석구석에서 온갖 불의와 싸우는 사람들이 모두 저의 동료고 친구입니다. 체게바라가 "먼 곳에 있는 누군가가 불의로 고통을 겪는 것을 보고 분노로 몸을 떨 때 당신은 동지고 진정한 인간이다"라고 한 말에 전적으로 공감합니다. 제가 제대로 이 상황을 전할 말을 찾을 수 있도록 도와주세요. 제2차 세계대전 중에 유대인이나 다른 피해자들이 당한 일은 인류가 저지른 수치스러운 범죄입니다. 피부색, 인종, 종교로 인간을 판단하는 것은 너무나 큰 잘못이고 시대에 뒤떨어진 일이에요. 세상의 모든 어린이를 위해서 우리 모두 함께 밝은 미래를 만들어가야 합니다.

저는 괜찮습니다……. 저는 할 말을 찾지 못해 헤매고는 있지만 절망에 항복하지는 않을 것입니다.

2006년 7월 1일 : 집단 고문과 국가 테러리즘

하마스가 주로 일하는 팔레스타인 내무부 건물이 어젯밤 이스라엘의 로켓포 공격을 받았습니다. 제 친구 호다가 사는 아파트 옆 건물이죠. 공격은 어제 새벽 1시 아니면 2시 경에 시작되었습니다. 시간을 정확하게 기억하지 못하는 것을 이해해주세요. 저는 밤이고 낮이고 시간감각을 잃어가고 있고, 공격을 몇 번이나 받았는지도 깜빡깜빡 잊어버립니다.

건물 전체가 흔들렸다고 하더군요. 호다는 파자마 차림으로 밖으로 뛰쳐나갔고, 거기 사는 사람 모두가 잠옷 차림으로 뛰어나왔다고 합니다. 아이들은 미친 듯이 울어댔고, 그 근방이 연기로 꽉 찼답니다. 폭격을 받은 건물 바로 옆집은 아이들이 여섯이나 되는데, 그 집 또한 크게 부서졌답니다. 소방대원들은 호다의 아파트를 통해 소방 작업을 했습니다. 다행히도 폭격이 있던 동안 내무부 건물은 비어 있었다고 하더군요! 그 공격의 목표는 아무런 이유도 없는 복수입니다. 우리집은 호다 집에서 150미터 정도밖에 떨어져 있지 않습니다. 안전한 사람은 아무도 없고 이런 일에 면역이 된 사람도 없죠. 호다가 당한 일을 보면서 2년 전 가자에 있는 아라파트 본부가 공격받던 밤이 생각났습니다. 저는 그날 밤 포탄이 37개나 쏟아졌던 건물과 아주 가까운 곳에 살았거든요.

전기는 여전히 끊어진 채입니다. 어제 전기가 들어온 시간은 겨우 세 시간뿐입니다. 제 노트북과 휴대전화를 충전하고 약간의 음식을 만들기에는 충분한 시간이었죠. 병원이 몹시 걱정입니다. 발전기를 돌리는 데 필요한 연료 공급도 원활하지 않습니다. 이스라엘의 공격이 시작된 후로 국경은 완전히 봉쇄되었고 가자에 연료 반입도 금지되고 있으니까요. 의료용품 공급도 원활하지 않죠. 오랫동안 제재를 받고 있는 상태이므로 모든 물품이 부족합니다. 약국도 비었습니다. 물도 부족하여 배급이 필요합니다. 우리는 인도주의적인 재앙을 겪고 있습니다.

음속폭음은 제트전투기들이 음속장벽을 뚫으면서 발생합니다. 폭발음은 끔찍하기가 이루 말할 수 없습니다. 낮이고 밤이고 가리지 않고 우리를 고통 속에 몰아넣고 있죠. 여러 국제 인권조직이 이스라엘에게 음속폭음 공격을 중지하라고 호소했습니다. 사람들에게 정신적 외상을 입히기 때문이지요. 저들은 가자에서 이스라엘 거주민을 철수시키기 전까지는 그런 공격을 하지 않았습니다.

음속폭음 공격이 얼마나 끔찍한지 제가 어떻게 여러분에게 설명할 수 있을까요? 자고 있을 때면 침대가 거칠게 흔들립니다. 딸아이는 두려움으로 몸을 떨면서 제 침대로 파고들어 오죠. 그러면 우리 둘은 마루로 기어 내려갑니다. 심장은 빠르게 두방망이질 치는데 딸아이를 진정시켜야 하죠. 이제 딸은 우리 둘이 서로를 진정시켜야 한다는 것을 알고 있습니다. 엄마도 두려움에 떤다는 것을 딸아이도 느끼거든요. 깨어 있을 때는 저도 모르게 공포로 몸을 움츠리며 소리를 질러댑니다. 저도 어쩔 수가 없습니다. 그래요, 저는 의사고, 많은 경험을 한 성숙한 중년의 여자고, 운동가입니다. 하지만 이 음속폭음 공격에는 히스테리를 일으키지 않을 수가 없습니다. 결국 우리는 모두 인간이고 버티는 데 한계가 있으니까요. 그뿐이 아닙니다. 음속폭음 공격이 있으면 엄청난 소음과 함께 유리창이 깨져 바닥으로 유리조각이 쏟아내립니다. 난민 캠프의 양철 지붕들은 사람들 위로 무너져 내리죠. 음속폭음 공격이 있을 때마다 정신적 외상을 입은 어린이들이 병원으로 밀려듭니다.

가자의 140만 주민들은 집단 고문을 받고 있습니다. 증오만이 치밀어 오릅니다. 무고한 사람들을 향한 야만적인 폭격과 공격은 이스라엘의 평화와 안전 역시 보장하지 못합니다. 오로지 정의만이 평화를 보장해주죠.

이스라엘은 조잡한 로켓포로 무장한 팔레스타인 민병대로부터 자기 나라 사람들을 안전하게 지켜야 한다고 말합니다. 이스라엘은 테러에 대해 말하고 있습니다. 헌데 이런 음속폭음 공격과 가자의 하나뿐인 발전소 폭격을 '국가 테러리즘' 외에 달리 무슨 말로 부를 수 있을까요?

2006년 7월 5일 새벽 1시 45분 : 호다의 아파트가 다시 폭격받다

엄청나게 큰 폭발음에 저도, 우리 딸 손도스도 완전히 잠에서 깨버렸습니다. 전기가 들어오지 않아 어둠 속에서 더듬더듬 일어났죠. 무인공격기가 내무부 건물을 다시 공격했고, 미사일 하나가 그 건물을 완전히 붕괴시켜버렸다고 합니다. 내무부 옆 건물에 사는 제 친구 호다에게 전화를 걸었습니다. 유리창이란 유리창은 모두 산산조각 난 집에서 호다는 옴짝달싹 못한 채 고통 속에 비명만 질렀습니다. 연기가 솟아오르는 가운데 응급구조 팀이 당도하기만 기다릴 뿐, 호다가 할 수 있는 일이 또 뭐가 있을까요? 전화기를 통해 이웃들의 비명 소리가 제 귀에까지 들려왔습니다. 저도 절망감에 발만 동동 구를 뿐 무엇을 어찌해야 할지 알 수 없었습니다. 도울 방도를 찾아보기 위해 다시 전화를 했지만 호다는 괜찮다고 하네요. 하지만 저는 호다가 괜찮지 않다는 것을 압니다.

네 시간 전에 호다에게 다녀왔습니다. 우리 둘 모두 긴장을 풀 수 없었죠. 방문한 또 다른 친구가 정치 이야기만 빼고 아무 이야기나 하자고 했습니다. 우리는 대화를 나눠보려고 했지만 그럴 수 없었습니다. 다시 호다를 남겨두고 5분 거리인 우리집으로 걸어 돌아왔습니다.

하늘에서 들려오는 전투기 소리가 더 크게 느껴지는군요. 딸을 혼자 집에 둘 수 없어서 다시 호다의 집으로 가볼 수도 없습니다. 공습이 더 있을 것입니다. 혼자 사는 호다에게는 다른 친구들이 가줬을 겁니다. 글을 쓰는 도중 또 한 번 폭발음이 들려옵니다. 저들은 다른 지역의 빈 학교를 폭격했습니다.

도대체 이게 다 무슨 일일까요? 왜 비어 있는 건물을 두 번이나 폭격했을까요? 제가 이런 일을 이해할 수 있도록 누가 좀 도와주시겠습니까? 저들이 우리를 모욕하고 협박하기 위해 갖은 짓을 다하고 있습니다.

하지만 저들은 그 목표를 이루지 못할 것입니다.

2006년 7월 8일 : 어머니

　우리 어머니 이야기는 처음 하는 것 같습니다. 우리 어머니는 칸 유니스에 살고 있습니다. 가자 시에서 남쪽으로 22킬로미터 떨어진 곳이지요. 저도 그곳에서 태어났고 열여섯 살까지 거기 살았습니다. 대학에 다니려고 이집트로 가기 전까지요. 어머니는 지금 연세가 여든넷인데 아버지가 돌아가신 후로 거동도 불편한 몸으로 혼자 살고 있습니다. 하지만 어머니는 보살핌을 잘 받고 있습니다. 우리 큰언니가 바로 옆집에 살고 있고, 저 역시 적어도 일주일에 두 번은 어머니를 찾아 뵙거든요. 하지만 이스라엘이 '여름비 작전^{Operation Summer Rain}'을 시작한 후로 어머니에게 가보지 못했습니다. 병원 상황이 너무 심각해서 다른 일에 신경 쓸 겨를도 없는 데다가 그곳으로 가는 길마저 없어졌거든요. 이스라엘군은 공격을 시작하자마자 북쪽의 가자와 남쪽의 칸유니스를 이어주는 두 다리부터 폭파했습니다. 발전소도 마찬가지고요. 불안정한 샛길로 칸유니스로 가기는 불안합니다. 손도스를 혼자 두는 것도 너무 위험하고요.

　하지만 우리 어머니는 제가 슈퍼우먼이라고 생각하고 기적도 일으킬 수 있다고 믿습니다. 계속 전화를 해서는 와달라고 합니다. 하지만 언니는 위험을 무릅쓰지 말라고 하죠. 저는 이스라엘의 군사 작전이 북부 가자로 집중되고 있는 틈을 타서 위험을 감수해보기로 했습니다. 다행히 어머니를 뵙고 왔습니다. 어머니는 제가 너무 빨리 돌아간다고 투정을 하시더군요.

　우리 어머니는 교장 선생님으로 은퇴했습니다. 이스라엘과 팔레스타인 분쟁의 모든 단계를 거치고 지켜보셨지요. 어머니는 영국의 위임통치 중에 팔레스타인이 겪어야 했던 일을 직접 목격했습니다. 이스라엘이 팔레스타인 사람들의 터전을 어떻게 폐허로 만들어놓았는지도 보았고, 전 세계에 퍼져 살던 유대인들이 어떻게 팔레스타인 마을과 도시를 빼앗아버렸는지 다 보았습니다.

우리 어머니는 그런 일들을 모두 기억하고 있습니다. 또한 어머니는 유대인 친구 모세의 가족도 기억하고 있습니다. 자파 아니면 하이파에 살았었는데 잘 기억이 나지 않는군요. 다음번에 어머니를 찾아가면 물어봐야겠습니다.

2006년 7월 10일 오전 11시 : 어선이 이스라엘군의 공격을 받다

전기가 끊어진 지 18시간이 지났습니다. 15분 동안 우리집 창문 밖으로 제가 본 일들을 간단히 전해드리겠습니다. 가자가 공격을 받으면서부터 가자의 어부들에게 고기잡이 금지 명령이 내려졌습니다. 생선은 아주 비싸고 귀하지요. (가자 같은 바닷가 도시에서 생선이 비싸고 구하기 힘들다는 말을 믿을 수 있나요?) 지금은 값도 가장 싸고 가자 사람들이 즐겨먹는 정어리가 잡히는 계절입니다. 작지만 맛이 좋아 아주 인기가 많은 생선이죠. 하지만 지난 2주 동안 어선은 바다로 나가지 못하고 있습니다.

오늘, 한 어부가 지푸라기라도 잡으려는 심정이었는지 배를 몰고 바다로 150미터쯤 나가는 것이 보였습니다. 그런데 갑자기 귀를 찢는 총격 소리와 외침 소리가 들려왔죠. 얼른 손도스에게 뒤로 물러나라고 하고 창문 밖으로 재빨리 살펴보니 이스라엘 전함에서 어선을 향해 사격하는 장면이 보이더군요. 다행히 어선이 총탄을 맞

카나 - 폭격의 희생자들 (AP)

지는 않았습니다. 항구로 돌아가라는 경고 사격이었지요. 제가 미리 이야기를 하지는 않았지만, 어부, 농부, 노동자, 학생을 가리지 않고 점령하에 살고 있는 사람들 모두가 고통을 겪고 있습니다.

2006년 7월 14일 : 나쁜 상황에서 최악의 상황으로 ●

가자 상황은 엉망입니다. 제 남편 야신의 부모님과 형제가 살고 있는 바알베크의 와벨 난민 캠프 상황도 엉망이기는 마찬가지죠. 그곳은 헤즈볼라의 활동 근거지이기도 합니다.

하늘, 바다 할 것 없이 레바논 전체가 봉쇄된 마당이라 야신의 가족은 지금 이중 난민 신세입니다. 팔레스타인으로 돌아갈 수도 없고, 그렇다고 레바논에 머물 수도 없죠. 야신은 지금 이런 일을 당하면서 어린 시절, 내전에 휘말려 있던 레바논에서 겪었던 악몽이 되살아난다고 합니다. 이스라엘의 명을 받은 팔랑헤 민병대가 시리아의 지원까지 등에 업고 야신의 가족이 살던 텔자타르 캠프에 자행한 대규모 학살 말입니다. 야신의 가족은 학살 몇 주 전에 거주지를 옮겨 간신히 모면했었죠. 야신의 삼촌은 그때 행방불명되었습니다.

레바논에서 벌어진 전쟁으로 가자 사람에게 가해지던 폭격은 잠시 소강 상태입니다. 하지만 지난 12일 동안 82명의 팔레스타인인이 목숨을 잃었고, 그중 3분의 2는 어린이였습니다.

드디어 모나 이모와 연락이 되었습니다. 이모는 이 힘든 상황에서도 계속해서 블로그에 글을 올리고, 최근에는 가자 상황에 관해 《보스턴 글로브》에 논평기사를 싣는 등 훌륭한 일을 많이 하고 있습니다. 이모는 불안하고 기진맥진한 와중에도 기지를 잃지는 않았습니다. 이모는 24시간 동안이나 전기가 들어오지 않고 있다고 했습니다. 사람들은 초를 사려고 길게 줄지어 있답니다.

라파는 여전히 봉쇄되어 있습니다. 집으로 돌아가기를 기다리다 목숨을 잃은 사람이 여덟 명이나 됩니다. 이집트는 이스라엘의 명에 따라 여전히 문을 열기를 거부하고 있습니다.

음속폭음 공격은 밤낮이 따로 없어, 잠을 깨우고 유리창을 부수고 사람들을 공포로 몰아넣고 있습니다. 그로 인한 고통이 말도 못하게 심하지만 이모의 말을 빌자면, "가자 사람들은 힘들어도 단호한 의지를 갖고 살고 있다"고 합니다.

의약품 공급도 원활하지 않아 많은 사람들의 목숨이 위태로운 지경입니다. 게다가 이스라엘군 탱크가 북부 가자에서 남부 가자로 가는 길을 막아버렸답니다. 남부 가자에는 연세가 여든넷이나 된 우리 할머니가 혼자 살고 계십니다.

저는 단 한순간도 가자 사람들 걱정을 놓을 수가 없습니다. 뉴스에서 헬리콥터, 불꽃, 천둥 같은 것만 나와도 몸이 움츠러듭니다. 오늘은 천둥이 몰아쳤는데 그 소리가 어찌나 크던지 제 아들 유수프는 총격이나 포격 소린지 알고 무서워 떨더군요. 아들에게 여기는 안전하다고 안심시키다가, 안전이란 것에도 주소가 있는 걸까 하는 생각이 들었습니다.

2006년 7월 15일 : 집으로 가는 여러 길
(사랑의 길, 국경으로 막힌 길, 절망의 길)●

앞서 올린 글에서도 140만 가자 지구 팔레스타인 사람들의 유일한 출구인 라파 통행로 상황에 관해 조금 이야기를 했습니다. 이스라엘은 6월 말, 이스라엘 병사 둘이 납치된 이후부터 라파 통행로와 그보다 북쪽에 있는 상업용 통로를 물샐틈없이 봉쇄했습니다. 그로 인해 지금 2000명이 넘는 팔레스타인인들의 발이 묶인 상태죠. 그중에는 노인도 있고, 여기서는 치료가 불가능한 암이나 다른 중병을 앓고 있어 이집트로 가서 치료를 받아야 하는 사람들도 있습니다. 이집트의 알아리쉬나 카이로에서 봉쇄가 풀리기를 마냥 기다리고 있는 사람도 수천 명에 이릅니다. 비극의 신부인 제 친구 야스민도 그런 사람 중 하나입니다. 야스민은 가자에서 약혼자와 가족들의 축복 속에 결혼식을 올릴 예정이었죠. 약혼자는 먼저 가자에 도착해 있었고, 야스민은 이집트 공항에서 짐이 늦게 나와 기다려야 했습니다. 그 사이에 국경이 막혀 버렸답니다. 약혼자는 가자에서 나오지 못하고 야스민은 가자로 들어가지 못하는 상황이 되어버린 거죠. 둘은 결혼 날짜도 놓쳐버렸고, 야스민은 지금 장래의 남편을 다시 만날 수 있다는 좋은 소식이 오기만을 목이 빠져라 기다리고 있습니다.

국경에 발이 묶여 있는 2000여 팔레스타인인 중에는 지난달 초에 뉴욕과 코네티컷에서 만났던 제 동료이자 팔레스타인 인권운동가인 피다 키쉬타도 있습니다. 피다는 비행기로 이집트에 가서 가자에서 온 가족을 이집트 국경 마을에서 만났습니다. 그리고 바로 국경이 폐쇄되어버린 거죠.

어제는 무장한 팔레스타인인들이 땅 밑으로 통로를 내보려고 땅을 폭파했답니다. 피다는 오늘 제게 무사히 그곳을 나왔다는 메일을 보내왔습니다.

2006년 7월 23일

누세이라트 난민 캠프(가자 지구 내 위치)에 있는 아동센터를 방문하고 있는 중에도 근처 알마가지 캠프로 엄청난 포격이 쏟아지는 소리가 들려왔습니다. 아동센터에서는 여자아이들이 저를 둘러싸고 각자 만든 그림과 공예품을 보여주었습니다. 그중에 가장 감동적이었던 것은 아이들의 꿈을 표현한 꿈나무였습니다. 열한 살에서 열네 살 여자아이들이 안전, 교육, 운동활동, 좋은 책 읽기, 여행, 해변으로 놀러가기, 친구나 친척 방문하기, 전기가 들어오는 세상에 살기, 안심하고 물 마시기 같은 꿈을 그린 거죠.

한 아이가 말했습니다.

"우리는 절대로 꿈을 포기하지 않을 거예요. 제 꿈은 우리 가족이 1948년 이전까지 살았던 야파에서 사는 것입니다. 우리 할머니가 야파에서 살던 시절은 무척 행복했다고 했어요. 그래서 제 꿈은 그곳으로 다시 돌아가는 거예요. 아무도 제 꿈을 막지 못해요. 아무도 제 꿈을 빼앗아갈 수 없어요."

여자아이들은 팔레스타인 민속음악에 맞추어 춤을 추었고, 저는 팔레스타인 사람들도 인간답게 살 권리가 있다고 믿는 세계 각지의 사람들이 보내온 사랑과 일치단결의 메시지를 아이들에게 전해주었습니다. 그동안에도 이스라엘의 포격은 계속되었습니다.

가자 시로 돌아가는 길에도 여전히 하늘에서는 무인정찰기가 맴돌았고 바다에서는 전함이 순찰하고 있었습니다. 거친 샛길을 운전해 오면서 파괴된 다리도, 마비된 발전소도 지났습니다. 아동센터에서 본 아이들의 그림이 떠올랐습니다. 군인들이 탄 탱크, 죽은 사람, 다친 사람, 장례식, 두건을 뒤집어 써 얼굴을 가린 사람을 그린 그림들. 저는 어린이들이 드넓은 초록의 공원, 목장, 운동활동, 안전한 해변을 그리는 것을 볼 수 있는 날이 오기를 꿈꿉니다.

2006년 7월 26일 오후 6시 45분 : 우리집, 정다운 우리집……

8개월 된 여자아기 샤드와 네 살 된 아이 마리아가 이미 목숨이 끊어진 채 알 아우다 병원 응급실에 도착했습니다. 아이들의 어머니인 소미아와 다른 두 딸도 중상을 입고 병원에 실려 왔습니다. 의

사들은 지금 수술실에서 두 딸을 살려보려고 무진 애를 쓰고 있습니다. 어머니 상태는 매우 심각해서 가자 시 중심 병원인 알 시파 병원으로 보냈습니다.

극도로 충격을 받은 남편이자 아버지인 사메르는 자기 가족에게 닥친 불행을 도저히 믿을 수 없다고 했습니다. 오늘 이스라엘군이 자발리아 캠프와 가자 시 북부에 대규모 공습을 감행하면서 초저녁에 이 가족의 집에도 미사일이 떨어졌습니다.

이번 공습은 오늘 새벽 일찍부터 시작되었습니다. 새벽 4시에 바다, 하늘, 땅 어디서든 엄청난 폭발음이 들려 가자 시와 자발리아의 모든 사람이 잠을 깼죠. 저는 건전지로 작동되는 라디오를 켜기 전까지는 무슨 일이 일어나고 있는지 몰랐습니다. 지금까지 사망자 수는 24명이고, 그 숫자는 더 늘어날 것입니다. 부상자 수십 명은 자발리아의 알 아우다 병원을 포함하여 여러 병원으로 보내졌습니다.

완전히 붕괴된 집이 여러 채고, 붕괴 직전인 건물도 많습니다. 길은 버려졌고 사람들은 불안에 떨고 있죠. 많은 아이들이 부모를 잃었고 여러 부모가 자식을 잃었습니다. 하지만 이런 우리의 소식은 전해지지 않았습니다. 우리는 세계의 반응에 실망했고 절망에 빠졌으며 버려진 기분입니다.

이런 때일수록 더욱 일치단결해야 합니다. 제발 진실을 알려주세요. 제발 이 점령을 끝내주세요! 팔레스타인 사람들과 레바논 사람들에게 가해지는 공격을 멈추게 해주십시오.

2006년 7월 28일 : 가자와 레바논 소식[●]

가자와 멀리 떨어진 곳에서 블로그에 글을 올리자니 몹시도 괴로운 심정입니다. 멀리서 지켜보는 것 외에는 할 수 있는 일이 없는 제 자신이 한없이 무능한 사람처럼 느껴집니다. 이런 기분이 참으로 싫습니다.

고향 소식 : 야신의 부모님은 시리아로 피신했답니다. 시리아 난민 캠프에 고모 두 분이 살고 계시거든요. 야신의 형은 집을 지키기 위해 바알베크에 남았습니다. 형이 있는 난민 캠프가 이스라엘의 공격 목표가 되지 않길 바랄 뿐입니다. 누나와 누나 가족들은 여전히 레바논 남부 티레에 남아 있습니다. 연락도 간간이 두절되는 상태입니다.

가자 소식 : 암담한 상황입니다. 우리는 간간이 아버지 사촌 분과 연락하고 있는데요, 국경 봉쇄로 인해 채소가 시장에서 버려지고 있답니다. 토마토 가격이 한 상자에 1달러도 안 된다는군요. 지금 가자에는 냉장시설이 없을 뿐더러 전기도 들어오지 않기 때문이지요. 한여름이니 사서 썩혀 버리지 않으려면 그날 먹을 것만 사야 할 밖에요.

봉쇄된 라파에 갇혀 있는 피다에게 받은 메일 : "이곳 생활은 너무 끔찍해. 도저히 믿을 수가 없어. 여기가 정말 가자인가? 지금 벌어지고 있는 일들이 일어나리라고는 상상도 못했어. 이 세상 사람들은 우리를 도와주기는커녕 지금 벌어지는 일에 아무런 감정도 느끼지 못하는 것 같아. 너무나 끔찍한 일이야……. 사람들이 날마다 죽임을 당하고 있는데 아무도 팔레스타인인과 레바논인의 현실에 관심이 없다니. 음식도, 물도, 전기도 없고, 모든 게 끔찍하기만 한 현실이야. 여기 올 때 돈을 좀 가져왔고, 그 돈이면 사람들에게 도움을 줄 수 있으리라고 생각했어. 난 그 돈을 몇 가족에게 주었지만 지금 그 가족들을 보아도 별 도움이 되지 않았고, 내 손에 더 남은 돈도 없어. 이제 내가 할 수 있는 일은 아무것도 없어. 뭐라도 할 수 있을 거라고 생각하고 돌아왔건만……. 이스라엘군은 더 많이 파괴하고 더 많이 죽이고 있어. 지금 라파에는 집을 잃고 학교에서 사는 사람들이 너무 많아."

2006년 7월 29일 : 나쁜 소식

앞에서 이야기했던 아이들의 어머니는 끝내 이겨내지 못했습니다. 남편 사미르와 살아남은 두 딸을 뒤로 하고 숨을 거두고 말았죠. 두 딸 중 한 아이도 아직 심각한 상태로 병원에 있습니다. 어머니 소미아는 자발리아 캠프에 있는 집에서 아이들의 옷을 널다가 아이들과 함께 미사일 파편에 맞았습니다. 이웃들 말로는 아기는 엄마 옆에 놓인 유모차에 있었다고 합니다. 저는 그 가족을 방문할 용기가 나지 않습니다. 제가 무슨 말을 할 수 있을까요.

2006년 8월 13일 : 부디 편안하게 잠들기를●

작년, 바알베크에 살던 야신의 가족을 방문했을 때 움 푸아드 할머니를 만났습니다. 움 푸아드는 나크바('대재앙'이라는 뜻으로, 팔레스타인인들은 그들이 조상의 땅에서 쫓겨난 1948년 5월 14일 이스라엘 건국일을 나크바라고 부른다)가 일어난 해에 결혼했습니다. 그때 젊디젊었던 움 푸아드는 아카 지구 야주르 마을이 공격받으면서 남편과 헤어졌습니다. 할머니는 요르단으로 피난을 갔고 남편은 레바논으로 갔기 때문이지요. 그렇게 둘은 2년 동안 헤어져 살았습니다.

"난민 캠프에서 빨래를 너는 나를 보고 사람들은 일을 도와달라고 하기도 했지. 내가 이미 결혼한 사람이라고는 생각을 못했으니까. 결혼한 걸 아는 사람들은 내가 이미 희망을 버렸다고 생각했고."

움 푸아드는 말했습니다.

하지만 결국 2년 후 남편은 움 푸아드를 찾아왔습니다. 난민으로 고향에 갈 수 없었던 그는 몰래 레바논 국경을 넘어 팔레스타인으로 들어갔죠. 거기서 다시 요르단으로 넘어가 여기저기 물어물어 아내를 찾아냈답니다. 아내는 남편이 죽었거나, 아니면 자기를 버렸다고 믿고 있었죠. 그렇게 둘은 다시 만나 가족들이 살고 있는 레바논으로 몰래 돌아왔습니다.

그로부터 34년이 지난 후에 움 푸아드는 다시 혼자가 되었습니다. 1984년 이스라엘군이 바알베크에 폭격을 퍼부었을 때 남편 아부 푸아드와 두 아들이 목숨을 잃었거든요.

그리고 결혼한 지 58년이 지난 2006년, 움 푸아드 할머니는 또다시 이스라엘의 공습을 맞았습니다. 할머니는 바알베크가 공습 목표가 되고 몇 주 뒤 시리아로 피난했고, 다른 수백 팔레스타인 사람들과 함께 공립학교에서 지내왔습니다.

오늘 움 푸아드 할머니는 레바논에 있는 아들들을 떠나 저 세상으로 갔습니다. 몇 번이나 난민 신세가 되어 다시는 고향에 갈 수 없었고, 죽어서도 고향 야주르에 묻힐 수 없는 움 푸아드 할머니는

가지예 - 가족의 죽음에 슬퍼하는 사람들 (AP)

일혼두 살에 세상을 떠났습니다. 세상 사람들의 관심 밖에 있는 이야기, 관심 밖의 '불편한' 난민으로.

부디 편안하게 잠들기를. 이 세상에 사는 동안에는 절대 누릴 수 없었던 평화를 누리기를.

2006년 8월 13일 : 한편, 팔레스타인에서는●

우리 가족은 향수병을 앓고 있습니다. 우리집에 다니러 왔다가 아버지와 같이 여기 함께 있게 된 어머니는 마시 와라크 이나브(쌀, 토마토, 양파 등으로 만든 고명을 포도 잎으로 싼 요리)를 만들 포도 잎을 구해오자고 했습니다. 우리는 가자의 자와이다 마을에 있는 우리 작은 농장을 생각하며 향수에 젖어 포도 잎을 따러 갔습니다. 지금 자와이다 마을에는 수확기를 지난 통통한 바닷가 포도들이 터질 듯이 열려 있을 것입니다.

집으로 돌아와서 포도 잎을 끓였습니다. 충분히 무르지가 않은 것 같아 조금 더 끓여보았지요. 그렇지만 이 잎은 마시를 만들기에는 너무 질기다는 사실을 알게 되었을 뿐입니다. 미국 더럼이 가자가 아니듯이, 머스캣 포도도 셰이크 이즐린의 포도가 아니었던 겁니다.

우리는 아쉽지만 포도 잎에 고명을 올려 싸기를 그만두고 고향으로 전화를 걸었습니다. 사촌이 최근 소식을 전해주었습니다. 7월에 이스라엘군이 가자 지구에서 163명이나 되는 팔레스타인 사람의 목숨을 앗아갔지만, '여름비 작전'은 아직도 멈추지 않고 있습니다. 하지만 여기 신문의 헤드라인은 이스라엘이 비극적인 나날을 맞고 있다고 하네요. 우리가 당한 비극은 제외되었습니다. 우리 어린이들은 어린이도 아닙니다. 우리 어머니들의 눈물은 눈물도 아닙니다. 우리는 그저 열등한 인간입니다.

레바논에서 들려온 소식으로는, 야신 누나네 가족이 티레를 떠나 사이다로 갔다고 합니다. 얼마 전에 티레가 무자비한 공격을 받았거든요. 누나 가족은 지금 문도 창문도 없는 곳에서 40명이 함께 지내고 있답니다.

그렇게 우리는 한 뉴스에서 다음 뉴스로, 이 전화에서 저 전화로, 이 이야기에서 저 이야기로 떠돌고 있지만 말이 되는 것은 아무것도 없습니다. 순서도 없고, 제자리도 없이 살아갑니다. 무엇을 해야 하는지도 모릅니다. 유수프가 이런 엄마를 보기 괴로운 듯 묻습니다.

"엄마, 무슨 일이에요?"

"엄마가 슬퍼서 그런단다."

"왜요?"

"조금 상처가 났어."

"그럼, 의사한테 가요!"

이 상처에도 그렇게 간단한 치유법이 있기만 하다면…….

2006년 8월 19일 : 자발리아 난민 캠프에서 들리는 희망의 목소리

오늘은 여러분에게 아담 칼릴을 소개해드리겠습니다. 아담의 블로그(nagyelali.blogspot.com)를 방문해보시면, 점령된 자발리아 난민 캠프에 살고 있는 아담에 관해 그리고 아담의 삶에 관해 더 잘 알게 될 겁니다.

어떻게 아담을 알게 되었는지를 먼저 이야기하죠. 저는 1992년에 서안 지구 라말라에 있는 타메르 협회의 책임자였던 무니르 파셰 박사의 요청으로 자발리아 도서관 프로젝트를 시작했습니다. 파셰 박사는 팔레스타인 지역사회 내에 독서 장려 운동을 벌였죠. 저는 자발리아 병원 옆 건물에서 도서관 프로젝트를 지원했습니다. 어린이들에게 읽을 책을 마련해주는 것이 목적이었습니다. 당시 아담을 비롯한 아이들은 캠프 안에 이런 활동이 생겨 무척 기뻐했습니다. 그리고 그 소박한 활동은 다른 여러 활동도 곁들인 훌륭한 어린이 클럽으로 발전했죠. 여기서 어린이들은 책을 읽고, 춤도 추고, 놀이도 하고, 그림도 그리고, 영어도 배우는 등 여러 가지 활동을 합니다.

이 프로젝트의 주요한 목표는 어린이들에게 민주적인 사고방식을 길러주고 여러 종류의 책을 마음껏 읽을 기회를 주는 것이었습니다. 읽어야 할 책과 읽지 말아야 할 책을 구분해주진 않았습니다. 그저 아이들만의 공간을 마련해주었죠. 이스라엘군의 폭력과 잔학 행위도 없고, 사람으로 넘쳐나 발 디딜 틈도 없는 캠프에서도 벗어 난 곳 말입니다. 또 다른 목표는 어린이들이 적극적인 지역사회의 일원으로 성장하도록 돕는 것이었습니다. 같이 참여해 발전해나가 고, 서로 주고 나누는 일의 가치를 강화하여 공동체의 인적자원을 개발하자는 것이지요. 기금만으로는 이런 목적을 달성하지 못합니 다. 특히나 처음 시작단계에서는 턱없이 부족했죠.

시간이 흐르면서 많은 어린이들이 이 프로젝트의 효과를 보게 되었습니다. 아담도 마찬가지고요. 처음에는 꿈으로 시작했지만 그 꿈이 현실로 이루어진 것입니다. 모든 사람이 서로 도와 일한 덕분 이지요. 보건활동위원회연맹Union of Health Work Committees의 부단한 노력 과 지원하에 전 공동체가 서로 도왔기에 가능한 일이었습니다.

2006년 8월 28일 : 가자 지구의 어업

저는 바닷가에 삽니다. 바다를 사랑하지요. 어릴 적에는 저 자신 을 바다를 떠나서는 살 수 없는 물고기라고 생각했습니다. 저는 수 영도 좋아합니다. 바닷가를 걷는 것도 좋아하죠. 특히 아침과 해 지 는 황혼 녘에 해변을 걷는 것을 좋아합니다. 그러나 지금 창 너머로 바다와 어선을 바라보면서, 제 가슴은 고통과 슬픔으로 얼룩집니 다. 이런 느낌을 뭐라고 말로 표현할 수가 없군요. 악마가 제 심장 을 쥐고 비틀어대는 것 같다고나 할까요. 저는 기를 쓰고 저항하고 있습니다만, 과연 제가 얼마나 더 버틸 수 있을까요? 모르겠습니다. 짐작할 수도 없습니다. 이런저런 생각이 마음을 오가는 동안 해변 가까이 지나가는 어선이 보였습니다. 이스라엘 전함은 어선을 향해 총격을 가하며 항구로 돌아가라고 경고했죠. 하지만 경고라기보다는 꼭 양떼를 몰아 항구로 돌아가게 하는 것 같습니다.

이스라엘군이 가자를 공격하기 시작한 이후로 어선은 고기잡이를 금지당했습니다. 그럼에도 해변에서 멀지 않은 바다로 배를 몰고 나가는 위험을 감수하는 어부들이 간혹 있습니다. 그래봐야 전함의 총격을 받고 말 뿐이지만요. 어제도 어선 하나가 전함에서 발사한 포탄을 맞고 불에 타 완전히 사라져버렸습니다. 다행히도 어선에 타고 있던 어부들은 곧장 바다로 뛰어들어 목숨은 건졌지요. 밤새 총소리가 우리집 아주 가까이에서 들려와 우리 딸은 무척 겁을 먹었어요. 잠을 이룰 수가 없었습니다. 우리 둘은 침실 바닥에서 밤을 지샜습니다.

가자의 어업은 지금 8주째 완전히 마비 상태입니다. 이스라엘 병사가 납치된 사건 이후로 3000명의 어부는 고기잡이에 나설 수가 없고, 어업에 의존해 살아가는 3만 5000명도 일자리를 잃었습니다. 가자 시장에는 생선이 없습니다. 생선 요리로 유명한 이 가자에서 말이죠. 지금 우리는 단지 꿈속에서만 생선을 먹을 수 있답니다. 이스라엘이 우리의 꿈까지 막을 수는 없으니까요.

어찌 가자는
이런 말을 입에 담는가

제니퍼 뢰벤슈타인

■ **제니퍼 뢰벤슈타인**Jennifer Loewenstein

위스콘신매디슨 대학의 중동 연구 프로그램 부국장. 가자 지구, 예루살렘, 베이루트에서 거주하며 일을 했고, 중동과 관련하여 광범위한 주제로 글을 쓰고 강의한다.

2006년 레바논 전쟁 후 이스라엘 지도부의 전반적인 전쟁 수행 과정을 조사한 위노그라드 위원회의 유출된 증언에 따르면, 에후드 올메르트 이스라엘 총리는 최소한 4개월 전부터, 즉 2006년 3월쯤부터 이 전쟁을 조심스럽게 준비했다. 그 전쟁으로 1000명이 넘는 레바논 민간인이 목숨을 잃었고, 수천 명이 불구가 되었으며, 수없이 많은 사람들이 살던 곳을 떠나야 했다. 마을과 지역 전체가 파괴되고, 레바논의 기간 시설들이 폐허로 변했건만 이스라엘과 미국은 이 5주간의 전쟁이 '자국 방어' 문제였다는 주장을 계속하고 있다. 이스라엘이 레바논 남부에 무차별 공습을 퍼붓기 전까지는 헤즈볼라가 이스라엘로 로켓포를 발사하지 않았다는 사실, 혹은 이스라엘이 몇 년 동안이나 레바논 전쟁포로와 셰바팜스 점령 같은 문제를 해결하려 들지 않은 사실 등은 높아지던 긴장감을 협상으로 쉽게 해소할 수 있지 않았을까 하는 생각에 고개를 젓게 만든다.

이스라엘이 팔레스타인 영토를 점령한 40년 동안 수만 명의 목숨을 빼앗고, 지역 경제를 파탄내고, 집, 학교, 병원, 농장, 농토, 자원, 지역의 기간시설을 모조리 파괴해버린 것과 관련해서도 이스라엘은 비슷한 주장을 하고 일관된 태도를 보여왔다. 우리는 그런 이스라엘의 태도에 불편하지 않을 수 없다. 이런 점령은 팔레스타인 사회와 체제를 파괴하려는 것이다. 그런데 왜 우리는 이스라엘이 이 지역에서 그런 무모하고 파괴적인 정책을 계속하도록 내버려두는가? 팔레스타인인들의 현실이란 살던 땅을 잃고 아무런 힘도 없이 잔혹하게 공격만 받고 또 받는 것이다. 하지만 이런 실상은 왜곡된 채 그려지고 있다. 세상에 비치는 팔레스타인인의 모습은 이스라엘의 생존을 위협하는 이 지역의 골칫거리가 아닌가.

이스라엘은 세계에서 가장 진보된 기술로 만들어진 최신예 무기들을 사들이면서 미국의 해외 군사기지가 되어가고 있다. 어떤 강국이라도 위협을 느낄 만한 대량살상 핵무기, 생물학무기, 화학무기를 다 비축해두고 있다. 이런 상황에서도 이스라엘은 스스로를 사나운 적들에 둘러싸여 전초지에 홀로 위태로이 서 있는 것으로 그리는 데 성공했다. 2006년 여름, 이스라엘이 나날이 더 악랄하게 레바논을 맹공격할 때 그들의 잔학행위는 필름으로 기록되고 신문에도 실렸다. 그러나 가자 지구는 여전히 외부의 무관심 속에 방치되었고, 가자 시민과 그들의 터전은 계속되는 공격에 시들어갔다. 레바논 전쟁이 드디어 종지부를 찍자 서방은 중동의 재앙은 끝났다고 흡족해하며 즉각 다른 곳으로 눈을 돌렸다. 하지만 실상 가자에서는 이 전쟁이 누그러지기는커녕 더욱 거세지고 있었다. 저항하는 말 한 마디 제대로 뱉어보지 못한 채 당하고만 있었다.

11월 초, 이스라엘은 가자에서 또 다른 작전을 벌였다. 이번에는 베이트하눈 시민을 향해서였다. 이스라엘 외무부 대변인 마크 레게브는 텔레비전 카메라 앞에 서서 전 세계를 향해, 그 가난에 찌든 마을에서 일어난 민간인 학살이 '자국 방어의 문제'였다고 말했다.

부당한 점령을 지속하면서 줄곧 악랄한 행위로 상황을 악화시켜온 이스라엘은, 점령에 저항하는 행위는 어떤 것이든 자기들의 잔학행위를 정당화하는 일이라고 주장했다. 세상은 팔레스타인이 가진 명분에 대해서는 함구하고 무관심했으므로 적어도 단기적으로는 팔레스타인의 패배가 자명했다. 이제 우리는 레바논이 다시 침공받을 경우를 대비해 준비 중이다. 이런 노력은 미국의 반복적이고 의도적인 용인하에 언제나 불의의 희생자가 되어왔던 팔레스타인의 상황을 바꾸고, 이 지역 전반에 걸쳐 서로 공통의 명분을 함께하는 계기가 될 것이다.

이 글은 이 책과 조금 다른 버전으로 '카운터펀치' 웹사이트에 2006년 11월 9일자로 게시되었다.

— 제니퍼 뢰벤슈타인

누런 이가 보이게 벌어진 턱이 피에 절은 덮개에서 삐죽이 삐져나와 있었다. 나머지 머리 부분은 비닐봉지에 싸인 채, 될 수 있으면 전에 붙어 있던 자리에 가까이 두려고 한 듯 턱 윗부분과 콧구멍 근처에 올려져 있다. 봉지는 안에 든 덩어리에서 나온 핏물로 붉게 물들어 있었다. 턱 아래로는 목이 붙어 있었지만 갈색 피부 아래로 핏물이 새나오게 입을 벌린 상처가 꼭 분홍빛으로 웃고 있는 것 같았다. 그 아래로는 몸이 붙어 있었다. 시체 안치소 냉동실의 그 남자 위 칸에는 죽은 여자가 누웠다. 주변의 낯선 남자들 사이에서 평생 감싸고 다닌 그녀의 붉은 머리카락이 처음으로 드러났다. 역시 붉게 물든 비닐이 감겨 있지 않았더라면 달아나버린 턱도 드러났을 판이다. 그녀는 가자 북부의 베이트하눈 사원 밖에서 시위를 하다 목숨을 잃었다. 이스라엘이 탱크를 동원해 총격을 퍼붓고 대포를 쏘아대던 그곳에는 60명 이상의 남자들이 피신해 있었다.

다른 시신은 대부분 얼굴은 온전히 남아 있었다. 모두들 은빛 시체 안치소 선반에 냉동 음식처럼 딱딱하게 올려져 있었다. 한 남자는 머리에 녹색 하마스 밴드를 둘렀다. 그의 모습이 꼭 지금은 잊힌 전원시대에서 온 온순한 양치기처럼 보였다. 다른 시신은 눈이 반쯤 뜨여 하얀 자위가 보였고 얼굴 표정은 다가오는 죽음이라도 본 듯 공포에 질려 있었다. 맨 아래 선반에는 진흙 투성이의 잿빛 덩어리였다. 검은색 곱슬머리가 머리에 엉켜 붙어 있었다. 다행히도 눈은 감겨 있었다. 자세히 보니 아이다. 밖에서 놀던 이 네 살배기 마제드에게 죽음은 천둥처럼 덮쳐와 수백만 개 검은 진흙 먼지로 휩쓸어버렸다. 다른 주검들은 이미 다른 곳으로 옮겨졌다.

이슬람교도의 매장은 신속하게 진행된다. 병원과 시체 안치소의 의사와 간호사, 장의사에게는 신의 선물과도 같은 일이다. 다음번 희생자들을 위한 공간이 절실하게 필요하기 때문이다. 죽은 이들이 쓰던 것과 같은 시트에, 같은 강철 침대에, 같은 눅눅한 열기에, 같은 북적이고 슬픔에 절은 방에, 가끔씩은 마룻바닥에 눕게 될 이들. 거기다 아직 목숨이 붙어 있는 그들을 도울 적절한 도구도 없고, 무보수로 일하는 간병인들 역시 지치고 멍한 눈길로 돌아다니고 있다. 지금 카말아드완 병원 시체 안치소로 향하고 있는 한 젊은이처럼 어떤 이들은 수술대 위에서 목숨을 잃기도 했다. 이 젊은이는 이겨내기에는 너무 깊은 상처를 입었다. 같은 날 이미 두 어린 여자아이들이 그를 앞서 갔다. 씻기고 수의가 입혀진 채 이 인간 황무지를 벗어나 고요한 흙 속으로 가는 그들에게 축복이 있으라.

오늘은 2006년 11월 8일. 오늘 역시도 병원마다 수용할 수 있는 인원보다 많은 사상자들이 밀려들면서 북새통을 이룰 것이다. 새벽녘 베이트하눈이 공습받아 부상자가 수십 명 발생했고, 민간인 18명이 목숨을 잃었다. 여자고 남자고 아이들이고 할 것 없이 잠을 자다 날벼락을 맞았다. 구급차에 실려온 시체들은 가자 북부의 알 시파 병원이나 카말아드완 병원 냉동고 속으로 들어갔다. 탱크가 돌아다 니며 그렇게 을러대는데 어떻게 감히 집에서 잠을 잘 수 있었는지 모르겠다. 한 어머니는 두 아이들을 양팔에 하나씩 끼고 엎드려 죽 어 있었다. 그들이 전에 걷던 길은 검문소의 방벽처럼 막혀 버렸다.

이것이 사고라고 믿는가? 국제 조사는 언제 이루어질 것인가? 제 닌 난민수용소 학살의 전철을 밟을 것인가? 댄 할루츠(이스라엘 참모 총장)가 무더운 7월 한밤중에 200파운드짜리 폭탄을 가자 시 아파 트 건물에 떨어뜨려 15명을 죽게 만든 일처럼 내버려 둘 작정인가? 2004년 가을 자발리아 급습 사건처럼? 라파 지역을 들쑤셔놓은 무 지개 작전Operation Rainbow도 내버려둔 것처럼? 가자 해변으로 소풍 갔 다가 참변을 당했던 호다 갈리아의 가족은 어떻게 되었는가? 기업 의 입김이 작용하는 중간 선거에서 어떤 후보가 승리하는지 보겠다 고 텔레비전 화면에 눈을 고정한 미국인들은 팔레스타인에서 자행 되고 있는 학살을 알고나 있는가?

가자의 중심 병원인 알 시파 병원의 병원장 주마 사카 박사와 직 원들은 신장 투석 기계부터 선풍기며 깨끗한 침구에 이르기까지 날 마다 의료품 부족을 겪고 있다. 암 환자 발생이 늘고 있지만 항암제 도 없다. 탈장이나 편도선 같은 긴급하지 않은 수술은 꿈도 꾸지 못 할 일이다. 의사와 간호사들은 가자 사람들이 마시는 물이 수많은 질병을 일으키고 있는 현실을 지켜보고만 있다. 이를 썩게 만들고, 어린아이들에게 빈혈을 일으키고, 염분과 독성분이 많아 신장에 이상을 일으키는데도……. 병원 침대에는 많은 아이들이 반 발가숭이로 누워 있다. 얼굴에는 튜브를 고정하기 위해 하얀 반창고를 붙이고서. 아이들은 그 튜브로 숨 쉬고 먹는다. 베이트하눈에서 온 세 살배기 아마드는 총상을 입었다. 총알이 오른쪽 옆구리로 들어가서 왼쪽 옆구리로 빠져나왔다. 아이 옆에 무기력하니 서 있는 어머니는 아이가 목숨을 건진 것만으로도 감사한 마음이지만, 목숨을 건졌다고 무슨 희망이 있단 말인가?

11월 첫 주 내내 밤마다 가자 시 북쪽에서 폭발음이 들려왔다. 총격 소리, 쾅쾅 폭탄 터지는 소리, 대포 쏘는 소리도 연이어 들렸다. 공격 첫날, 가자 시에서 16킬로미터 떨어진 베이트하눈 쪽에서 터져오르는 불꽃이 보였다. 마치 나쁜 일은 하나도 없다는 듯 깜빡 깜빡 반짝반짝 멋진 불꽃놀이 같았고, 멀리서 축하 쇼가 펼쳐지는 것 같기도 했다. 둘째 날 밤에는 베이트하눈 일부 지역만 정전이 되었지만 지금은 전기도, 물도 없는 가운데 폭격이 한 시간 이상 계속되고 있다. 무인정찰기는 하늘에서 윙윙 소리를 내며 빙글빙글 돌고 또 돌았다. 베이트하눈 상공이나 가자 상공에는 무인정찰기가 돌면서 지상의 움직임을 감시한다. 지금 베이트하눈에서 낮이라고 해서 일터로 나서는 것은, 정상적인 삶을 흉내 내는 대가로 목숨을 내던질 준비가 되었노라고 탱크나 무인정찰기 앞에서 선언하는 것이나 매한가지다. 저들은 조사를 해야 한다며 16세에서 35세 사이의 남자는 모조리 트럭에 실어 데려가버렸다. 그들과 그들 가족에게 무슨 일이 벌어질까? 그들이 어떻게 되었는지 누가 알아봐 주기라도 할까? 그들도 이미 이스라엘 감옥에 갇힌 1만 명도 넘는 다른 팔레스타인인과 함께 썩어 나뒹굴게 내버려질까? 아내와 자식들, 형제, 부모가 살아남으려 몸부림치는 동안.

가자는 아무런 의욕도 없이 지치고 널브러져 45킬로미터에 걸쳐 길게 누워 있다. 그 안은 황폐하고, 시들고, 부패한 쓰레기 더미다. 하수구 냄새와 쓰레기 냄새를 맡지 않으려거든 코에 붕대를 감아야 한다. 여기저기 가게들은 셔터가 굳게 내려져 있거나 비어 있고, 선반에 진열된 물건들은 썩어가고 있다. 거대한 쓰레기통에서 인간과 함께 사는 것이 마냥 흡족한 쥐들이 골목골목을 누비고 다녀도 모른 척하라. 연료가 없는 탓에 거리마다 말이나 당나귀가 끄는 달구지가 돌아다녀도 관심두지 마라. 헛눈 팔지 말고 똑바로 걸으라고 소년에게 회초리질 당하는 지쳐빠진 짐승들의 갈비뼈가 배에서 툭 불거져 나와 있다. 무너져가는 도시 위에 환하게 짙푸른 하늘, 쓰레기가 널브러진 모래사장 뒤로 반짝이는 바다, 11월의 태양에 빛나는 야자수와 부겐빌레아는 이런 끔찍한 무대와는 전혀 어울리지 않는 풍경이다. 마치 한 여인의 부상 입은 아들을 찍고 있는 기자가 선물로 받은 밝고 화려한 포장지의 초콜릿 상자처럼. 그 여인은 가족의 목숨을 앗아간 미국과 이스라엘을 향해 절규하며 물었다.

"왜?" 왜, 왜, 왜?

열과 성을 다해 이스라엘을 대변하는 정부 대변인 마크 레게브에게 물어라. CNN 국제 뉴스에서 그는 아주 진지하게, 이것은 이스라엘의 '자국 방어'라고 말했다. 스데로트와 아쉬켈론으로 떨어지는 카삼 로켓 공격은 당장 중지되어야 하지만, 가자 지구에 인질로 붙들린 140만 가자 사람들에게 미사일이나 총격을 멈추어선 안

된다. 이스라엘은 자국을 방어할 권리가 있으니까. 카삼 로켓 공격이 중지되지 않는 한 베이트하눈에서 진행되는 이스라엘의 군사작전은 중지되지 않을 것이다.

가자의 유리한 고지에서 지켜보는 자들을 위해 그의 입에서 흘러나오는 한 마디 한 마디가 외설의 거품이 되어 부풀어올랐다. 하즈바라('설명'이라는 뜻의 히브리어로 외부 세계에 대한 이스라엘의 여론 선전을 의미) 왕자의 입에서 나온 언어의 포르노, 피학적이고 가학적인 말들이 먼지 속으로 퍼져나갔다. 권력의 제왕들과 그들의 용병이 애써 비싼 값을 치러 키워놓은 증오의 독소가 퍼지듯.

조잡하게 만들어진 카삼 로켓이 구석에 몰린 도둑고양이처럼 끼익 비명을 내지르며 하늘로 발사되었다. 팔레스타인을 파괴하기 위한 구실을 더 많이 찾아내려고 안달인 지배자 이스라엘에게 주는 최신 선물이다. 바보 같고 흉포하기만 한 이 영광스런 파이프 폭탄은 자기가 어디로 향하는지도 모른 채 미친 짐승처럼 국경을 넘어갔다. 카삼 로켓은 이스라엘의 팔레스타인 점령이 끝날 때까지 영원히 돌격할 것이다. 그 사실을 가자 사람들도 알고, 하마스도 알며, 파타도 안다. 팔레스타인해방인민전선(Popular Front for the Liberation of Palestine, PLO 내 이스라엘과의 평화협상에 반대하는 과격파)도 알고 있다. 이스라엘 노동당과 리쿠드당도 알고 있다. 이스라엘 베이테이누당, 메레츠당, 샤스당도 알고 있고, 페레츠, 올메르트, 리버먼도 알고 있다. 샤론도 알고, 이스라엘 국민도 안다. 미국 지도자들도 다 아는 사실이다. 그런데 1967년으로부터 40년이 지났고, 1948년으로부터 60년 가까이 지난 지금도 왜 이 점령은 끝나지 않는가?

왜냐하면 이스라엘이 끝내고 싶어 하지 않기 때문이다. 이스라엘이 사람은 없이 땅과 자원만을 차지하려 하기 때문이다. 완전한 통제를 위해 사회와 문화를 긁어내버리려 하기 때문이다. 미국이 그래도 좋다고 하기 때문이다.

미국은 이스라엘에게 이렇게 말해왔을 것이다. 너희는 지역의 헤게모니와 전 세계의 인정을 받고 싶다는 것 아닌가. 너희가 우리 분부대로만 하면 모른 척 눈감아주겠다. 너희는 우리가 테러와의 전쟁을 더 쉬이 도모할 수 있도록 해달라. 우리 함께 레바논을 파멸하고, 테헤란까지 진출하는 데 방해되는 것은 모조리 쳐부수자. 시리아가 사태를 파악할 때까지 기다리자. 이라크를 이 전략에 끌어들이자. 우리는 석유에서 나오는 이윤을 챙겨 담을 궤짝을 찾고, 막대한 투자를 하고, 기업을 끌어들일 것이다. 베이루트의 빈민촌이나 베카의 소농들이야 알게 뭐냐? 가난에 찌든 140만 가자 사람들, 그들의 먼지 구덩이와 모래, 냄새나고 황폐한 그 땅에 관심 둘 이유가 뭐냐?

화창한 토요일 아침 6시 30분, 가자를 떠나오는 길에 커다란 폭발음이 들려왔다. 택시를 타고 에레즈 통행로를 향해 가자 시내 도로를 달리는데 느닷없이 저 앞에서 연기가 피어올랐다. 남자아이들이 녹아내린 차를 둘러싸고 아직도 뜨거운 차 외부를 뜯어내려 하고 있었다. 차 안에는 만지면 부서져버릴 듯 검게 탄 인간 형체 넷이 보였다. 얼굴은 불에 타 없어졌으며, 연기가 올라오는 옷가지는 숯덩이가 되어 있었다. 그 모든 광경이 밖에서도 다 보였고, 살덩이 익는 냄새도 풍겼다. 멀리서 사이렌 울리는 소리가 들렸다. 시꺼멓

샤크라 마을에서 티레의 바스 난민 캠프로 피난 온 한 소녀 (아스 샤피르)

게 불에 타 모락모락 김이 오르는 금속이 꼭 공상과학영화의 한 장면 같았다. 불에 탄 사람들은 흡사 물에 불린 종이로 만들어져 검댕이를 칠한 몸뚱이가 바람에 조각조각 떨어져내리는 좀비 같은 형상이었다.

이런 무분별한 짓, 이런 저급한 기호, 이런 적절치 못한 화젯거리를 끄집어내어 가자로서도 죄송한 마음을 금할 수 없다. 당신은 화낼 만하다. 어찌 감히 가자는 이런 것들을 입에 담는가! 하지만 비밀을 감춰두기는 불가능하다. 사람이고 물건이고 아무리 들어오지 못하게 막는다 해도 소용없다. 방송과 신문의 몇 겹 두꺼운 속임수에 묻힌다 해도 이들의 목소리는 여전히 비명으로 높고, 분노에 차 있으며, 적대감을 품고 있다. 그 목소리는 거짓말을 뚫고 솟아오른다. 용서할 수 없는 범죄의 증거인 미사일이 발사될 때 피어오르는 연기처럼. 악몽은 여전히 끝나지 않았다.

'새로운 중동'에 대한 아랍의 시각

파와즈 트라불시

■ **파와즈 트라불시**Fawwaz Traboulsi

역사학자, 저널리스트, 그리고 오랫동안 정치운동가로도 활동
했다. 현재 베이루트에 있는 레바논 아메리칸 대학에서 정치
학, 사회학 교수로 재직 중이다. 영어로 나온 그의 가장 최근
저서는 《레바논의 역사*A History of Lebanon*》(London: Pluto
Press, 2007)(국내 미출간)다.

이 글은 베이루트 일간지 《아스 사피르》에 2006년 9월 16일과 10월 10일에 각
각 보도된 두 개의 기사를 하나로 통합한 것이다. 아랍어로 된 기사를 번역했고
약간 수정을 거쳤다.

'새로운 중동', 그 이름에는 어떤 의미가 담겼는가?

미국의 정책가들은 중동문제로 궁지에 빠질 때마다 이 지역에 새로운 이름을 갖다 붙이곤 했다. 서방의 지정학적 이해관계와 계획이 바뀔 때마다 이 지역의 국가 정체성을 새로 만들고 조작하는 불온한 습관을 낳게 한 것이 무엇인지는 깊이 생각해볼 필요도 없다. 이런 역사의 단 두세 단계만 돌아보면 답은 나온다.

냉전이 시작되면서 우리 지역을 일컫던 이름은 '근동 Near East'에서 '중동 Middle East'으로 바뀌었다. 터키, 이란, 파키스탄을 소련 연방 방어 권역에 넣기 위해서였다. 가장 두드러졌지만 생명력이 짧았던 것은 바그다드 조약기구(Baghdad Pact, 중동조약기구라고도 함)였다. 그 이름은 아랍 해방 운동이 일어나면서 점차 통용되지 않게 되었고 그 대신 '아랍 세계'는 더 흔히 마쉬리크(아랍 세계의 동쪽 부분)와 마그리브(서쪽 부분)라는 이름으로 불리게 되었다.

냉전이 종식되면서 '중동'이라는 이전 이름이 다시 생명을 얻었다. 그와 함께 '아랍 세계'를 중동 및 북아프리카 지역의 약어인 '메나^{MENA: Middle East and North Africa} 지역'으로 바꾸어 부르려는 끈질긴 노력도 이어졌다. 따라서 이제부터는 우리의 정체성에 관한 질문을 받으면 아랍인이라고 하기보다는 '메나이언^{Mena-ian}'이라고 하거나 메나 출신이라고 대답해야 함을 잊어서는 안 되는 것이다!

냉전이 끝나고 이스라엘과 아랍 분쟁의 평화적인 해결을 위한 제안들이 겉돌기 시작하면서 또 다른 이름인 '새로운 중동^{New Middle East}'이 이스라엘을 중심으로 이스라엘 주도하에 쓰이기 시작했고, 이스라엘 대통령 시몬 페레즈의 책에서 등장했다. 유토피아적인 경제와 발전 프로젝트는 못 되더라도 고도로 야심찬 프로젝트의 전全 프로그램을 담은 책이었다. 그러나 2001년 9월 11일의 여파와 아프가니스탄 전쟁, 그리고 미국의 이라크 침공의 후폭풍으로 이들은 우리 지역을 부르는 이름에서 '새로운^{New}'이라는 말을 빼버렸고 '지역'을 의미하는 용어를 더 선호하게 되었다. 그리하여 우리에게는 '광범한 중동^{Wider Middle East}'이나 '광대한 중동^{Greater Middle East}'이라는 새 이름이 붙여졌다. 마쉬리크에 해당하는 아랍 국가들에 더해 이스라엘, 이란, 파키스탄, 그리고 아프가니스탄까지도 포함하는 이름이었다.

계속해서 이름이 바뀌는 데 따른 문제점은 우리가 새 이름에 익숙해지자마자 그 이름을 만들어낸 장본인들은 이름을 또 바꿔버린다는 것이다. 또한 이런 일이 반복되면서 우리 지역에 새롭게 붙여진 이름은 이전 이름들보다도 더 무의미하고 더 혼란스럽게 들렸다. '광범한' '광대한'이라는 말이 없어지기까지 이삼 년밖에 걸리지 않았고, 우리는 '새로운'이라는 명칭으로 다시 돌아갔다. 2006년 여름, 미국과 이스라엘이 레바논을 상대로 벌인 전쟁은 '새로운 중동'이라는 지명을 다시 한 번 되살려냈다. 콘돌리자 라이스 국무장관이 이 전쟁은 '새로운 중동을 위한 산고^{産苦}'의 일부라고 선언하면서 그 이름을 제안했다.

새로운 중동에 있는 '새로운' 것은 무엇인가?

그 '새로운' 것이 서안 땅 대부분을 재점령해 팔레스타인에 평화를 불러오는 과정을 깡그리 짓뭉개는 것인가? 팔레스타인 국가의 희망이란 싹은 모조리 잘라버리고, 골란 고원에서 철수하기도 거부하는 것? 아니면 상호 수용 가능한 해결방안이라는 헛된 꿈과 수포로 돌아간 계획을 두고 싸우는 두 아랍 진영의 존재인가? 사우디아라비아-이집트-요르단 축은 부패와 착취로 물든 전제 정권을 보존하는 수단에 불과한 현상유지 정책을 지속하려 한다. 이 정책의 주요 목적은 이스라엘 경계를 보존하고, 불안정 요인이 레바논에 있건 팔레스타인에 있건 주변의 불안정성을 제거하려는 것이다. 사우디아라비아-이집트-요르단 축에 직면한 시리아 정권은, 레바논 전쟁을 미국에 특별한 호의를 제공하여 협력할 수 있는 기회로 보았다. 2006년 7월 24일자 《알 사하파*al-Sahafa*》 신문에 보도된 시리아 통신부 장관의 성명을 보라.

- [시리아는] 미국이 레바논에서 활동하는 알 카에다 조직의 위치를 추적하는 데 협조한다. (우리는 미국이 아닌 레바논이 더 먼저 그런 도움을 받아야 한다고 생각한다. 시리아와 레바논 사이의 상호 방어와 안전을 위해 필요한 일이다!)
- 미국과 이란 사이에서 중개자 역할을 할 수 있도록 준비한다. (우리는 시리아와 이란이 전략적인 동맹 관계를 맺고 있다는 말을 몇 번이고 들었다!)
- 마지막으로 중요한 것은, 이라크에서 '중요한 역할'을 수행한다.

우리는 이렇게 물을 수밖에 없다. 도대체 무엇을 얻기 위해 이런 교환물을 내놓으려는 것인가?

새로운 중동에는 진정 '새로운' 무엇인가가 있다. 그것은 미국이 이 지역에 민주주의를 증진하려 한다는 위선에 종지부를 찍었다는 것이다. 팔레스타인 국회의원 선거에서 하마스의 승리를 인정하지 않은 데에서만 그 위선을 드러낸 것이 아니다. 이스라엘이 자국을 방어할 권리가 있다는 구실을 들어 팔레스타인 총리에 당선된 하마스 지도자 이스마일 하니야를 암살하려 한 사실을 눈감아준 일에서도 위선은 드러난다. 그뿐 아니라 이라크 국회의원 선거결과를 왜곡한 일, 혹은 이집트 대통령이 부정선거를 통해 당선된 일이나 예멘에서 대통령 선거를 하지 않고 대통령 권한을 연장한 일 등을 눈감아준 데서도 드러난다. 파벌 기반, 석유 기반의 독재정권이 자국민이 두려워 합법성을 미국에게서 얻으려고 모종의 협상을 했음은 명약관화한 일이다.

중동에 있는 이 '새로운' 것이 이라크를 내전으로 몰아넣었는지도 모른다. 미국은 이라크에서 민족 갈등과 종교분파에 지속적으로 양분을 공급해주어 대책 없이 점령 상태만 연장시키고 있다.

그 새로운 것은 승리를 얻기 위해 헤즈볼라를 무장해제 하려는 부시 행정부의 단호한 의지인가? 하지만 그 승리라는 것은 알 카에다를 제거하려는 캠페인의 교착 상태와 효과를 거두지 못하고 있는 '테러와의 전쟁' 노력을 포함하여 이 지역에 실패와 파괴의 암울한 그림자만 지속되게 할 것이다.

그 새로운 것은 미국과 이스라엘이 2006년 7월에서 8월까지 레바논에서 전쟁을 벌이고도 아직 얻어내지 못한 무언가이고, '국제사회의 우선순위'라고 주장하는 헤즈볼라의 무장해제와 유엔 안전보장이사회 결의안 제1559호를 실행하는 것이다.

부시 대통령이 반드시 수호하겠다고 강력하게 천명했던 레바논의 '허약한 민주주의'를, 이스라엘의 무자비한 폭격은 더욱 약화시킬 뿐이다. 콘돌리자 라이스 장관이 푸아드 시니오라 레바논 총리의 볼에 찍었던 유다의 키스도 도움이 되지 못했다. 그녀의 메시지가 무엇을 의미했는지는 신만이 아는 일이겠지만, 어쨌든 레바논 사람들은 앞으로 몇 주고 몇 달이고 십자가에서 고통을 겪어야 할 운명에 놓였다.

민주주의가 아닌 온건주의

콘돌리자 라이스 미 국무장관에게 남은 일은 자기 직함에 아랍 연맹 사무총장이라는 직함을 하나 더 없는 것이다. 라이스 장관이 이집트와 요르단에 더해 걸프 지역 6개국(바레인, 쿠웨이트, 오만, 카타르, 사우디아라비아, 아랍에미리트연합국) 외무장관들과 '온건한 아랍국moderate Arabs' 회담을 함께한 것이 그 때문 아니었는가. 회담은 카이로에서 열렸고, 라이스 장관이 그전에 제다에서 가진 기자회견에서 부분적으로 밝힌 바 있는 책무의 의제와 책무 분담 문제가 거론되었다.

그들이 무엇을 논의했는지 애써 완전히 밝히거나 분석하지 않아도, 카이로 외무장관 회담은 라이스 장관이 시도하려던 새로운 접근법에 초점을 맞춘 것임이 분명하다. 이를테면 최근 미국과 이스라엘이 레바논을 상대로 벌인 전쟁 중에 부상한 '온건한 아랍국' 블록이라는 수단을 통해 미국 정책을 실행하는 것이다.

이 새로운 시험 단계는 결국 미국이 해온 행위의 그나마 남아 있던 근거, 즉 아랍 지역에 민주주의를 정착시키겠다는 환상에 치명적인 타격을 입혔다. 이제 미국에게 가장 시급한 일은 '온건주의moderation'의 육성이다. 민주주의를 희생해서건, 민주주의에 반하는 일이건 상관없다. 한 기자가 왜 민주주의에서 온건주의로 바꾸었느냐고 묻자 라이스 장관은 "온건한 세력은 결국 온건한 민주 세력이 될 것입니다" 하고 답했다.

강압적으로 아랍을 온건하게 만드는 것이 민주적인 일은 아니라는 사실은 당사자 입에서 직접 나온 말이므로 굳이 설명할 필요도 없다. 하지만 '온건한 아랍'이라는 말에는 숨겨진 다른 의미도 있다.

- 온건국moderate은 핵탄두 200개에서 300개를 가진 이스라엘보다 핵에너지 생산을 위한 우라늄 농축 프로그램을 가동한 이란에 더 큰 적개심을 품는 압제국을 말한다.
- 온건국은 자국의 석유자원을 이용하려고 다국적 석유기업들이 내놓는 최상의 조건에 만족하고, 그 자원으로 얻은 이득을 서구에 투자하는 것에 만족하는 나라들이다.
- 온건국은 자국에 미국이 군사기지를 두는 것을 환영하며, 최근 레바논에 자행된 전쟁 기간에 '스마트 폭탄'을 이스라엘로 옮기기 위해 그 기지를 사용하는 것에도 반대하지 않은 나라들이다.
- 온건국은 무장민병대를 동원해 통치하는 국가로, 미국의 이라크 점령에 반기를 들거나 이스라엘을 향해 총구를 겨누지만 않으면 국제적인 비난도 면한다.
- 온건국은 '민주적인' 그리고 '온건한' 이스라엘이 팔레스타인 국회에서 선출된 하마스 국회의원 대부분을 체포했을 때는 전혀 문제 삼지 않으면서, 레바논 저항 세력이 레바논 포로들을 구출하고 점령당한 레바논 땅을 해방하기 위해 이스라엘 병사를 납치하는 모험을 했을 때는 온갖 비난을 다 퍼붓던 나라들이다.

그렇다고 해서 '비온건국'이 민주주의 국가란 말은 아니다. 그저

'온건국'이란 미 제국주의의 독재에 복종하는 나라를 칭하는 또 다른 이름이고, 그것이 민주주의를 낳게 하지는 않았으며, 그런 일은 지금도 앞으로도 없을 거라는 말이다.

이제 다양한 성향의 아랍 민족주의 집단들과 이슬람 세력은 물론 일부 좌파들도 미국이 아랍에 민주주의를 정착시키려 한다는 환상에서 벗어나려는 의무감을 갖고 있고, 미국의 행동에 반대하는 목소리를 내고 있다. 미국 정책에 대한 반대 천명이, 의식하든 아니든 민주주의 자체에 대한 반대만 아니라면!

"우리는 레바논을 20년 뒤로 돌려놓을 것이다."

— 2006년 7월 12일, 이스라엘군 참모총장 댄 할루츠.
이스라엘 채널 10 텔레비전 방송에서 이 말을 인용했다.

"우리가 졌다는 주장은 근거가 없다. 레바논 절반이 파괴되었다.
그것이 진 것인가?"

— 2006년 9월 4일, 이스라엘 총리 에후드 올메르트.
이스라엘 국회에서 레바논 전쟁의 목적을
달성하지 못했다는 공격을 받자 한 말.

"나는 우리가 한 일이 무척 자랑스럽다."

— 2007년 3월 22일, 미국 대사 존 볼턴.
BBC 라디오 4 다큐멘터리
〈2006년 여름 레바논 전쟁The Summer War in Lebanon〉과의
인터뷰 중 이스라엘이 폭격을 5주 동안이나
계속하도록 내버려두고 정전停戰을 막은
미국의 태도가 현명한 처사였는지에 대한 답변 중에서.

"베이루트의 훌륭한 특징은, 이미 압제하에 있고 형편없이 초라하고 고달픈 삶을 사는 우리 아랍인의 요구에 즉각적으로 반응했다는 것이다. 오랫동안 베이루트 사람들은 강인하게, 보석 같은 열정을 불태우며 살았다. 이 도시에는 타락과 방탕함에서조차도 다른 곳에서는 볼 수 없는 걸출함이 있었다. 이런 암흑의 시기에도 위안 삼을 수 있는 것은, 베이루트가 전에도 혼란을 딛고 일어섰으니 이런 재앙적인 파괴도 다시 한 번 딛고 일어설 수 있으리라는 희망이다."

—에드워드 사이드의 《After the Last Sky》
(Pantheon, 1986)(국내 미출간) 후기 중에서.
20년 전의 상황과 오늘날 상황이
전혀 다르지 않음을 알려주는 말이다.

우리는 전쟁과 파괴행위를 자행하는 자들에 맞서 희망의 미래를 불러오기 위해 모두 함께 뭉쳐야 한다. 베이루트는 이 재앙적인 파괴를 딛고 일어서서 과거의 영광을 되찾고 모두를 품에 안을 것이다. 지중해의 태양 아래서 태어난 베이루트는 예술가와 작가, 반체제 인사와 정치 망명객, 그리고 감히 권력을 비판하는 모든 사람들의 천국으로 남을 것이다.

레바논과 중동의 관계에서 역사적인 날

1920년대 제1차 세계대전에서 패배한 오스만 제국이 분할되면서 중동에 현대적 국가 체계가 수립되었다. 국제연맹(the League of Nations, 현 유엔의 전신)은 산레모 회의에서 영국과 프랑스에게 전 오스만 제국이 통치하던 중동 땅의 위임 통치권을 주었다. 현재 레바논과 시리아가 있는 땅은 프랑스령으로 들어갔고, 팔레스타인과 이스라엘, 요르단, 이라크 지역은 영국의 지배 하에 들어갔다. 프랑스 식민지 당국은 레바논에서 종파에 따라 정부의 요직을 나누어 주는 정책을 폈고 이런 권력의 분배는 '종파별 안배주의confessionalism'로 불리게 되었다('종파'를 의미하는 프랑스어 confession에서 유래한 말).

1943년 **11월** 레바논 의회가 프랑스 위임통치를 종식시켰다. 프랑스는 보복조치로 레바논 의회를 해산하고 레바논 대통령, 총리, 장관들을 체포했다. 하지만 레바논 내부와 외부(주로 영국과 미국)에서 가해지는 압박이 증가하자 프랑스는 물러설 수밖에 없었고, 결국에는 레바논 독립을 허용했다.

1948년 **5월** 이스라엘 국가가 수립되었다. '제1차 아랍·이스라엘 분쟁'으로 인해 팔레스타인 원주민의 절반이 넘는 거의 80만에 이르는 인구가 팔레스타인 땅에서 내쫓겨 가자 지구, 요르단, 시리아, 레바논으로 흩어졌다.

<table>
<tr><td>1940년대와
1950년대</td><td>중동에서 예전의 프랑스와 영국 식민지 질서는 점차적으로 약해지다 결국은 무너졌다. 제2차 세계대전 후에 신생 강대국으로 등장한 미국의 반대와 더불어 외세 지배를 종식시켜야 한다고 주장하는 여러 민족주의 운동의 영향 때문이었다. 레바논, 시리아, 이라크, 요르단은 식민지 지배를 벗어나 공식적으로 독립을 쟁취했다. 중동은 주요 산유 지역으로 부상했고 새로운 지정학적 중요성을 얻게 되었다.</td></tr>
<tr><td>1956년</td><td>**7월 26일** 이집트가 수에즈 운하를 국유화했다.

10월 30일 영국과 프랑스는 이스라엘과 결탁하여 이집트를 침공했다. 영국과 프랑스 군대는 수에즈 운하 지역을 공격했고, 이스라엘은 시나이 반도를 점령했다. 이 전쟁을 '제2차 아랍·이스라엘 분쟁'이라 부른다. 미국은 이집트 영토를 침공한 모든 군대에게 철수를 요구했고, 1957년 초 모든 군대의 철수가 완료되었다.</td></tr>
<tr><td>1958년</td><td>**5~6월** 친서구적인 성향의 레바논 대통령 카밀 샤문을 몰아내려는 무장반란군이 '제1차 레바논 내전'을 일으켰다.

7월 14일 이라크 바그다드에서 쿠데타가 일어나 친서구적인 군주 정부를 폐지하고 공화 정권을 수립했다.

7월 15일 미 해병대가 레바논 땅으로 들어갔다. 미국과 이집</td></tr>
</table>

트 정부의 합의하에 이루어진 선거에서 카밀 샤문 대통령의 뒤를 이어 푸아드 시합이 레바논 대통령으로 당선되었다.

10월 미 해병대가 레바논에서 물러났다.

1967년 **6월 5~11일** '6일 전쟁'이라고도 불리는 '제3차 아랍·이스라엘 분쟁' 발발. 이스라엘은 서안·가자 지구, 시리아의 골란 고원, 이집트의 시나이 반도, 레바논의 셰바팜스를 점령했고, 이에 따라 새로 발생한 팔레스타인 난민이 요르단과 레바논으로 들어갔다.

1968년 팔레스타인해방기구PLO 특공대가 처음으로 레바논 영토에 발을 디뎠다.

1969년 **11월 3일** 레바논 정부와 PLO 간에 카이로 협정이 맺어져 PLO가 군대를 유지하고 레바논 남부에서 특공대 작전을 수행할 수 있도록 허용되었다.

1970년 **검은 9월** PLO 특공대와 요르단군 간에 벌어진 피의 접전. 그 결과 PLO는 요르단에서 물러나 레바논으로 본부를 옮겼다.

1973년 **10월 6~26일** '10월 전쟁'이라고도 불리는 '제4차 아랍·이스라엘 분쟁' 발발.

1975년　　4월 13일 팔레스타인인을 태운 버스가 베이루트의 아인알루마나 지구에서 우파 팔랑헤 민병대로부터 매복공격 받았다. 이 사건은 내전으로 이어졌고, 곧이어 레바논의 다른 지역까지도 내전에 휘말렸다. 레바논에 무장한 팔레스타인인이 사는 것을 못마땅해 하던 기독교 민병대, 기독교당 등 우파 연대와 카말 줌블라트가 이끄는 이슬람 좌파인 레바논 국민운동LMN 연대 간의 싸움이었다. LMN은 여러 야당이 연합한 단체로 PLO를 지지했다.

1975~
1990년　　'제2차 레바논 내전'은 이스라엘이 레바논과 맞닿은 국경선을 따라 완충지대를 설치하여 점령한 사건(1978), PLO 세력을 쫓아내고 팔랑헤 당원을 레바논 대통령에 당선시키고자 레바논을 침공했던 사건(1982)을 포함해 계속 이어졌다.

1976년　　팔레스타인 난민과 가난한 레바논인, 그리고 시리아 등 다른 나라 이민자들이 주로 모여 사는 베이루트 안팎 몇 개 지구가 팔랑헤 민병대와 그 동맹군들에게 공격받았다. ― 드바이예(1월 13일), 콰란틴과 마슬라크(1월 20일), 텔알자타르와 나바(8월 12일).
PLO의 지원을 받은 LMN은 이에 대한 보복으로 자기들의 주 활동무대에서 우파 민병대를 몰아냈다. ― 다무르(1월 22일),

베이루트 호텔 지구(3월 22일).

5월 시리아 군대가 친정부 우파 민병대에 대항하는 LMN과 PLO 연합 세력의 활동을 저지하고자 북쪽과 동쪽 국경에서 레바논으로 쳐들어왔다. 시리아의 레바논 내정 간섭은 미국 특사 딘 브라운 덕에 더 순조롭게 진행되었다. 레바논 내전에 끼어든 시리아는 중동에서의 이해관계와 국제적인 이해관계에 따라 지지 세력을 바꾸어가면서 레바논 내부 문제를 좌지우지했다.

1977년

3월 16일 LMN 지도자 카말 줌블라트 암살. 이 암살은 시리아 정부의 지시로 일어난 일이라고 알려졌다.

11월 19~21일 이집트 대통령 안와르 알 사다트가 예루살렘을 방문했다.

1978년

3월 14~15일 이스라엘군이 리타니 작전Operation Litani으로 레바논 남부를 침공해 완충지대를 설치하고 보조군으로 남부레바논군SLA을 세워 방어하게 했다. 남부레바논군 장교들은 예전 레바논군 출신이었다.

9월 이집트와 이스라엘 간에 '캠프데이비드 협정'이 수립되었다.

1979년   1월 이란에서 이슬람 혁명이 일어나 샤 왕정이 전복되었다.

3월 이집트 대통령 사다트와 이스라엘 총리 메나헴 베긴이
워싱턴에서 이집트와 이스라엘 평화조약에 서명했다.

1982년   6월 6일 이스라엘이 '갈릴리 평화작전'이라는 이름으로 레바
논을 침공했다. '제5차 아랍·이스라엘 분쟁'이며, 또한 이스
라엘의 '제1차 레바논 전쟁'이라고도 한다. 이스라엘 군대는
레바논 남서부 지방으로 침공해 들어갔고 베이루트를 포위 공
격해 최소한 1만 7000명의 레바논인과 팔레스타인인 사망자
를 냈다. 시리아 군대는 레바논 북부와 동쪽의 베카 계곡으로
퇴각했다.

8월 23일 팔랑헤 지도자인 바시르 게마엘이 레바논 대통령으
로 당선되었고, PLO 군대는 미국이 이끄는 다국적군MNF에 의
해 레바논에서 물러났다.

9월 14일 바시르 게마엘 암살.

9월 15일 이스라엘군 베이루트 입성.

9월 15~17일 사브라 샤틸라 학살.

9월 16일 LMN의 사회주의 집단이 이스라엘 점령에 대항하는
레바논 국민저항전선LNRF을 출범시켰다. PLO는 같은 해 말에
튀니지에 새로 본부를 꾸렸다.

1984년   다국적군이 베이루트에서 철수했다. 1982년 이후로 이미 레바논 남부에서 이스라엘 점령에 대한 저항활동을 활발하게 해오던 헤즈볼라가 공식적으로 창설을 선언했다.

1987년   **12월**   이스라엘 점령지역에서 팔레스타인 인티파다(봉기)가 시작되어 거의 1990년까지 지속되었다. 2000년 9월의 '알 아크사 인티파다'와 구별하기 위해 '제1차 인티파다'라고 한다.

1989년   **10월 22일**   레바논 국회가 사우디아라비아의 타이프에서 열렸고 내전을 종식시키기 위한 국민단결헌장Charter of National Concord을 발효했다.

1990년   타이프 협정에도 불구하고 레바논 분파들 간의 싸움은 끊이지 않았다.
8월   이라크의 쿠웨이트 침공. 시리아는 이라크에 대항하는 미국 주도의 연합군에 합류했고, 이후 레바논을 마음대로 주무르게 되었다.
10월   시리아 군대가 미셸 아운 레바논 임시총리를 내쫓기 위해 레바논 대통령궁을 공격했다. 미셸 아운은 프랑스 대사관으로 피신했고 1991년 8월에 프랑스로 망명이 허가되었다.

| 1991년 | 시리아 군대가 타이프 협정에 따라 레바논 민병대들을 무장해제 시켰다. 이스라엘 점령에 대한 저항활동을 하던 레바논 국민저항전선도 무장을 해제했으나 헤즈볼라는 모든 레바논 땅이 자유를 찾기 전까지는 무장해제를 거부한다며 반발했다. |

| 1993년 | **7월 25일** 이스라엘군이 레바논 정부가 나서서 헤즈볼라를 중재하게 만들려는 속셈으로 일주일 동안 레바논 남부를 공격했다. 이 군사작전은 책임 작전^{Operation Accountability}이라 불리며 레바논 남부 피난민과 팔레스타인 난민을 북쪽으로 이동하게 만들었다. |

8~9월 PLO와 이스라엘 정부 간에 오슬로 협정이 체결되었다. 이 협정에 따라 1994년 5월에 팔레스타인 자치정부^{PNA}가 수립되었고, 이어 1995년 12월 서안 지구 라말라에 본부를 설치했다.

| 1996년 | **4월** 이스라엘이 레바논 남부에 '분노의 포도 작전^{Operation Grapes of Wrath}'이라는 대규모의 군사작전을 감행했다. 이 작전 중에 이스라엘군이 카나에 있는 유엔 기지 대피소를 폭격해 민간인 100명 이상이 목숨을 잃었다. 하지만 헤즈볼라와 동맹집단이 주도하는 저항을 괴멸하려던 계획은 실패로 돌아갔다. |

2000년	5월 25일 이스라엘군이 셰바팜스와 주변 지역을 제외하고는 레바논 남부에서 물러났다. 1978년에 설치한 완충지대도 포기했고, 남부레바논군 잔당도 내버리고 떠났다. 9월 이스라엘 점령지역에서 '제2차 팔레스타인 봉기'가 일어났다. '알 아크사 인티파다'라고도 한다.
2001년	9월 11일 알 카에다 소속 테러리스트 19명이 합동작전으로 뉴욕의 월드트레이드센터와 버지니아 주 알링턴에 있는 펜타곤을 공격했다.
2003년	3월 18일 미국과 동맹국이 이라크를 침공하기 시작했다.
2004년	9월 2일 미국과 프랑스의 주도하에 유엔 안전보장이사회 결의안 제1559호가 발효되어 레바논에 주둔 중인 시리아 군대를 철수하도록 했고, 레바논에 있는 모든 민병대에게 무장을 해제하고 해산할 것을 요청했다.
2005년	2월 14일 전 레바논 총리 라피크 하리리가 암살됨. 3월 8일 헤즈볼라와 동맹당이 베이루트 시내에서 서방의 간섭에 항의하는 대규모 시위를 주도했다. 3월 14일 라피크 하리리와 연대한 친서방 십단노 베이루트

시내에서 대규모 시위를 벌였다.

4월 25일 국제사회의 압박과 레바논 야당의 압력으로 시리아 군이 레바논에서 완전히 철수했다.

5~6월 국회의원 선거 결과 푸아드 시니오라가 이끄는 새로운 내각을 구성하게 되었다. 시니오라는 라피크 하리리와 밀접한 동맹 관계였다.

2006년

1월 25일 하마스가 팔레스타인 국회의원PLC 선거에서 다수 의석을 차지했다. 이로 인해 오슬로 협정에 따라 1994년에 팔레스타인 자치정부가 수립된 이후 줄곧 주류당이었던 파타 주도의 정부가 물러나고 새로운 정부가 구성되었다. 미국, 이스라엘, 유럽연합은 하마스 주도의 정부를 끌어내리기 위한 체계적인 작전을 벌이기 시작했고 야당인 파타당을 부추겨 반복적으로 무력 도발을 일으켰다.

6월 28일 이스라엘은 '여름비 작전'으로 가자에 군사공격을 감행했다.

7월 12일 이스라엘이 레바논을 침공했다. '제6차 아랍·이스라엘 분쟁', 이스라엘의 '제2차 레바논 전쟁'이라고도 한다.

8월 11일 적대행위를 즉각 중지하고 국제사회에 헤즈볼라에 대한 무기 공급을 중지하라고 요청하는 유엔 안전보장이사회 결의안 제1701호가 발효되었다.

8월 14일 레바논에 부분적인 정전이 발효되었다. 하지만 가
자 지구에서는 이스라엘의 군사작전이 누그러지지 않은 채 계
속되었다.

저자 소개

노엄 촘스키^{Noam Chomsky}　미국 MIT대학 언어·철학과 명예교수이자 인스티튜트 프로페서(Institute Professor: 독립된 학문기관으로 인정되는 교수)이며, 인지과학 혁명의 주역으로 활약한 언어학자이자 철학자다. 어릴 때부터 정치에 깊은 관심을 가져온 그는 언어학자로만 머물지 않고 1960년대부터 자신의 정치적 견해를 적극적으로 피력하기 시작했다. 세계 민중의 한 사람으로서 미국의 제국주의와 다국적 거대기업들이 주도하고 있는 신자유주의를 신랄하게 비판하며, 지배권력의 선전에 맞서 사람들에게 지적인 자기방어법을 제공하고 세상을 바라보는 새로운 안목을 제시한다. 100여 권에 이르는 책을 썼다.

캐롤 촘스키^{Carol Chomsky}　노엄 촘스키의 부인. 촘스키의 강연 여행 로드 매니저로도 활동한다. 2006년 5월의 레바논 여행에도 동행했고, 그때 캐롤이 찍은 사진 일부는 이 책에 실렸다.

모나 엘 파라^{Mona el-Farra}　가자 지구 자발리아 난민 캠프에 있는 알 아우다 병원의 의사이자 공동 설립자다. 현재 모나는 건강 상담사, 지역사회 조직 전문가, 인권활동가로 일하고 있다.

라일라 엘 하다드^{Laila el-Haddad}　저널리스트라는 직업 때문에 여행을 자주 한다. 여행을 하지 않을 때는 남편 야신이 일하는 미국과 부모가 살고 있는 가자를 오가며 지낸다.

아이린 겐지어 Irene L. Gendzier 미국의 중동정책 문제에 관한 글을 쓴다. 현재 보스턴 대학의 정치학, 역사학 교수다. 대표적인 저서는 다음과 같다. 《지뢰밭에서의 기록 : 1945~1958년, 미국의 레바논과 중동 외교정책 *Notes from the Minefield: United States Foreign Policy in Lebanon and the Middle East 1945-1958*》 2판(New York: Columbia University Press, 2006)(국내 미출간). 포크R. Falk, 리프턴R. J. Lifton과 공동 편집한 《전쟁이라는 범죄 : 이라크*Crimes of War: Iraq*》(New York: Nation Books, 2006)(국내 미출간).

아사프 크푸리 Assaf Kfoury 수학자, 컴퓨터공학자, 그리고 정치운동가다. 베이루트와 카이로에서 성장한 아랍계 미국인으로 중동을 자주 방문한다. 현재 보스턴 대학의 컴퓨터공학 교수다.

제니퍼 뢰벤슈타인 Jennifer Loewenstein 위스콘신매디슨 대학의 중동 연구 프로그램 부국장. 가자 지구, 예루살렘, 베이루트에서 거주하며 일을 했고, 중동과 관련하여 광범위한 주제로 글을 쓰고 강의한다.

하나디 살만 Hanady Salman 레바논 일간지 《아스 사피르》 편집장. 1968년에 베이루트에서 태어났고, 내전으로 레바논을 떠났던 1981년부터 1986년까지는 프랑스 파리에서 살았다. 베이루트 아메리칸 대학에서 정치학 석사학위를 받았고, 1997년 조지타운 대학에서 아랍 정치학으로 박사학위를 받았다.

라샤 살티^{Rasha Salti}　　독립 큐레이터이자 프리랜서 작가다. 판화 제작자이기
도 하며, 2000년에 뉴욕 뉴스쿨^{New School For Social Research}에서 인문학 석
사를 받았다. 라샤의 에세이, 기고문, 편년사는 아랍어와 영어로 이집
트의《알 아람 위클리》, 레바논의《자와야》, 팔레스타인의《예루살렘
계간 리포트*The Jerusalem Quarterly Report*》, 알제리의《나크드》, 미국
의《중동연구 및 정보 프로젝트*MERIP*》와《비둔*Bidoun*》같은 잡지에
실리고 있다.

파와즈 트라불시^{Fawwaz Traboulsi}　　역사학자, 저널리스트, 그리고 오랫동안 정치
운동가로도 활동했다. 현재 베이루트에 있는 레바논 아메리칸 대학에
서 정치학, 사회학 교수로 재직 중이다. 영어로 나온 그의 가장 최근
저서는《레바논의 역사*A History of Lebanon*》(London: Pluto Press,
2007)(국내 미출간)다.

1. 촘스키 부부의 베이루트 방문

1 2006년 1월 18일, 《시애틀위클리》 칼럼니스트 제오브 패리쉬가 던진 질문에 대한 노엄 촘스키의 답변 중에서.

2 5월 9일, '권력의 위대한 영혼(The Great Soul of Power)'이라는 제목의 강의는 제국의 문화와 지식인의 책임에 관한 주제였고, 베이루트 아메리칸 대학교에서 열린 최초의 에드워드 사이드 추모 강의이기도 했다. 5월 10일 강의는 '생물언어학 탐구 : 구상, 발전, 진화(Biolinguistic Explorations: Design, Development, Evolution)'라는 주제로, 언어학, 진화생물학, 신경과학이 통합된 학문 분야의 주요 주제를 역사적으로 살펴보았다.

3 사브라 샤틸라 학살과 그에 관련한 사건들에 관해 더 자세하고 생생한 내용을 알고 싶으면 Bayan Nuwayhed al-Hout, *Sabra and Shatila, September 1982* (London: Pluto Press, 2004)를 참조하라. 이 책에 수록된 이 믿을 만한 정보는 레바논 적십자 보고서에서 나온 것과 이스라엘 저널리스트 암논 카펠리우크가 조사한 자료다. 두 자료를 보면 1982년 9월 16일에서 18일까지 자행된 잔학행위로 3000명에서 3500명이 목숨을 잃었다. 더 폭넓게 정치적인 전후관계를 알고 싶으면 Noam Chomsky, *Fateful Triangle, Updated Edition* (Boston, MA: South End Press, 1999)(한국어판: 노암 촘스키 지음, 최재훈 옮김, 《숙명의 트라이앵글(개정판)》, 이후, 2008)을 참조할 것. 특히 5장과 6장을 읽어보라.

4 킨다의 편지는 Noam Chomsky, *Pirates and Emperors* (New York: Claremont Research and Publications, 1986), p. 155에 있다. 같은 책의 새 판본 Noam Chomsky, *Pirates and Emperors: Old and New, International Terrorism in the Real World* (Boston, MA: South End Press, 2002), pp. 81–103(한국어판: 노암 촘스키 지음, 지소철 옮김, 《해적과 제왕》, 황소걸음, 2004, 165~204쪽)에는 그 편지와 더불어 이 사건의 전체적인 맥락이 자세하게 나와 있다. 찰스 글래스도 *Spectator* (London) 1986년 5월 3일자에 킨다의 편지를 실었다. 편지의 사본은 편집자에게 보내는 편지 형식으로 미국의 주류 언론사에 팩스로 보내졌지만 기사화되지 않았다. 이후 알렉산더 코번이 레이건 대통령 내외가 읽고 싶어 하니 어린 소녀가 보내온 메시지를 적당한 기회에 전달하는 것이 좋을 거라는 제안과 함께 그 편지 내용을 1986년 7월 23일자 《인 디즈 타임스*In These Times*》에 실었다.

5 셰바팜스는 25평방킬로미터가 조금 넘는 구릉지로 1967년부터 이스라엘이 점령하고 있었다. 이곳에서 레바논 목동과 농부들이 행방불명되는 사건이 자주 발생했는데, 이스라엘군이 레바논 사람들을 납치하고 살해한 것이 그 원인임이 밝혀지면서 헤즈볼라와 지지자들은 더욱 무장을 풀지 않으려 했다.

6 Bob Woodward and Charles R. Babcock, "CIA Tied to Beirut Bombing," *International Herald Tribune*, May 13, 1985.

7 킬로는 2006년 5월 11일자 베이루트 신문에 실린 '베이루트-다마스쿠스/다마스쿠스-베이루트' 선언자 중 한 사람이다. 거의 300명에 이르는 레바논과 시리아 지식인이 이 선언문에 서명했고 레바논과 시리아가 서로 독립과 주권을 존중하는 관계를 기본으로 두 나라 관계를 정상화해야 한다고 선언했다. 킬로는 체포되었고 며칠 후에 다른 시리아 서명자들도 수감되었다.

2. 임박한 위기, 위협과 기회

1 다음을 참조할 것. Aaron David Miller, *Search for Security* (Chapel Hill, NC: University of North Carolina Press, 1980); Irvine Anderson, *Aramco, the United States and Saudi Arabia* (Princeton, NJ: Princeton University Press, 1981); Michael Stoff, *Oil, War and American Security* (New Haven: Yale University Press, 1980); Steven Spiegel, *The Other Arab-Israeli Conflict* (Chicago: University of Chicago Press, 1985), p. 51.

2 *National Security Strategy of the United States* (Washington, DC: The White House, March 1990).

3 Alan Cowell, "Kurds Assert Few Outside Iraq Wanted Them to Win," *New York Times*, April 11, 1991.

4 Nina Kamp and Michael E. O'Hanlon, "The State of Iraq: An Update," *New York Times*, March 19, 2006.

5 Walter Pincus, "Skepticism about U.S. Deep, Iraq Poll Shows; Motive for Invasion Is Focus of Doubts," *Washington Post*, November 12, 2003; Richard Burkholder, "Gallup Poll of Baghdad: Gauging US Intent," *Government & Public Affairs*, October 28, 2003.

6 Michael MccGwire, "The Rise and Fall of the NPT: An Opportunity for Britain," *International Affairs* 81 (January 2005): p. 134.

7 Zbigniew Brzezinski, "Hegemonic Quicksand," *National Interest* 74 (Winter 2003/2004): pp. 5–16; Stefan Wagstyl, "Cheney Rebukes Putin on Energy

'Blackmail,'" *Financial Times*, May 4, 2006.

8 Ian Rutledge, *Addicted to Oil* (London: I. B. Tauris, 2005)을 참조할 것.

9 *Multinational Oil Corporation and U.S. Foreign Policy, Report to the Committee on Foreign Relations*, U.S. Senate, January 2, 1975 (Washington DC: Government Printing Office, 1975)를 참조할 것.

10 Hal Weitzman, "Nationalism Fuels Fears over Morales' Power," *Financial Times*, May 2, 2006.

11 *National Security Strategy of the United States* (Washington DC: The White House, March 2006), p. 41.

12 David E. Sanger, "China's Rising Need for Oil Is High on U.S. Agenda," *New York Times*, April 18, 2006.

13 사설, *New York Times*, August 25, 1966.

14 Mark Curtis, *The Great Deception* (London: Pluto Press, 1998), p. 133.

15 Darna Linzer, "Past Arguments Don't Square with Current Iran Policy," *Washington Post*, March 27, 2005.

16 Mohamed ElBaradei, "Towards a Safer World," *The Economist*, October 16, 2003.

17 Frank von Hippel, "Coupling a Moratorium to Reductions as a First Step toward the Fissile-Material Cutoff Treaty," in Rakesh Sood, Frank von Hippel, and Morton Halperin, "The Road to Nuclear Zero: Three Approaches," Center for Advanced Study of India, 1998, p. 17; http://casi.ssc.upenn.edu/research/papers/Sood_1997.PDF.

18 다음을 참조할 것. Rebecca Johnson, "2004 UN First Committee: Better Organised, with Deep Divisions," *Disarmament Diplomacy* 79 (April/May 2005), http://www.acronym.org.uk/dd/dd79/79unfc.htm; Jean du Preez, "The Fissban: Time for Renewed Commitment or a New Approach?," *Disarmament Diplomacy* 79 (April/May 2005), http://www.acronym.org.uk/dd/dd79/79jp.htm.

19 Martin van Creveld, "Sharon on the Warpath: Is Israel Planning to Attack Iran?" *International Herald Tribune*, August 21, 2004.

20 Jeffrey Fleishman and Alissa Rubin, "ElBaradei Asks for Restraint on Iran Sanctions," *Los Angeles Times*, March 31, 2006.

21 Michael MccGwire, "The Rise and Fall of the NPT: An Opportunity for Britain," *International Affairs* 81 (January 2005): p. 127; John Steinbruner and Nancy Gallagher, "Constructive Transformation: An Alternative Vision of Global

Security," *Daedalus* 133, no.3 (Summer 2004): p. 99; Sam Nunn, "The Cold War's Nuclear Legacy Has Lasted too Long," *Financial Times*, December 6, 2004.

22 National Intelligence Council, *Global Trends 2015: A Dialogue about the Future with Nongovernment Experts* (Washington DC, December 2000); U.S. Space Command, *Vision for 2020* (February 1997), 7; Pentagon, *Quadrennial Defense Review*, May 1997.

23 다음을 참조할 것. Afaf Lutfi al-Sayyid Marsot, *Egypt in the Reign of Muhammad Ali* (New York: Cambridge University Press, 1984), p. 240; Harold Temperley, *England and the Near East: The Crimea* (London: Longmans, Green and Co., 1936).

3. 권력의 위대한 영혼

1 Hans J. Morgenthau, "Reflections on the End of the Republic," *New York Review of Books* 15, no. 5 (September 24, 1970).

2 Michael Wines, "Two Views of Inhumanity Split the World, Even in Victory," *New York Times*, June 13, 1999.

3 James M. Goldgeier, Review of *Collision Course: NATO, Russia, and Kosovo* by John Norris, *Political Science Quarterly* 121, no. 1 (Spring 2006): pp. 179–181.

4 John Norris, *Collision Course: NATO, Russia, and Kosovo* (Westport, Conn.: Praeger, 2005), xxiii.

5 Elizabeth Becker, "Kissinger Tapes Describe Crises, War and Start Photos of Abuse," *New York Times*, May 27, 2004.

6 Noah Feldman, "Becoming bin Laden," *New York Times*, February 12, 2006.

7 Michael R. Gordon, "Allies Preparing for a Long Fight as Taliban Dig In," *New York Times*, October 28, 2001.

8 Kamil Mahdi, "The Iraqi Sanctions Debate: Destruction of a People," *Middle East International*, December 24, 1999.

9 Louis A. Pérez Jr., "Fear and Loathing of Fidel Castro: Sources of US Policy toward Cuba," *Journal of Latin American Studies* 34, no. 2 (May 2002): pp. 227–254.

10 Walter LaFeber, *America, Russia, and the Cold War* (New York: Wiley, 1967), p. 133에서 인용.

11 Walter Lippmann, *The Essential Lippman: A Political Philosophy for Liberal Democracy*, Clinton Rossiter and James Lare, eds. (Cambridge, MA: Harvard University Press, 1982), pp. 91–92.

12 Michel Crozier, Samuel P. Huntington, and Joji Watanuki, *The Crisis of Democracy: Report on the Governability of Democracies to the Trilateral Commission* (New York: New York University Press, 1975).

13 David Ricardo, *The Works and Correspondence of David Ricardo*, vol. 1 (Cambridge: Cambridge University Press, 1951), pp. 136–137.

14 Hans J. Morgenthau, *The Purpose of American Politics* (New York: Vintage, 1964).

15 John E. Rielly, ed., *American Public Opinion and U.S. Foreign Policy 1987* (Chicago: Chicago Council on Foreign Relations, 1987).

16 Morgenthau, *The Purpose of American Politics*.

17 Jonathan Monten, "The Roots of the Bush Doctrine: Power, Nationalism, and Democracy Promotion in U.S. Strategy," *International Security* 29, no. 4 (Spring 2005): p. 112.

18 Katerina Dalacoura, "US Democracy Promotion in the Arab Middle East Since 11 September 2001: A Critique," *International Affairs* 81, no. 5 (October 2005): pp. 963–979.

19 David Ignatius, "A War of Choice, and One Who Chose It," *Washington Post*, November 2, 2003.

20 Thomas Carothers. *Critical Mission: Essays on Democracy Promotion* (Washington DC: Carnegie Endowment for International Peace, 2004), p. 7, 42.

21 Thomas Carothers, "The Reagan Years: The 1980s," in Abraham F. Loweuthal, ed., *Exporting Democracy: The United States and Latin America* (Baltimore: Johns Hopkins University Press, 1991); Thomas Carothers, *In the Name of Democracy: U.S. Policy toward Latin America in the Reagan Years* (Berkeley: University of California Press, 1991).

22 Robert Pastor, *Condemned to Repetition: The United States and Nicaragua* (Princeton: Princeton University Press, 1987).

23 Lawrence R. Jacob and Benjamin I. Page, "Who Influences U.S. Foreign Policy?" *American Political Science Review* 99, no. 1 (February 2005): pp. 107–123; 다음 글도 참조할 것. Walter Lippmann, *Essays in the Public Philosophy* (Boston: Little, Brown, 1955).

24 William Stivers, *Supremacy and Oil: Iraq, Turkey, and the Anglo-American World Order, 1918–1930* (Ithaca, NY: Cornell University Press, 1982), pp. 66–73.

25 Clive Ponting, *Churchill* (London: Sinclair-Stevenson 1994), p. 132. Winston Churchill, *The Second World War*, vol. 5 (Boston: Houghton Mifflin, 1951), p. 382.

26 Clive Ponting, *Churchill* (Lonclon: Sinclair-Stevenson, 1994), 132; Winston Churchill, *The World Crisis* (New York: Scribner, 1927).

27 Tsuyoshi Hasegawa, *Racing the Enemy* (Cambridge, MA: Harvard University Press, 2005).

28 Gordon Connell-Smith, *The Inter-American System* (London: Oxford University Press, 1966), p. 16; Stephen G. Rabe, *Eisenhower and Latin America: The Foreign Policy of Anticommunism* (Chapel Hill, NC: University of North Carolina Press, 1988), p. 33.

29 Frederick Kempe, "Thinking Global: U.S. Attempts to Coach China on New World Role; Americans Aim to Show Hu How His Country Can Act as 'Responsible Stakeholder,'" *Wall Street Journal*, April 18, 2006.

30 John Steinbruner and Nancy Gallagher, "Constructive Transformation: An Alternative Vision of Global Security," *Daedalus* 133, no. 3 (Summer 2004): pp. 83–103.

31 John Stuart Mill, "A Few Words on Non-Intervention," *Fraser's Magazine* (December 1859).

32 Rudolf Rocker, *Anarcho-syndicalism* (London: Pluto Press, 1989).

33 Geoffrey Parker, *The Military Revolution: Military Innovation and the Rise of the West, 1500–1800* (Cambridge: Cambridge University Press, 1988).

34 V. G. Kiernan, *The Lords of Human Kind: Black Man, Yellow Man, and White Man in an Age of Empire* (Boston: Little, Brown, 1969).

5. 유령의 땅에서 들려오는 메아리 소리

1 Bayan Nuwayed-al-Hout, *Sabra and Shatila, 1982* (London, UK: Pluto Press, 2004), p. 1.

2 Jeremy Harding, "Jeremy Harding Goes to Beirut to Meet Novelist Elias Khoury," *London Review of Books*, vol. 28., November 16, 2006.

3 Noam Chomsky, *The Fateful Triangle*, Updated Edition (Cambridge, MA: South End Press, 1999), p. 224 (한국어판: 노암 촘스키 지음, 최재훈 옮김, 《숙명의 트라이앵글(개정판)》, 이후, 2008, 434쪽).

4 위의 책, p. 197, 362 (한국어판: 673~674쪽).

5 Amnon Kapeliuk, *Enquête sur un massacre: Sabra et Chatilla* (Paris: Editions du Seuil, 1982), pp. 93-94.

6 이 부분과 그 아래 나오는 인용문 출처: Colin Campbell, "Survivors of Massacre Tell of Reign of Terror," *The New York Times*, September 21, 1982, A18.

7 Chomsky, *The Fateful Triangle*, pp. 364-365 (한국어판: 노암 촘스키, 《숙명의 트라이앵글》, 678쪽).

8 "Requiem, 1935-1940," *Poems of Akhmatova*, trans. Stanley Kunitz with Max Hayward (Boston and New York: Houghton Mifflin Company, 1973), p. 99에서 인용

9 국제적으로 명성을 얻은 법률 전문가와 공적 인물들이 모여 1982년에 수립한 위원회의 보고서인 *Israel in Lebanon: Report of the International Commission to Enquire into Reported Violations of International Law by Israel during its Invasion of the Lebanon*에 수록된 내용이다. 또한 *Journal of Palestine Studies*, vol. XII, no. 3, Spring 1983, p. 111에도 인용되었다. 다음도 참조할 것. The Complete Kahan Commission Report, *The Beirut Massacre* (Princeton and New York: Karz-Cohl Publishing, Inc., 1983); Amnon Kapeliuk, *Enquête sur un Massacre* (Paris: Editions du Seuil, 1982), p. 1.

10 International Commission, *Journal of Palestine Studies*, p. 110.

11 Ze'ev Sternhell, "Resign! Reveal the Truth," *Ha'aretz*, September 26, 1982, p. 9.

12 "Israel Outlines Terms for a Lebanon Security Zone," *The New York Times*, December 21, 1982, A9.

13 "18 Die as a Bomb Wrecks the P.L.O.'s Last Public Office in Beirut," *The New York Times*, February 6, 1982.

14 Wadie Said, "The Palestinians in Lebanon: The Rights of the Victims of the Palestinian-Israeli Peace Process," in *Columbia Human Rights Law Review*, vol. 30, no. 2, Spring 1999.

15 Sara Roy, *Failing Peace, Gaza and the Palestinian-Israeli Conflict* (London: Pluto Press, 2007), p. 242.

16 Susan M. Akram and Terry Rempel, "Temporary Protection as an Instrument for

Implementing the Right of Return for Palestinian Refugees," *Boston University International Law Journal*, vol. 22, no. 1, Spring 2004, p. 113, 주석 526번. 난민 수는 보고 기관마다 다르다. 여기서는 UNRWA의 수치를 들었고, 등록되지 않은 팔레스타인 난민은 포함되지 않았다.

17 NSC 47/2, "A Report to the President by the National Security Council on United States Policy toward Israel and the Arab States," October 17, 1949, Washington, D.C.

18 Akram and Rempel, 앞의 글, p. 113. 주석 527번도 참조.

19 International Federation for Human Rights, *Lebanon: Palestinian Refugees Report No. 356/2* (March 2003), p. 12.

20 Akram and Rempel, 앞의 글, p. 115.

21 위의 글. 주석 538번 참조.

22 William E. Farrell, "Palestinians in Lebanon Alarmed by Arrests and Rumors of Transfer," *The New York Times*, October 3, 1982, p. 20.

23 2006년 5월 11일에 있었던 사이드 하산 나스랄라와 노엄 촘스키의 인터뷰.

24 Reinaud Leenders, Amal Ghazal, and Jens Hanssen (eds.), *The Sixth War, Israel's Invasion of Lebanon*, MIT-EJMES (electronic journal of Middle East Studies), Summer 2006, pp. 57–67에 있는 Laleh Khalili, "The Refugees Who Give Refuge"를 참조할 것.

25 Harding, 앞의 글.

26 Aviv Lavie, "Never, Never Land: On Khiam Prison in Southern Lebanon," *Middle East Report*, Spring 1997, p. 36.

27 Human Rights Watch, "Civilian Pawns, Laws of War Violations and the Use of Weapons on the Israel-Lebanon Border," May 1996, p. 16. http://hrw.org/reports/1996/Israel.htm을 통해 온라인에서도 읽을 수 있다.

28 Lavie, 앞의 글, p. 34.

29 Jim Quilty, "Prison. Museum. Ruin," *The Daily Star*, Beirut, August 24, 2006.

6. 전사와의 조우 – 사이드 하산 나스랄라와의 만남

1 1992년에 헤즈볼라를 창시한 압바스 무사위가 이스라엘 무장 헬리콥터의 급습으로 암살된 후에 사이드 하산 나스랄라가 헤즈볼라 사무총장으로 선출되었다(이 공습으

로 무사위의 부인과 딸 그리고 근처에 있던 네 사람이 같이 목숨을 잃었다).

2   Robert Fisk, "Hezbollah leader claims 'sad victory,'" *The Independent*, May 5, 1996; David Gardner, "Lebanon: A forceful national party," *The Financial Times*, July 16, 1996.

3   Eqbal Ahmad, "Encounter with a fighter," *Al-Ahram Weekly*, July 30-August 5, 1998; http://weekly.ahram.org.eg/1998/388/re4.htm에서 온라인에서도 읽을 수 있다.

4   Seymour M. Hersh, "The Syrian Bet," *The New Yorker*, July 28, 2003.

5   Adam Shatz, "In Search of Hezbollah," *The New York Review of Books*, April 29, 2004.

6   샤츠의 편견은 뒤이어 나온 기사에서도 명백하게 드러났다. "Nasrallah's Game," *The Nation Online*, July 20, 2006 (http://www.thenation.com/doc/20060731/nasrallah_game). 이 기사에서 나스랄라는 헤즈볼라의 무장과 명성을 지키기 위해 매우 위험한 도박에 뛰어든 정치 모험주의자로 그려졌다. 샤츠에 따르면 나스랄라는 "죽음을 두려워하지 않는 사람"이며 헤즈볼라 추종자들은 "순교의 열정"을 품은 자들이다. 대부분의 주류 매체가 퍼트리던 이런 생각은 워싱턴의 정책 노선과 완벽하게 맞아떨어졌다.

7   에이미 굿맨과 후안 곤잘레스가 진행한 라디오 프로그램 〈데모크라시 나우〉에서 2006년 7월 28일에 방송된 '헤즈볼라 지도자 하산 나스랄라와 전 미국 대사의 대화' 중 일부로, 온라인에서도 확인할 수 있다(http://democracynow.org/article.pl?sid=06/07/28/1440244). 전 미국 공직자 펙의 말에는 놀라운 사실이 많다. 예를 들면 그는 아래와 같이, 테러리즘의 정의 자체로 볼 때 미국이 바로 테러 조직이라고 말했다.

    "1985년, 내가 레이건 정부의 백악관 대테러 태스크포스 팀의 부팀장으로 있을 때였습니다. 우리는 정부 내각 전반에 걸쳐 사용할 수 있는 테러리즘의 정의를 만들어달라는 요청을 받았습니다. 우리는 테러리즘에 대한 정의를 여섯 개 정도 마련하여 올렸지요. 하지만 정부는 우리의 정의를 모두 거부했습니다. 자세히 읽어보면 미국이 이런 활동에 연루되어 있음을 암시하고 있었기 때문이죠."

8   David Gardner, 앞의 글.

9   이 책 마지막 장에 있는 파와즈 트라불시의 '새로운 중동'에 대한 글을 참조할 것.

10 Lin Noueihed, "Hezbollah sees no need to aid Iran if U.S. strikes," *Scotsman*, Reuters, May 22, 2006.

11 Amal Saad-Ghorayeb, "The Framing of Hezbollah," *The Guardian*, July 15, 2006.

12 Guy Dinmore, "Experts challenge White House line on Iran's influence," *The Financial Times*, July 18, 2006.

13 David Gardner, "A Modern Shiite: FT Interview Sheikh Hassan Nasrallah," *The Financial Times*, September 8, 1998.

14 David Ignatius, "Muslim Radicals in Power," *The Washington Post*, February 3, 2006.

15 Seymour Hersh, 앞의 글.

16 Adam Shatz, 앞의 글.

17 Amal Saad-Ghorayeb, "People say no: Public opinion in Lebanon overwhelmingly rejects U.S.-Israeli plans for cleansing Lebanon of Hezbollah," *Al-Ahram Weekly*, August 3-9, 2006.

18 이스라엘에서 나온 말이라고 나스랄라가 언급한 이 말의 진위는 확인하지 않았다. 다만 그의 보좌관들과 그를 만나본 여러 사람들에 따르면 나스랄라는 이스라엘의 정치와 군사 문제에 관해 광범위하게 읽고 있다고 한다.

19 Robert Fisk, 앞의 글.

20 Eqbal Ahmad, 앞의 글.

21 Jonathan Finer and Molly Moore, "Israel Moves Thousands of Soldiers into Lebanon," *The Washington Post*, August 2, 2006.

22 Adam Shatz, 앞의 글.

23 Charles Glass, "Learning from Its Mistakes," *The London Review of Books*, Vol. 28, No. 16, August 17, 2006; http://www.lrb.co.uk/v28/n16/glas01_.html을 통해 온라인에서도 읽을 수 있다.

7. 미국과 이스라엘의 레바논 침략에 대하여

1 Farah Stockman, "View of Common Fears Drives US-Israel Policy: Nations Seen Allied in Larger Struggle," *Boston Globe*, August 18, 2006.

2 "A Problem that Can't Be Ignored," *New York Times*, June 17, 2006.

3 다음을 참조할 것. Aaron David Miller, *Search for Security* (Chapel Hill, NC: University of North Carolina Press, 1980); Irvine Anderson, *Aramco, the United States and Saudi Arabia* (Princeton, NJ: Princeton University Press, 1981); Michael Stoff, *Oil, War and American Security* (New Haven: Yale University Press, 1980); Steven Spiegel, *The Other Arab-Israeli Conflict* (Chicago: University of Chicago Press, 1985), p. 51.